PRÉFACE

C'est un plaisir que d'avoir à présenter au Public valentinois, l'important, utile et très consciencieux travail de M. PLÈCHE.

L'Auteur, enfant de la Drôme, fixé à Valence depuis près d'un demi-siècle, spécialisé dans l'Histoire de cette Ville et auteur de nombreux articles remarqués relatifs à des questions valentinoises, offre des garanties de compétence sans égales. Il était naturellement désigné pour continuer et mettre à jour les *Annales Valentinoises* de M. VILLARD, ouvrage qui retrace l'Histoire de Valence depuis les plus lointaines origines jusqu'au dernier jour de l'année 1800. Grâce à M. PLÈCHE (et tous les amis de Valence lui en sont reconnaissants), le XIXe siècle tout entier, et même une partie du XXe, si remplis d'événements difficiles à retrouver, vont apparaître en un tableau complet, aux couleurs les plus variées. Rien de plus intéressant pour un esprit curieux et réfléchi que des éphémérides de ce genre.

D'abord comme le dit si justement l'Auteur :

« *Tous ceux qui s'intéressent à la vie de la Cité, pourront y trouver,*
« *je crois, de quoi satisfaire leur curiosité et parfaire leurs connaissances.*
« *Combien de légendes verront-ils s'évanouir à la simple lueur des faits et*
« *et des dates ! ».*

Et l'intérêt de ce livre n'est pas seulement local, mais véritablement national : *Un Siècle de l'Histoire de Valence* annonce modestement le titre. Mais que de choses en cette histoire d'une Ville précisent, et pour ainsi dire, illustrent des points de l'histoire générale de la France ! A qui veut connaître, ou plutôt *sentir* lui-même le frisson dont fut secoué le cœur français, en apprenant le désastre de Sedan, et la colère suscitée par l'incapacité du Gouvernement impérial et la volonté de le renverser, rien n'est aussi suggestif que la lecture de la journée du 4 Septembre 1870 à Valence. Le principal épisode en fera juger :

Midi. — Le bruit se répand que la République a été proclamée à Lyon. Les groupes augmentent sur la place de l'Hôtel-de-Ville.....

3 heures. — Une manifestation, drapeau en tête, parcourt les rues de Valence et se dirige vers la Préfecture en criant : Vive la République ! La cour est envahie. Le Préfet, accompagné du général d'Azémar, dit qu'il est tout prêt à se conformer à la volonté nationale et à se retirer dès que le Gouvernement provisoire aura été nommé.

M. Saint-Prix, de Saulce, demande que l'on proclame immédiatement la République. Le cri de : Vive la République ! répond à sa proposition.

Sur le champ, il est nommé un Comité, composé de dix Citoyens et de dix Conseillers municipaux, qui prendra la direction des affaires. La foule, sur l'invitation de M. Malens, se retire avec calme en poussant le cri de : Vive la République ! Il est 4 heures.

Le Comité s'établit immédiatement en permanence et nomme une Commission d'exécution.....

C'est donc une véritable Révolution qu'ont accomplie, avant de savoir les événements de Paris, et pour leur propre compte, les Citoyens de Valence.

Ceci m'amène tout naturellement à exprimer, au nom de tous ceux qu'intéresse l'Histoire, un vœu : C'est que du même style, ferme et sobre, M. Plèche, donnant un second supplément à son livre, nous retrace le tableau de Valence durant les journées angoissées, puis les journées glorieuses de la Grande Guerre. Il y a là pour lui comme un devoir, auquel, je suis sûr, il ne faillira pas. Nous l'en remercions d'avance.

C. CHOLLET,
Professeur agrégé de l'Université.

J. PLÈCHE
Conservateur de la Bibliothèque de Valence.

UN SIÈCLE

de

L'HISTOIRE DE VALENCE

au Jour le Jour

1er Janvier 1801 — 29 Décembre 1900

avec un SUPPLÉMENT jusqu'au 31 Décembre 1913

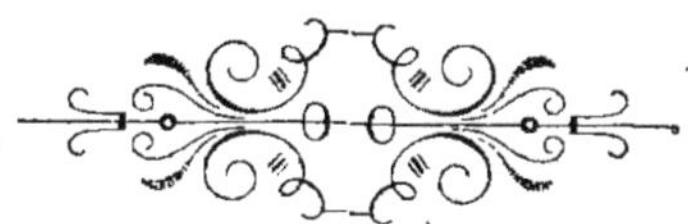

VALENCE

TYPOGRAPHIE ET LITHOGRAPHIE GRANGER ET LEGRAND, 29, RUE MADIER DE MONTJAU

1929

Un Siècle

de l'Histoire

de Valence

Il a été tiré de cet ouvrage
250 exemplaires dont 80 sur
Vergé pur fil Lafuma, numérotés
de 1 à 75, les Nᵒˢ 1, 2, 3, 4, 5
étant hors commerce.

Exemplaire Nᵒ

J. PLÈCHE

Conservateur de la Bibliothèque de Valence.

UN SIÈCLE

de

L'HISTOIRE DE VALENCE

au Jour le Jour

1er Janvier 1801 — 29 Décembre 1900

avec un SUPPLÉMENT jusqu'au 31 Décembre 1913

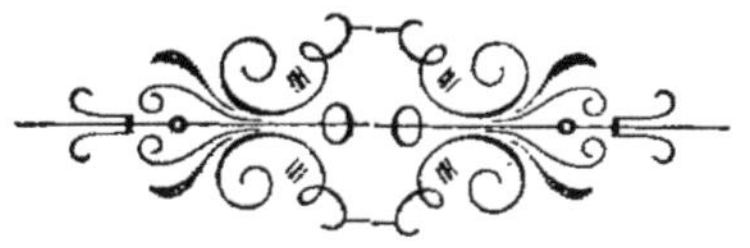

VALENCE

TYPOGRAPHIE ET LITHOGRAPHIE GRANGER ET LEGRAND, 29, RUE MADIER DE MONTJAU

—

1929

J. PLÈCHE

Conservateur de la Bibliothèque de Valence.

UN SIÈCLE

de

L'HISTOIRE DE VALENCE

au Jour le Jour

1ᵉʳ Janvier 1801 — 29 Décembre 1900

avec un SUPPLÉMENT jusqu'au 31 Décembre 1913

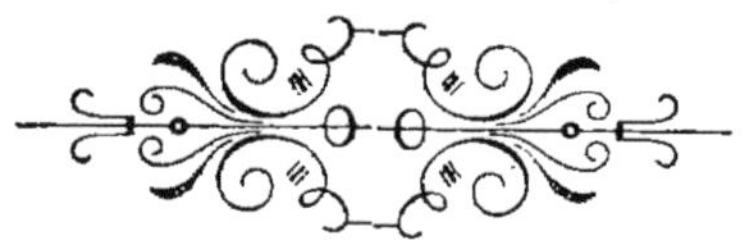

VALENCE

TYPOGRAPHIE ET LITHOGRAPHIE GRANGER ET LEGRAND, 29, RUE MADIER DE MONTJAU

1929

AVANT-PROPOS

En 1892, M. VILLARD a publié dans le " Journal de Valence ", les ANNALES VALENTINOISES *jusqu'à la fin de l'année 1800. Espérant continuer son travail, il avait réuni de nombreux documents sur le XIXe siècle. Avec certains d'entre eux et avec ceux que j'avais réunis moi-même pour des études antérieures, je me suis proposé de faire une suite aux* ANNALES VALENTINOISES *jusqu'au 31 décembre 1913, sous le titre :* UN SIÈCLE DE L'HISTOIRE DE VALENCE AU JOUR LE JOUR.

Les événements du siècle dernier n'ont pas moins d'intérêt que ceux qui nous font assister aux origines et au développement d'une antique Cité. Leur énumération chronologique nous montre le labeur tenace qu'il a fallu s'imposer pour réaliser la moindre amélioration : services de voirie et d'hygiène, construction d'établissements, création d'institutions de toutes sortes, enfin tout ce qui répond de plus en plus aux besoins matériels et intellectuels de la population.

Tous ceux qui s'intéressent à la vie de la Cité pourront y trouver, je crois, de quoi satisfaire leur curiosité et parfaire leurs connaissances. Combien de légendes verront-ils s'évanouir à la simple lueur des faits et des dates !

Certains trouveront peut-être que nombre de faits ne méritaient pas de figurer dans ce recueil, mais dans la vie d'une Cité les moindres événements peuvent avoir leur importance. Tels renseignements qui paraîtront puérils, insignifiants, aux uns, en intéresseront sûrement d'autres.

Enfin, une table des matières groupe les dates qui se rapportent au même objet, ce qui constitue une histoire suivie des événements politiques et administratifs, une sorte de monographie des constructions, institutions, créations, etc.

Heureux sera l'auteur si, par ce modeste travail, il peut contribuer à développer l'amour de la petite Patrie, en la faisant mieux connaître, comme aussi à développer le sentiment de la reconnaissance envers les générations qui l'ont faite ce que nous la voyons aujourd'hui.

J. P.

UN SIÈCLE
de l'Histoire de Valence
au Jour le Jour

1801

1801. — Ier JANVIER-9 NIVÔSE, AN IX. — Inventaire de la Bibliothèque, installée dans son local du Petit-Séminaire. (Partie de l'emplacement de l'Annexe de l'Hôtel de Ville.)

Une demande avait été adressée à la Mairie le 24 ventôse, an VIII, pour que la Bibliothèque fût mise au Petit-Séminaire, bâti à neuf depuis peu de temps dans le prolongement des bâtiments du Collège, rue Farnerie. L'installation s'y fit en prairial suivant ; mais une partie des livres resta dans la salle de l'Université sur la rue Notre-Dame-de-la-Ronde, salle aujourd'hui démolie.

1801. — 18 FÉVRIER-29 PLUVIÔSE, AN IX. — Le Conseil municipal demande au Préfet que le département fasse refaire en pierre l'Autel de la Patrie du Champ-de-Mars « ... La pyramide pourrie par la « pluie est prête à s'écrouler. »

1801. — 22 FÉVRIER-2 VENTÔSE, AN IX. — Les travaux de la cale d'abordage du bac à traille, côté des Granges, sont commencés.

1801. — II MARS-20 VENTÔSE, AN IX. — Une pétition est adressée au Préfet pour demander que l'église Saint-Jean soit rendue au culte. Le Maire dit qu'on y a « re- « misé des affûts d'artillerie qui peuvent « facilement être entraînés dans les en- « gards (sic) du Polygone, attendu que « nous n'avons plus à craindre un enlè- « vement de la part de l'ennemi... »

1801. — 13 MARS-22 VENTÔSE, AN IX. — Le citoyen Meyer demande au Préfet l'autorisation d'établir une scierie à bois au lieu dit : La Cascade.

1801. — 18 MARS-26 VENTÔSE, AN IX. — D'après une ordonnance de police de ce jour, les logeurs doivent tenir un registre des étrangers qu'ils logent. — Les jeux de hasard sont supprimés dans les lieux publics. — Les cafés et auberges sont fermés à 10 heures du soir, en hiver, et II heures, en été.

1801. — 24 MARS-3 GERMINAL, AN IX. — Un arrêté préfectoral ouvre au culte l'église Saint-Jean suivant la demande qu'en avaient faite les citoyens de Valence.

1801. — 8 MAI. — Procès-verbal de délimitation des communes de Beaumont et de Valence. Ces délimitations se continuent avec les autres communes limitrophes de Valence.

1801. — 22 MAI-2 PRAIRIAL, AN IX. — Les protestants de Valence et de Bourg adressent une pétition au Préfet pour le prier « ... de leur faire accorder un toit « tutélaire et décent pour y adorer en « commun l'Eternel... »

1801. — 25 MAI-4 PRAIRIAL, AN IX. — Le maire Planta, à qui la pétition précédente a été adressée pour désigner le lieu de culte des protestants, indique l'église des Cordeliers. « ... Ils y ont tenu leurs « assemblées en 1791, et leur convient « sous tous les rapports... »

1801. — 5 JUIN-15 PRAIRIAL, AN IX. — Sur la demande du Consistoire, le préfet, Descorches, désigne l'église Saint-Ruf (1) de préférence à celle des Cordeliers, pour servir de lieu de culte aux protestants, à la condition qu'ils ne l'occupent qu'en dehors des assemblées civiles qui s'y tiennent encore, et qu'ils se chargent de l'entretien intérieur de l'édifice.

1801. — 10 JUILLET. — Le frère de Mlle Bou, ancien agent de change, vend à Fiéron la maison où avait logé Bonaparte (2), angle sud de la Grand'Rue et de la rue du Croissant, aujourd'hui rue Lieutenant-Bonaparte.

1801. — 14 JUILLET-25 MESSIDOR, AN IX. — Fête de la Concorde et de la Paix. Dans son discours, le Préfet dit que l'année dernière, à la même époque, fut posée la première pierre fondamentale de la colonne du département sur la place des Clercs.

1801. — 14 JUILLET. — Curnier, commissaire du Gouvernement près le tri-

(1) L'église collégiale de Saint-Ruf « qui révèle « la grâce, l'élégance, l'harmonie de l'architecture « de Louis XIV », fut construite en 1702. Après la suppression de l'Ordre en 1773, elle devint en 1782, l'église paroissiale de Saint-Apollinaire. Pendant la Révolution, elle servit de local pour le cercle constitutionnel, de magasin à blé et enfin de salle décadaire.

(2) Bonaparte tient garnison à Valence du 5 novembre 1785 au mois d'avril 1788, et loge chez Mlle Bou; il y revient le 1er mai 1791, prend le même logement et quitte Valence au mois d'octobre suivant.

bunal criminel, écrit au Préfet pour lui signaler que des ennemis du Gouvernement avaient dans la nuit du 23 au 24 messidor « outragé la colonne nationale « élevée au milieu du Champ-de-Mars en « l'honneur et à la gloire des braves qui « sont morts à la défense de la Patrie... » qu'on avait barbouillé les légendes qui sont autour et peint une potence avec une échelle au milieu de la colonne, « délit « commis par de lâches infâmes ». Il demande que les auteurs soient recherchés et poursuivis.

1801. — 4 SEPTEMBRE-16 FRUCTIDOR, AN IX. — La Ville fait réparer les remparts pour faciliter la perception des impôts.

1801. — 26 SEPTEMBRE-4 COMPLÉMENTAIRE, AN IX. — Le Conseil municipal demande à l'autorité supérieure que le Bourg soit réuni à Valence.

1801. — 7 OCTOBRE-14 VENDÉMIAIRE, AN X. — On fait publier dans les rues et carrefours de la Ville que les conditions de la paix avec l'Angleterre ont été arrêtées. — Paix d'Amiens signée le 25 mars 1802.

1801. — 18 OCTOBRE. — Le Conseil municipal décide qu'une inscription sera placée sur la façade de la maison où Bonaparte a logé pendant ses deux séjours à Valence.

1801. — 20 OCTOBRE. — Un arrêté du Maire confine les boucheries et mâteries dans la rue des Boucheries et dans la partie basse de la côte des Chapeliers.

1801. — 9 NOVEMBRE-18 BRUMAIRE AN X. — Le jour de la fête de la paix, une pancarte éclairée est placée sur la façade de la maison qu'avait habitée Bonaparte rue du Croissant.

Le soir, grand feu de joie devant la Préfecture. La fille du Préfet eut l'honneur d'y mettre le feu.

Plantation d'un *peuplier vif* en rempla-

Logement de BONAPARTE depuis 1785-1791

Suit la liste de ses victoires.

cement de l'arbre de la liberté tombé de vétusté quelques jours avant Un olivier avait été placé à côté de l'arbre sur le piédestal qui attendait la colonne départementale.

1801. — 9 NOVEMBRE. – Crue extraordinaire du Rhône qui s'éleva à 0^m37 seulement de moins que celle de 1840, c'est-à-dire à 6^m25.

1801. — 10 NOVEMBRE. — Arrêté du Préfet portant publication de deux mariages célébrés dans la *salle décadaire*. (Temple protestant aujourd'hui.)

1801. — 20 NOVEMBRE-28 BRUMAIRE, AN X. — Recensement de l'an IX :

Personnes sachant plus que lire et écrire 1.942
Personnes ne sachant que lire et écrire 1.525
Personnes illettrées 4.074

Total . . . 7.541

1801. — 2 décembre. — M. Descorches, préfet de la Drôme, reçoit l'ordre du Gouvernement de remettre les restes du pontife, Pie VI, à Mgr Spina, avec décence, mais sans aucun appareil.

1801. — 7 DÉCEMBRE. — Une grande crue du Rhône se fraye un passage au levant de la Tour de Constance qui se trouve maintenant au milieu du courant. (En face de l'Hôpital.)

1801. — 24 DÉCEMBRE. — Exhumation des restes du pape Pie VI. Le cercueil, retiré du caveau (cimetière Sainte-Catherine), est porté à la Préfecture à 2 h. 1/2 du matin, en passant par la citadelle.

1801. — Le budget des dépenses ordinaires s'élève à 6.470 francs.

1801. — L'intérieur de la cathédrale est recouvert d'un badigeon qui le dépare pendant près d'un siècle

1802

1802. — M. Geniès, pasteur de Saint-Jean-du-Gard, est nommé à Valence, lors de la réorganisation des cultes.

1802. — L'école d'artillerie est rétablie à Valence pour un régiment d'artillerie légère.

1802. — 10 JANVIER. — Mgr Spina et le R. P. Caselli reçoivent à la Préfecture les restes de Pie VI et prennent de suite la route d'Italie par le Rhône.

1802. — 30 JANVIER. — Notre ministre à Rome, Cacault, écrit au préfet Descorches qu'il a trouvé un buste de Pie VI et lui propose de l'acquérir pour Valence.

1802. — 7 MARS-15 VENTÔSE, AN X. — Le Conseil municipal propose d'échanger l'Hôpital général (couvent Sainte-Claire), trop insalubre, contre le couvent des Capucins. (Hôpital actuel).

1802. — 17 MARS-25 VENTÔSE, AN X. — Création d'écuries militaires en planches pour loger 253 chevaux de l'école d'artillerie dont la Ville va être pourvue. Ces écuries furent construites sur les promenades près des casernes et prirent le nom d'écuries de Saint-Félix.

1802. — 17 MARS. — Le pré du Cire est concédé à l'hospice de Valence par décision ministérielle.

1802. — 2 AVRIL-11 GERMINAL, AN X. — Une crue du Rhône emporte presque tout l'ouvrage de la cale d'abordage du bac en construction, côté des Granges.

1802. — 3 AVRIL. — Par arrêté préfectoral, le citoyen Mougenot est autorisé à se servir des eaux de la Cascade pour une scierie à marbre.

1802. — 15 AVRIL-24 GERMINAL, AN X. — Pour l'installation du premier Evêque concordataire de Valence, le Ministre de l'Intérieur donne au Préfet de sévères instructions, en même temps qu'il lui prescrivait de donner à la cérémonie la plus grande solennité. « ... Toutes les au-« torités locales lui rendront visite. Vous « ferez sévèrement punir ceux qui, par « des écrits ou des actes publics, tendront « à compromettre ou avilir le caractère « de l'Evêque. Vous ne permettrez ni dis-« cussion, ni publication d'aucun écrit « contre le Concordat. Vous réprimerez « toutes les entreprises qui pourraient « être dirigées par quelques ecclésiasti-« ques contre le nouvel ordre des choses, « et s'ils se permettent un acte quelcon-« que contraire à la soumission aux lois, « vous êtes autorisé à les traiter comme « rebelles et à les faire arrêter... »

1802. — 12 MAI-21 FLORÉAL, AN X. — Le Maire demande au Préfet la création d'un Bureau de bienfaisance.

1802. — 16 AU 17 MAI. — Dans la nuit, il y a eu une forte gelée qui a considérablement endommagé les vignes.

1802. — 17 MAI. — Louis Bonaparte, colonel du 5ᵉ dragons, passe à Valence allant de Paris à Bagnères.

1802. — 6 JUIN. — Vingt notables protestants se réunissent à la Préfecture, sous la présidence du Préfet, pour organiser le Consistoire de Valence, en exécution de la loi du 18 germinal an X.

1802. — 5 JUILLET. — Bécherel François est nommé évêque de Valence par le premier consul Bonaparte.

1802. — 11 AOUT. — Un arrêté préfectoral crée le Bureau de bienfaisance de Valence.

1802. — 12 SEPTEMBRE. — En vertu du nouveau Concordat, l'évêque Bécherel est installé solennellement par le préfet Descorches dans une imposante cérémonie à la cathédrale.

1802. — 23 SEPTEMBRE. — Fête publique pendant laquelle un olivier est planté au pied de l'arbre de la liberté et un bal public organisé au Champ-de-Mars.

1802. — 23 SEPTEMBRE-1ᵉʳ VENDÉMIAIRE, AN X. — Un arrêté des Consuls autorise l'établissement du Consistoire de l'arrondissement de Valence, dont le siège est à Bourg-lès-Valence. Les protestants pourront s'assembler dans l'enceinte de la Ville pour y célébrer leur culte. Ils auront la faculté de se réunir dans l'église Saint-Ruf à condition que les clefs seront déposées à la Préfecture, où ils viendront les prendre et les reporter le jour même qu'ils s'en serviront.

1802. — 9 NOVEMBRE. — Naissance à Valence de Brunet Jean-André-Louis, qui devint général et fut tué devant Sébastopol, le 18 juin 1855. Son nom a été donné à une caserne militaire et à une rue.

1802. — 10 NOVEMBRE-18 BRUMAIRE, AN XI. — Il est créé un poids public pour les meuniers et les particuliers.

1802. — 11 DÉCEMBRE-19 FRIMAIRE, AN XI. — Décret attribuant au Bureau de bienfaisance l'ancien prieuré de Saint-Félix et ses dépendances.

1802. — 15 DÉCEMBRE. — Décret concédant le terrain militaire pour la construction d'écuries pour 300 chevaux d'artillerie et autorisant d'appuyer la toiture contre le mur d'enceinte de la ville.

1802. — A la réorganisation des cultes, l'église de Saint-Jean devient une succursale de la paroisse Saint-Apollinaire.

1802. — L'évêque Bécherel est logé aux frais du département dans la maison du maire Planta, moyennant un loyer de 1.200 francs. C'est sur l'emplacement de cette maison qu'a été construite la Chambre de commerce.

1803

1803. — 1ᵉʳ JANVIER. — Le Bureau de bienfaisance rétablit lui-même l'école des petites filles dont la direction est donnée aux sœurs de Saint-Vincent-de-Paul.

1803. — 2 FÉVRIER. — Un arrêté du

Gouvernement approuve l'association des Dames de la Miséricorde pour le soulagement des prisonniers

1803. — 14 FÉVRIER. — Le Ministre de l'Intérieur informe le Préfet que le premier Consul a alloué 10.000 francs pour la translation et la réception des entrailles et du cœur de Pie VI. à Valence.

1803. — 3 MARS-11 VENTÔSE, AN XI. — Les rues étant toutes défoncées, les propriétaires sont mis dans l'obligation de payer le pavage fait devant leur immeuble.

1803. — 29 MARS. — Réception solennelle du cœur et des entrailles du pape Pie VI, partis de Rome le 29 décembre 1802. — L'inscription suivante avait été placée sur le catafalque : « Il était notre Père, il fut persécuté. » Le Préfet invita l'Evêque à la faire enlever, ce qui fut fait.

1803. — 25 AVRIL-4 FLORÉAL, AN XI. — Le Conseil municipal attribue une portion du couvent de Saint-Ruf comme logement du curé de la cathédrale.

1803. — 10 MAI. — Lettre du maire Planta au Pape pour le remercier de l'envoi du cœur et des entrailles de Pie VI.

1803. — 1ᵉʳ JUIN-11 PRAIRIAL, AN XI. — Le Conseil municipal rétablit la direction de l'école des Frères avec les considérants suivants :
« Que la régularité qui régnait dans
« cette maison rassurait les parents sur
« leurs enfants élevés avec une docilité
« de caractère qui n'a que trop tôt dis-
« parue ;
« Qu'en l'état ce bâtiment était occupé
« par quatre instituteurs primaires ; mais
« que chacun d'eux, étant chef indépen-
« dant, l'enseignement n'allait plus à son
« but et ne présentait plus cet ensemble
« consolant pour la jeunesse ;
« Que cette maison, ouverte de jour et
« de nuit, subissait des dégradations et
« tomberait bientôt en ruines si on ne lui
« donnait pas un chef qui puisse en régu-
« lariser le mouvement »

1803. — 6 JUIN-16 PRAIRIAL, AN XI. — Il est décidé que le Collège sera rouvert sous la direction du « citoyen Geoffret, de la Motte-Chalancon. »

1803. — 17 JUIN-28 PRAIRIAL, AN XI. — La chapelle du prieuré de Saint-Félix est rouverte au culte.

1803. — 19 JUIN. — Le Conseil municipal vote 6.000 francs pour coopérer à la construction d'un vaisseau de ligne pour la guerre contre l'Angleterre.

1803. — 19 JUIN. — Dans la même délibération, il est dit que Valence compte 7.541 âmes de population.

1803. — 23 JUILLET-3 THERMIDOR, AN XI. — Le Préfet permet le transfert des malades de l'hôpital général au couvent des Capucins (hôpital actuel), en attendant qu'une loi autorise l'échange des deux immeubles.

1803. — 14 AOUT. — Le préfet Descorches autorise le transfert des reliques de Saint-Venance de la cathédrale à la chapelle des Capucins. Avant la Révolution, elles étaient conservées au couvent des Dames de Soyon.

1803. — 9 SEPTEMBRE-21 FRUCTIDOR, AN XI. — Un décret des Consuls attribue la moitié des bâtiments du Séminaire (1), délaissés en 1792, au Collège qui est rouvert à la rentrée des classes.

1803. — 12 OCTOBRE-18 VENDÉMIAIRE, AN XII. — La commission de l'hospice se réunit pour la première fois dans son nouveau local (hôpital actuel) et charge une délégation de porter au Préfet les clefs de l'ancien hôpital général (couvent de Ste-Claire actuel).

1803. — 1ᵉʳ DÉCEMBRE-8 FRIMAIRE, AN XII. — Le Maire de Valence visite les prisons (emplacement de la Banque de France et du café Glacier). Il constate que quoique la paille des cachots soit renouvelée,

____

(1) Rue Farnerie.

l'air y est infect, putride, nauséabond, à cause du trop grand nombre de prisonniers qui y sont enfermés. Ceux-ci manquent de vêtements; le linge qu'ils portent est à demi-pourri, faute d'être blanchi; ils sont pieds nus, sur les pierres vives.

1803. — 9 DÉCEMBRE-16 FRIMAIRE, AN XII. — S'étant rendu à l'école St-Estève, qui n'avait jamais été fermée, le Maire déclare devant les élèves que la Ville reconnaît le citoyen Boyer, frère Evariste, comme instituteur primaire de Valence.

1804

1804. — 25 FÉVRIER-4 VENTÔSE, AN XII. — Une loi autorise l'échange de l'hôpital général contre le couvent des Capucins.

1804. — 24 MARS. — Le Consistoire de Bourg-lès-Valence demande au Préfet l'autorisation de rendre l'église de Saint-Ruf plus décente pour le culte, en la débarrassant de divers matériaux, d'estampes et de maximes peu en rapport avec le culte chrétien.

1804. — 13 AVRIL. — Plan de la nouvelle salle d'audience du tribunal criminel; ensemble les pièces nécessaires à son exercice, le tout établi dans le ci-devant couvent de Vernaison (tribunal actuel construit sur l'emplacement).

1804. — 24 AVRIL-3 FLORÉAL, AN XII. — Décret autorisant l'établissement d'un poids public pour Valence et le Bourg.

1804. — 30 MAI-9 PRAIRIAL, AN XII. — En apprenant que le premier consul, Bonaparte, allait être proclamé Empereur, le Conseil municipal prit une délibération dans laquelle on lit : « Le Conseil, heu-
« reux de voir le premier Consul accepter
« le titre d'Empereur qu'on veut lui con-
« férer, décide de dire à ce grand homme
« que dans les conquérants que nous pré-
« sente l'histoire, aucun d'eux ne pouvant
« lui être mis en parallèle, le titre d'Em-
« pereur est au-dessous de celui qu'il mé-
« rite. »

Il vote ensuite l'adresse suivante :
« Sire, en acceptant l'Empire, votre
« Majesté a prouvé à la France entière
« que son amour pour elle faisait l'objet
« de son affection..... Naguère, la France
« était déchirée, persécutée, à deux doigts
« de la ruine, la Providence désigna Bo-
« naparte pour son ange tutélaire ; Bona-
« parte parut et la France fut sauvée.
« Bonaparte s'est acquis l'immortalité,
« Napoléon sera éternel. »

1804. — 10 JUIN. — Fête pour la proclamation de Napoléon Bonaparte, empereur des Français, et pour le serment de fidélité aux constitutions de l'empire et à l'Empereur.

1804. — 16 JUILLET-27 MESSIDOR, AN XII. — Dans l'arrêté du Préfet, portant échange du couvent des Capucins contre l'ancien hôpital général, il ressort que la Ville doit verser au Trésor la somme de 40 fr. comme différence de la valeur des deux immeubles.

1804. — 12 AOUT. — M. Fort, directeur des Postes (1), membre du Consistoire protestant, demande au Préfet, l'usage de la tribune et de la sacristie de l'église de Saint-Ruf. Il le prévient qu'on va y faire placer une chaire.

1804. — 14 AOUT-25 THERMIDOR, AN XII. — Un arrêté préfectoral rétablit le marché qui se tenait tous les dimanches du mois d'août sur la place de la Pierre, voisine de l'abbaye de Soyon où l'on venait pendant ce mois vénérer les reliques de Saint-Venance.

1804. — 20 AOUT. — En l'absence du Préfet, le Conseiller de préfecture autorise les protestants à enlever les estampes et tableaux de l'église de Saint-Ruf et de les déposer à la tribune ou à la sacristie. Il ajoute : « Vous pouvez faire une chaire.»

1804. — 21 SEPTEMBRE. — Décret trans-

(1) Les bureaux de la Poste étaient alors à l'angle sud de la rue Pelleterie et de la place de la Pierre.

férant l'ancienne école de droit de Valence à Grenoble.

1804. — 3 OCTOBRE-10 VENDÉMIAIRE, AN XIII. — Installée au couvent de Saint-Ruf, depuis le 13 mars 1793, la mairie est obligée de céder le local qu'elle y occupait pour loger les archives de la Préfecture. Elle transporte ses services dans deux salles délabrées de l'ancienne maison commune, appelée Saint-Antoine (1), où elle était depuis 1519.

1804. — 29 OCTOBRE-6 BRUMAIRE, AN XIII. — Les remparts sont dans un tel état de ruine, qu'un décret déclare la place hors d'entretien.

1804. — 7 NOVEMBRE-15 BRUMAIRE, AN XIII. — Adjudication de 181 mètres de digue sur le bord du Rhône, devant les Capucins, pour la continuation des travaux de protection, commencés en 1785 par les digues épis (2), et quais de Bourg-lès-Valence.

1804. — 17 NOVEMBRE. — Le maire Planta propose au Conseil municipal d'élever à Bonaparte une colonne monumentale de 12 mètres de hauteur, en l'honneur de son couronnement. Mais pour que le monument soit digne de celui qu'on veut glorifier et étant données les faibles ressources de la Ville, il fait décider d'y intéresser le Conseil général et le département tout entier. Ce projet n'eut pas de suite.

1804. — 26 NOVEMBRE-4 FRIMAIRE, AN XIII. — Un décret impérial raye Valence du « cathalogue » des places de guerre.

1804. — 6 DÉCEMBRE-14 FRIMAIRE, AN XIII. — La Municipalité proteste contre le changement de local de ses services, imposé par le Préfet.

_____

(1) La maison Saint-Antoine faisait l'angle ouest des rues Madier-Montjau et Saint-Jean.
(2) Ces épis sont aujourd'hui complètement dans les terres au N.-O. de Bourg-lès-Valence.

1805

1805. — 12 JANVIER. — Arrêté du Préfet portant établissement d'un bureau public de pesage pour Valence et le Bourg.

1805. — 15 AVRIL-24 GERMINAL, AN XIII. — Le maire Planta va trouver l'Empereur, de passage à Lyon, pour lui demander l'échange de la maison de St-Antoine contre le couvent de Sainte-Marie (1), demande favorablement accueillie.

1805. — JUILLET. — De passage à Valence, Stendhal écrit à sa sœur « ... Je suis arrivé ce matin à Valence, petite ville à pavé pointu, vis-à-vis de vilaines falaises... » (Crussol).

1805. — 3 JUILLET. — Sur la demande des voisins, le Préfet arrête que le clocher de l'église de Saint-Ruf menaçant ruine, sera démoli jusqu'à la hauteur des maisons et le reste couvert. Les deux petites chapelles attenant à l'église seront vendues.

1805. — 9 SEPTEMBRE. — Un sénatus-consulte rétablit le calendrier grégorien, à partir du 1er janvier 1806.

1805. — 6 NOVEMBRE-14 BRUMAIRE, AN XIV. — Un arrêté préfectoral réserve la sacristie de l'église Saint-Ruf.

1806

1806. — Le recensement donne 8.057 habitants.

1806. — Au budget, est prévue une dépense de 190 francs pour la distribution des prix aux élèves du Collège.

1806. — De 1806 à 1853, 16 projets d'adduction d'eau courante dans Valence sont présentés au Conseil municipal.

1806. — Dans une conspiration contre

_____

(1) Le couvent de la Visitation de Sainte-Marie occupait l'emplacement du théâtre, de l'hôtel de ville et de la place de la Liberté.

l'Empire, l'enquête prouva que les affiches qui devaient être apposées dans toute la France avaient été imprimées à Valence.

1806. — 20 JANVIER. — Arrêté réglementant les funérailles des catholiques.

1806. — 3 MAI. — Arrêté du Préfet qui ordonne le transfert du cimetière Sainte-Catherine, et qui n'eut pas de suite.

1806. — 16 MAI. — Un arrêté municipal défend de jouer aux boules et d'étendre du linge sur les promenades du Champ-de-Mars et du Cagnard, de la porte Saunière à la porte Saint-Félix « où les habi-« tants viennent chercher tant leur dé-« lassement que l'air sain et pur qu'ils « sont certains d'y respirer ».

1806. — 6 JUIN. — Décret nommant Armand Delisle, pasteur de l'église réformée de Valence.

1806. — 15 JUIN. — Décret réunissant aux Domaines la maison du Gouvernement dans la citadelle (1).

1806. — 22 JUIN. — Les bals publics sont autorisés sous la responsabilité de leurs organisateurs.

1806. — 13 JUILLET. — Le cimetière, d'une superficie de 42 ares, reste à Saint-Jacques, entre la route de Lyon et le faubourg. La mortalité à Valence est alors de 35 pour 1.000, ce qui fait 280 sépultures par an (2).

1806. — 17 JUILLET. — Décret impérial autorisant le Préfet à mettre l'église de Saint-Ruf complètement à la disposition du Consistoire de l'église réformée, à la

____

(1) La citadelle fut construite en 1582 et 1583 sur l'emplacement de 213 maisons démolies à cet effet. Elle était complètement à l'intérieur des remparts.

(2) Au XVIᵉ siècle, chaque église avait son cimetière : Places des Ormeaux, du Pendentif, de la Pierre et derrière l'église Saint-Jean. — Au XVIIIᵉ siècle, il ne restait plus que ce dernier qui fut transféré, en 1776, au faubourg St-Jacques, sous le vocable de Sainte-Catherine.

charge, par les protestants, des frais de réparations et d'entretien.

1806. — 24 JUILLET. — Un décret affecte la maison du Gouvernement, dans la citadelle, au logement et services de la Sénatorerie de Grenoble.

1806. — 15 AOUT. — Décret autorisant l'échange de la Maison commune dite de Saint-Antoine, contre le couvent de la Visitation de Sainte-Marie.

1806. — 24 OCTOBRE. — L'Evêque recommande de lire en chaire les Bulletins de l'Armée, comme on le faisait sous la Révolution, à la fin des réunions publiques.

1806. — 6 DÉCEMBRE. — A la fête du jour anniversaire de la victoire d'Austerlitz, une rosière, dotée par la commune, est mariée à un militaire, d'après le décret impérial du 19 février 1806, instituant cette cérémonie annuelle.

1807

1807. — Les soldats réfractaires étaient alors nombreux dans la Drôme. Une personne de Valence, accusée d'avoir caché un conscrit, fut condamnée à un an de prison et 500 francs d'amende.

1807. — 6 JANVIER. — Adjudication de la construction du quai du Rhône, depuis la terrasse du couvent des Dames de Soyon jusqu'à la place de la Traille, longueur : 67 mètres, devis : 6 284 francs.

1807. — 28 FÉVRIER. — Le Conseil municipal offre l'Hôtel de Mars (1) pour faire un magasin à fourrage, en remplacement de l'église des Cordeliers à céder à l'Evêque pour son séminaire diocésain.

1807. — 3 JUIN. — L'imprimeur Marc-Aurel fonde à Valence « Le Journal de la Drôme », le 2ᵉ journal publié dans le dé-

____

(1) L'Hôtel de Mars était une maison de la ville qui servit à de nombreux usages. Elle fait l'angle Nord-Est de la rue Balthazar-Baro.

partement. Le premier, qui avait paru le Ier janvier 1793, était intitulé « La Vérité au Peuple. »

1807. — 7 JUILLET. — Création d'une compagnie de pompiers composée de 44 hommes.

1807. — 27 AOUT. — L'administration de la guerre refuse l'Hôtel-de-Mars en échange de l'église des Cordeliers. Depuis l'an 10, l'artillerie possède dans l'ancien couvent une salle de mathématiques et une bibliothèque.

1807. — 28 AOUT. — Passage du cardinal espagnol Despuig qui officie à la Cathédrale pour le service anniversaire de la mort du pape Pie VI.

1807. — SEPTEMBRE. — Passage du roi de Hollande, Louis Bonaparte et de sa femme, la reine Hortense, revenant de Bagnères-de-Luchon et allant à Paris incognito.

1807. — 10 SEPTEMBRE. — Le sénateur Abrial, nommé à la sénatorerie de Grenoble, est à Valence où une fête est donnée en son honneur. Il en repart le 17 septembre.

1807. — 17-22 SEPTEMBRE. — Procès-verbaux de délimitation de Valence avec les communes limitrophes.

1807. — 6 NOVEMBRE. — Passage à Valence de S. A. Sérénissime Mgr le Prince archi-chancelier de l'Empire. On l'accompagne jusqu'à La Paillasse.

1808

1808. — L'ingénieur des ponts et chaussées, Céard, présente le projet d'un canal de navigation parallèle au Rhône. Longueur 240 kilomètres. Devis 46 millions.

1808. — La mairie transporte ses services de la maison Saint-Antoine à la maison conventuelle de Sainte-Marie.

1808. — L'hôtel de la Préfecture et les bureaux occupent toute la maison abba-

tiale et le noviciat de l'abbaye de Saint-Ruff.

1808. — Une somme est inscrite au budget pour l'entretien de cinq sœurs de la Charité (Saint-Vincent-de-Paul) dont deux se consacrent à l'enseignement des filles pauvres « arrachent les enfants du « sexe à l'immoralité et sont une égide « contre les mauvaises mœurs ».

1808. — M. Marchand fonde, rue Bayard, un pensionnat de jeunes gens qui jouit pendant trois quarts de siècle d'une juste réputation.

1808. — 22 FÉVRIER. — Exécution, pour assassinat, d'Aillon et de sa complice.

1808. — Ier MARS. — Par l'institution des majorats, le sénateur Abrial devient propriétaire de l'Hôtel du Gouvernement qui constitue sa sénatorerie.

1808. — 2 MARS. — Une délibération du bureau central de bienfaisance porte création d'un asile pour 10 orphelins dans la maison des sœurs de Charité de Valence (Sœurs grises).

1808. — 3 JUIN. — Passage de Joseph Napoléon, roi de Naples; trois jours après, il était nommé roi des Espagnes et des Indes à Bayonne.

1808. — 23 AOUT. — Les exécutions capitales avaient toujours eu lieu sur la place des Clercs. Un arrêté, pris de concert, entre la ville et le parquet de Grenoble, décide d'enlever de cette place les pierres qui marquent l'emplacement de la « machine à tuer » et de les mettre à gauche en sortant de la porte Saunière, c'est-à-dire sur la place de la République actuelle.

1808. — 24 AOUT. — Dans un rapport au Conseil municipal, il est dit que la Ville ne donne que le logement aux trois maîtres d'école dont les 50 élèves payants, sur 130 élèves inscrits, forment les seules ressources.

1808. — 24 SEPTEMBRE. — Vente des vieilles prisons situées à côté de l'ancien présidial. (Place de l'Ancien Tribunal.)

1808 — 1ᵉʳ DÉCEMBRE. — Ouverture de l'orphelinat créé pour 10 enfants au Bureau de bienfaisance. Cette œuvre ne vécut pas longtemps et fut reprise plus tard.

1809

1809. — 4 FÉVRIER. — La garde d'honneur de l'empereur à Valence reçoit de la Ville un drapeau qu'elle fait bénir à la cathédrale.

1809. — 25 MAI. — Réorganisation de la garde nationale de Valence.

1809. — 2 AOUT. — Enlevé à Rome le 6 juillet 1809, par ordre de l'Empereur, le pape Pie VII, arrive à Valence pendant un orage épouvantable. Le Préfet lui fait préparer un appartement à l'Hôtel du Louvre et de la Poste. (Magasin actuel des Dames de France).

1809. — 9 AOUT. — En application du décret du 11 décembre 1808, sur l'organisation de l'Université de France, un arrêté du Préfet met les bâtiments, cours et jardins des établissements d'instruction publique à la disposition de la dite Université. Pour Valence, l'arrêté porte : 1° une petite maison renfermant une bibliothèque et quelque mobilier ; 2° en face, un autre petit bâtiment qui servait autrefois de salle d'études ; 3° un très petit jardin.

1809. — 1ᵉʳ SEPTEMBRE. — Le cadastre de la commune de Valence, entrepris en 1808, sur les ordres de l'Empereur, par M. de Gaillard, directeur des contributions a Valence, est comme le prototype des cadastres des communes de France. Il fut terminé sur le terrain le 1ᵉʳ septembre.

1809. — 20 SEPTEMBRE. — Lettre du Préfet de l'Ardèche à son collègue de la Drôme pour lui signaler l'impraticabilité du chemin du Port dont se plaignent ses administrés, et le prie d'y faire porter remède.

1809. — 16 NOVEMBRE. — A 5 heures 1/2 du matin, Valence est secouée par un tremblement de terre.

1810

1810. — Sur 76 conscrits de Valence qui rejoignent leur corps, il y a 20 réfractaires et 7 déserteurs.

1810. — Au budget, il est inscrit une dépense de 650 francs pour l'enseignement primaire.

1810. — 1ᵉʳ JANVIER. — D'après une ordonnance de police, des patrouilles sont faites chaque nuit par des militaires accompagnés de notables bourgeois ou de pompiers.

1810. — 20 JANVIER. — Adjudication pour la construction du port, cale d'abordage, escalier, chemin de halage « tant pour servir au commerce que pour le bac à traille. » Tous ces travaux étaient exécutés au midi de la place Pêcherie (2ᵉ affiche).

1810. — 1ᵉʳ AVRIL. — Le Maire de Valence est délégué par le Conseil municipal pour porter à Paris les félicitations de la Ville à l'occasion du mariage de l'Empereur avec Marie-Louise d'Autriche.

1810. — 15 AVRIL. — Il vote l'adresse de félicitations à l'Empereur, à l'occasion de son mariage.

1810. — 17 AVRIL. — Un arrêté du Maire fixe les confins des boucheries et mâleries : rue de Pissantour (rue des Boucheries actuelle) ; voûte Saint-Martin et côte des Chapeliers jusqu'à l'Hôtel de Siéyès.

1810. — 1ᵉʳ MAI. — Arrêté fixant la durée des foires de Valence à 2 jours : celles de mars, mai et août, les 3 et 4 du mois ; celle de novembre, les 6 et 7.

1810. — 16 JUIN. — Décret impérial approuvant les statuts et règlements des religieuses Trinitaires.

1810. — 12 AOUT. — Le Conseil municipal examine un projet de réorganisation des études au Collège et vote une proposition « pour faire fermer incessamment

« cette foule de pensions particulières qui
« nuisent si énormément à l'instruction
« publique... comme le pense le Recteur.»)

1810. — 30 AOUT. — L'église et la cour
du couvent des Cordeliers sont remises en
toute propriété à la Ville pour servir de
magasin à fourrage et d'entrepôt de bois
de chauffage.

1810. — 31 AOUT. — Un décret impérial
cède à la Ville les casernes et autres bâtiments militaires : la maison Saint-Antoine
et le couvent de Sainte-Marie. — La garnison est alors de 720 hommes. 2 soldats
couchent dans le même lit.

1810 — 10 OCTOBRE. — Trouvé au registre des arrêtés du Maire : « La présente
« note pourra faire plaisir dans cent mille
« ans à partir de ce jour ? le 10 octobre
« 1810, il est tombé à Valence pres de
« 8 pouces de neige ».

1810. — 10 NOVEMBRE. — Le comte de
Montalivet, ministre de l'Intérieur, demande un rapport au Préfet sur l'irrigation de la plaine de Valence par la dériva-
tion des eaux de la Lyonne et de l'Isère.
Ce rapport envoyé en 1812, ne proposait
que l'usage des eaux de la Bourne.

1810. — 25 NOVEMBRE. — La Ville concède à l'Evêque la partie du Collège qui
servait autrefois de Séminaire. Un mur,
divisant la grande cour, limitait les deux
établissements : le Collège sur la rue Farnerie dans les nouveaux bâtiments, et le
Séminaire dans les anciens où il avait déjà
été. (Rue André-Lacroix actuelle.)

1810. — 25 NOVEMBRE. — Traité passé
avec le fermier de l'octroi :

Ancienne ferme . . . 30.600 fr.
Supplément 9 000
Nouvelle ferme . . . 39.600

« Le Bourg, y est-il dit, a droit au 6ᵉ
« du produit de l'octroi. »

1810. — 25 NOVEMBRE. — Les nouveaux
statuts des Frères de la Doctrine chrétienne, approuvés le 28 octobre 1810,
s'opposant à recevoir une rétribution quel-

conque de leurs élèves, la Ville pourvoit
à leur subsistance en leur allouant une
somme annuelle de 2.000 francs et décide
que l'enseignement primaire à Valence
sera gratuit.

1810. — 10 DÉCEMBRE. — Le couvent
des Cordeliers qui devait être vendu aux
enchères, est abandonné à l'Evêque pour
son séminaire, moyennant une redevance
de 18.000 francs.

1811

1811. — Un décret attribue au Séminaire diocésain la moitié de ses anciens
bâtiments délaissés en 1792 et convertis
alors en magasins et en salles à salpêtre.

1811. — Au budget figure la dotation
de la Rosière, 600 francs. Ce crédit fut
supprimé en 1815.

1811. — 18 FÉVRIER. — Une crue du
Rhône atteint à Valence 0ᵐ30 en contre-
bas de celle de 1856, c'est-à-dire 6ᵐ65 au-
dessus de l'étiage.

1811. — 9 JUIN. — Fête publique pour
la naissance du Roi de Rome.

1811. — 16 JUIN. — Une proposition de
vente de la Citadelle par l'Etat à la Ville
est accueillie favorablement.

1811. — 17 SEPTEMBRE. — Adjudication
des travaux du port, énumérés à la 2ᵉ affiche du 20 janvier 1810.

1811. — 17 SEPTEMBRE. — Adjudication
de la construction de la pyramide — aujourd'hui démolie - place Pêcherie, pour
supporter la traille du bac. Placée avant
sur le bord du Rhône, elle avait failli être
emportée plusieurs fois par les eaux.

1811. — 19 OCTOBRE. — Procès-verbal
de vérification du cœur et des entrailles
de Pie VI, signé par l'évêque Bécherel.
Le 21 octobre, la boîte les renfermant est
placée dans le monument à la cathédrale.

1811. — 25 OCTOBRE. — Inauguration
du monument de Pie VI à la cathédrale

par le cardinal Spina, assisté des Evêques de Valence et d'Avignon.

« Ce monument tout en marbre se « compose d'un piédestal sur la face du- « quel se trouve un bas-relief représen- « tant la Religion et l'Espérance. Le cou- « ronnement du piédestal représente aussi « en bas-relief le pape, Pie VI, dans ses « habits pontificaux ; le tout surmonté de « son buste.

« Le sarcophage est dû au ciseau du « célèbre Maximilien, et le buste est l'ou- « vrage du non moins célèbre Canova. Il « contient les entrailles et le cœur du « Pontife ». (Journal de la Drôme).

1811. — 29 OCTOBRE. — Lecture est donnée au Conseil municipal d'une lettre du Recteur faisant connaître les conditions à remplir par la Ville pour l'établissement d'un lycée. Une commission est nommée pour voir si les locaux du Collège sont suffisants.

1811. — 22 NOVEMBRE. — L'Université impériale décide de vendre les bâtiments de l'ancienne Université de Valence. La Ville proteste énergiquement.

1812

1812. — La Ville ouvre au public la cour de l'Université qui fait communiquer la rue Notre-Dame-de-la-Ronde à la rue de l'Université. L'Etat proteste d'où le procès engagé contre la Ville pour entrer en possession des immeubles de l'Uni- versité.

1812. — 2 FÉVRIER. — Les locaux du Collège ayant été reconnus insuffisants pour un lycée, le Conseil municipal vote les ressources nécessaires pour la cons- truction de cet établissement d'instruction.

1812. — 4 FÉVRIER. — En attendant, il approuve les plans pour l'installation d'un lycée dans les locaux du Collège. Les évé- nements des dernières années de l'Empire ne permirent pas de réaliser cette trans- formation.

1812. - 16 AVRIL. — A 11 heures du matin, exécution de Guillermet, de Mont- mirail, condamné à mort, le 11 février 1812, pour incendie.

1812. — 25 AVRIL. - La Ville achète 140 charges de « bled » à Marseille et le revend aux particuliers d'après un règle- ment établi par la Municipalité.

1812. — 1er MAI. — Les boulangers vendent le pain bis 0 fr. 35 le demi-kilog et se refusent à faire du pain blanc. La Ville se charge de l'approvisionnement.

1812. — 5 MAI. — Le Conseil municipal renouvelle son vœu pour la réunion du Bourg à Valence (1)..

1812. — 15 MAI. — Valence, qui faisait partie de la paroisse protestante du Bourg, est érigée en paroisse. M. Rattier, son premier pasteur, prend possession de son poste.

1812. - 4 JUIN. - Il est proposé au Conseil municipal d'éclairer les rues de la Ville au moyen de réverbères.

1812. — 16 JUIN. — Pour la décence des mœurs et pour cause de danger, un arrêté municipal interdit de se baigner le long des quais du Rhône.

1812. — 5 JUILLET. — Lettre du Maire à Montalivet, ministre de l'Intérieur, lui demandant que l'Etat s'occupe de la construction d'un pont sur le Rhône à Valence.

1812. — 5 JUILLET. — Le Conseil muni- cipal proteste contre l'enlèvement de la bibliothèque de l'Université et son trans- port à Grenoble sur l'ordre de M. Pal, recteur de l'Académie, sans que celui-ci ait présenté à M. le Maire de Valence les ordres exprès qu'il disait avoir reçus, et sans qu'il lui ait laissé aucun inventaire des livres qui la composaient, provenant tous de dons particuliers faits pour l'usage des habitants de cette Ville.

---

(1) Valence et le Bourg étaient en procès depuis 1430 sur divers points administratifs.

1812. — 23 JUILLET. — Exécution de Guitton, 28 ans, pour tentative d'assassinat.

1812. — 21 AOUT. — Anselme, ex-huissier, condamné à 20 ans de galères pour faux, est exposé pendant 6 heures, sur la place des Clercs. Il est ensuite marqué publiquement au fer rouge de la lettre F, appliquée sur l'épaule droite.

1812. — 30 AOUT. — La grande salle du Conseil municipal à l'Hôtel de Ville sert de salle de spectacle. (Note de Rochas).

1812. — 20 SEPTEMBRE. — Décret impérial, daté de Moscou, autorisant le Préfet à acheter, au nom de l'Etat, la partie ouest et sud de l'évêché, appartenant à Brosset et à Blachette (1).

1812. — 26 OCTOBRE. — Double exécution de Mancelon et Philibert, de Vinsobres, pour tentative d'assassinat.

1812. — 7 NOVEMBRE. — Installation solennelle des cours du Collège, déclaré de 1re classe par décret du 15 septembre précédent. — Principal : M. Borel, ancien censeur du lycée de Marseille.

1813

1813. — Décret impérial, daté de Dresde, créant à Valence un dépôt de 200 mendiants, dans l'ancienne fonderie de canons (arsenal actuel).

1813. — Par suite du grand nombre de soldats insoumis, le Conseil municipal est obligé de prouver qu'il n'est pour rien dans l'insoumission de plusieurs conscrits de Valence.

1813. — 22 JANVIER. — Après la désastreuse retraite de Russie et la défaite de Leipzick, le Conseil municipal vote l'équipement de six cavaliers montés :

« Français, disait le préfet Descorches

____

(1) Divisé en 8 lots, l'évêché, déclaré bien national, fut vendu aux enchères le 22 avril 1793, pour la somme de 80.000 francs.

« dans sa proclamation aux habitants de « la Drôme, votre Empereur, la Patrie, « l'Honneur vous appellent... »

1813 — 1er MARS. — Le Ministre charge l'ingénieur des ponts et chaussées de la Drôme de préparer un projet de construction d'un pont en maçonnerie de 10 piles sur le Rhône à Valence. Dans son rapport, l'ingénieur dit qu'avec les travaux de raccord pour les accès, le pont coûterait peut-être 2.100.000 fr., mais qu'il n'a aucune base pour évaluer la dépense. On n'alla pas plus loin.

1813. — 16 AVRIL. — La Ville vend une partie de la maison commune, dite Maison de la Tour (1) qu'elle avait achetée le 18 août 1422. Les curieux y allaient admirer une tête d'animal sculptée qui n'a pas été conservée après la démolition de la maison.

1813. — 1er MAI. — Un projet de construction de l'Hôtel de Ville présenté au Conseil municipal plaçait l'édifice en bordure au nord de la rue Madier-Montjau et démolissait l'îlot de maisons qui était en face pour agrandir la place. Ce projet n'eut aucune suite (2).

1813. — 7 MAI. — Condamnation à mort par la cour spéciale des nommés Boulle et Genson, de Saint-Restitut, pour rébellion à main armée.

1813. — 27 MAI. — Le Conseil municipal donne un avis favorable pour la création d'une fabrique de faïence à Bourg-lès-Valence, en face de la porte de Lyon.

1813. — 1er JUIN. — Double exécution de Madelain pour meurtre, et d'Elisabeth Jullien, de Châteauneuf-de-Galaure pour infanticide.

1813. — 2 JUIN. — Décret impérial mettant le couvent des Cordeliers, sauf

____

(1) Côté ouest de la rue St-Jean.
(2) Cette idée fut de nouveau émise en 1889, mais elle fut rejetée à cause de la dépense.

l'église et la cour, à la disposition de l'Evêque pour son grand séminaire, moyennant une somme de 18.000 francs à verser au Trésor.

1813. — 6 JUIN. — Te Deum chanté à la cathédrale à l'occasion de la victoire remporté à Wurtchen.

1813. — 17 JUILLET. — Acte de vente entre le Préfet, au nom de l'Etat, et Brosset et Blachette, pour les deux lots . de l'évêché dont ils étaient propriétaires. Prix : 50.000 francs (1).

1813. — 23 SEPTEMBRE. — Adjudication de travaux à exécuter à l'infirmerie des prisons.

1813. — 26 SEPTEMBRE. — Un Te Deum est chanté à la cathédrale pour les victoires remportées. sous les murs de Dresde, les 26 et 27 août précédents.

1813. — 27 OCTOBRE. — Une pétition est adressée au Préfet pour que la direction de l'Hôtel-Dieu reste confiée aux Trinitaires. De son côté, la supérieure demande que si la fusion est faite avec l'hôpital général, les bâtiments de l'Hôtel-Dieu lui soient concédés en toute propriété.

1813. — 27 OCTOBRE. — Adresse du Conseil municipal à S. M. l'Impératrice, reine et régente, contenant le vœu au nom de tous les habitants de Valence « d'être « toujours le premier à seconder les glo- « rieux projets de notre grand Em- « pereur ».

1813. — 6 NOVEMBRE. — Par décret impérial, daté de Mayence, l'exercice de la profession de boulanger à Valence est soumis à une autorisation du Maire. Le demandeur doit être de bonnes vie et mœurs et connaître le procédé de son art.

(1) Ces deux lots comprenaient toute la partie ouest de l'évêché donnant sur le Rhône et sur le jardin. Après les premières réparations indispensables, l'évêque Bécherel quitta son logement de la place Vernaison pour reprendre une partie de l'antique demeure de ses prédécesseurs.

1813. — 24 NOVEMBRE. — D'après le plan d'alignement de cette date, la ville de Valence comptait 87 rues et 22 places.

1813. — 31 DÉCEMBRE. — Arrêté du Préfet organisant une cohorte à Valence pour le maintien de la tranquillité publique.

1814

1814. — Les événements n'ayant pas permis la création d'un lycée à Valence, le Conseil municipal vote une contribution de 300 francs pour l'entretien de celui de Grenoble (budget de 1814).

1814. — 17 JANVIER. — Le bruit court en ville que les ennemis sont à Lyon.

1814. — 4 FÉVRIER. — Dans une délibération du Conseil municipal de ce jour, il est dit que pendant la campagne de France, la Ville a été soumise à de nombreuses et onéreuses réquisitions militaires. Le grain ne tarde pas à manquer pour la nourriture des habitants.

1814. — 21 FÉVRIER. — Circulaire du Préfet annonçant que sont retenus les quatre cinquièmes de tout traitement et pension.

1814. — 21 MARS. — Le maréchal Augereau, duc de Castiglione, commandant en chef de l'armée des Alpes, arrive à Valence où il établit son quartier général pour organiser la résistance contre les Autrichiens, maîtres de Lyon.

1814. — 28 MARS. — Le maréchal Augereau ordonne à son armée, forte de 35 à 40.000 hommes, de franchir l'Isère, en incendiant derrière elle le beau pont en bois construit depuis 4 ans. L'incendie dura toute la journée.

1814. — 2 AVRIL. — D'après le dernier recensement, la population de Valence est de 8.724 habitants.

1814. — 8 AVRIL. — Condamnation à

mort de Mossant et de Maillefort, pour avoir eu des intelligences avec l'ennemi ; ils sont exécutés le lendemain à 6 heures du matin (commission militaire siégeant à Valence).

1814. — 15 AVRIL. — A la nouvelle de l'abdication de Napoléon (11 avril), le Préfet fait convoquer le Conseil municipal pour annoncer ce grand événement et l'informer que les alliés ont désigné Louis XVIII pour occuper le trône.

Le Conseil décide de se rendre « en « corps chez le maréchal Augereau, duc « de Castiglione, pour faire connaître et « célébrer l'événement qui fixe les nou- « velles destinées de la France et prier le « Maréchal d'être l'organe de la recon- « naissance et de la félicité publiques « auprès de S. M. Louis XVIII. Le « cortège sera précédé du drapeau blanc, « de la musique et suivi du corps des « pompiers ».

Dans une deuxième séance, le Conseil municipal donne son adhésion au Gou-vernement :

« Le Maire, les adjoints et les con- « seillers, profondément pénétrés des « avantages sans nombre qui résulteront « pour la France des actes du Sénat et du « Gouvernement provisoire qui nous « annoncent le rétablissement sur le trône « de la famille des Bourbons, dans l'au- « guste personne de Louis XVIII, ce « digne rejeton de notre bon Henry, « s'empressent de déclarer qu'ils donnent « leur adhésion la plus formelle, et ont « signé ainsi que les personnes pré- « sentes. »

1814. — 16 AVRIL. — Proclamation du maréchal Augereau aux habitants de la Drôme :

« La volonté nationale lassée du joug « tyrannique de Napoléon Bonaparte, a « remplacé par un descendant de nos « anciens rois, Bonaparte et son despo- « tisme... à la suite de l'abdication d'un « homme qui, après avoir immolé des

« millions d'hommes à sa cruelle ambi- « tion, n'a pas su mourir en soldat. (1)

1814. — 18 AVRIL. — Fête de l'avène-ment de Louis XVIII. Plusieurs discours sont prononcés. Dans celui du Maire, Plan de Siéyès, on remarque :

« La France, entraînée vers la ruine, « malgré le courage brillant de nos sol- « dats, était menacée de perdre jusqu'à « son nom... »

Le Commandant de la garde nationale traduit les sentiments et les espoirs populaires...

« Napoléon a abdiqué le 11 de ce mois « les trônes de France et d'Italie. La « nation a désigné un soutien, c'est « Louis XVIII, un descendant d'Henry IV. « Il nous rendra heureux, il diminuera « nos impositions, il abolira toutes les « levées d'hommes qui faisaient la ruine « et le malheur des familles « Vous savez que toutes les horreurs « de la guerre étaient à nos portes. « Bénissons nos sauveurs, entre autres le « maréchal Augereau ».

Après les discours, on annonce la pro-clamation de la Charte constitutionnelle dans les rues et carrefours de la Ville.

1814. — 19 AVRIL. — Un arrêté du préfet Descorches, qui signe maintenant : Marquis d'Escorches de Sainte-Croix, prescrit d'enlever sur les édifices publics et privés tous les emblèmes et chiffres du Gouvernement de Bonaparte. Le drapeau blanc remplace partout le drapeau tri-colore.

1814. — 23 AVRIL. — Le Maire, les adjoints et les conseillers municipaux prêtent devant le Préfet le serment de fidélité au roi, Louis XVIII, et à la Charte constitutionnelle.

1814. — 24 AVRIL. — A deux heures et demie du soir, Napoléon traversa la ville

---

(1) Dans la marge du registre des délibérations et d'une autre écriture que celle de la proclama-tion, on voit le mot « TRAÎTRE ».

qui lui rappelait les souvenirs de sa jeunesse. On usa d'un certain stratagème pour prévenir les manifestations trop enthousiastes que le peuple semblait disposé à lui faire à son arrivée. Vers une heure, un postillon, venu à franc-étrier, annonça que la voiture impériale s'était cassée en sortant du bac-à-traille de l'Isère et qu'il faudrait bien au moins deux heures pour la raccommoder ; les innombrables curieux se dispersèrent dans la pensée de revenir bientôt stationner le long de la route, mais un quart d'heure à peine après l'arrivée du postillon, Napoléon traversé les faubourgs escorté par un escadron de chasseurs autrichiens. Les personnes qui furent assez heureuses pour le voir passer l'acclamèrent en criant : « Vive l'Empereur ! » On empêcha ses voitures de relayer à la poste qui se trouvait à l'Hôtel de la Poste (magasins actuels des Dames de France). Les chevaux de rechange avaient pris les devants et attendaient à la Maladière. (D'après le chanoine Jules Chevalier).

D'après une autre version de son voyage, Napoléon se rencontra à Valence avec le maréchal Augereau. L'Empereur qui ignorait la proclamation du Maréchal aux habitants de la Drôme, mais qui connaissait sa triste campagne, ne lui fit cependant aucun reproche, l'accueillit avec une familiarité indulgente et l'embrassa même en le quittant.

Suivant une troisième version, Augereau aurait assisté caché et en silence au passage de son ancien compagnon d'armes et aurait quitté Valence le jour même.

1814. — 25 MAI. — Service solennel à la cathédrale à la mémoire de Louis XVI, Marie-Antoinette, Louis XVII et Mme Elisabeth.

1814. — 28 MAI. — Dans sa proclamation aux habitants de la Drôme, le Préfet, Marquis d'Escorches dit « .... L'heure du « salut de la France est à peine sonnée « que déjà tous les échos retentissent des « actes de la bonté du roi ! Tous les conscrits sont libérés... »

1814. — 12 JUILLET. — Une ordonnance royale venait de transférer l'école d'artillerie à Grenoble ; un mémoire succinct est adressé au Roi pour montrer les avantages qu'a Valence sur Grenoble pour le maintien d'une école et d'un arsenal d'artillerie.

1814. — 31 AOUT. — Passage de S. A. R. le duc d'Orléans et de sa famille.

1814. — 10 SEPTEMBRE. — Sur la demande du Maire, les conseillers municipaux reçoivent la décoration du Lys avec tous les insignes de l'ordre accordés par la duchesse douairière d'Orléans.

1814. — 14 SEPTEMBRE. — Les religieuses de l'ordre de Sainte-Claire ou Clarisses s'établissent à Valence « sous le bon plaisir du Préfet » donnant comme but de leur établissement d'assurer l'enseignement aux filles pauvres.

1814. — 25 SEPTEMBRE. — Monsieur, frère du roi, arrive à Valence et en repart le lendemain pour le Midi.

1814. — 12 OCTOBRE. — Fondation du couvent de la Nativité à Valence, dans la maison Gilibert devenue plus tard la maison Epailly (emplacement de l'école du Palais).

1814. — 27 OCTOBRE. — Exécution d'Anselme Pascal, de Barret-de-Lioure.

1814. — 10 NOVEMBRE. — L'Evêque revendique les bâtiments du Collège pour le Séminaire, ainsi que la nomination et la révocation des principaux professeurs.

Le Conseil municipal proteste et établit vainement ses droits. Les élèves du Collège et du Séminaire ont alors les mêmes cours faits par les mêmes professeurs, presque tous ecclésiastiques.

1815

1815. — 9 JANVIER. — Un arrêté municipal porte qu'on ne pourra mâter les animaux de boucherie que dans la rue de Pissantour (rue des Boucheries actuelle).

1815. — 13 FÉVRIER. — Le Conseil municipal décide que la mâterie publique sera établie dans la localité communale du Tivoli (1), au droit du département militaire, avec une dépense fixée à 30.000 francs. Il n'en fut rien fait.

1815. — 7 MARS. — En apprenant le débarquement de Napoléon à Fréjus, le Général commandant la place de Valence, engage les habitants à prendre les armes pour la défense du trône de Louis XVIII.

1815. — 15 MARS. — De son côé, le Préfet fait connaître aux habitants que le 4 mars Buonaparte, quittant l'île d'Elbe, a débarqué à Fréjus ; que le 9, Bonaparte est à Grenoble, depuis le 7, et enfin que l'Empereur a quitté Lyon le 13. Le respect s'accroît à mesure qu'augmentent les chances de succès.

1815. — 2 AVRIL. — *Combat de Loriol.* — Le duc d'Angoulême, fils du futur Charles X, était en voyage dans le Midi, quand, à Bordeaux, il apprit le débarquement de Fréjus. Il arrive à Nîmes à la tête d'une armée de 12.000 de ses partisans qu'il partage en trois colonnes pour marcher sur Lyon. A la tête de 6.000 hommes, auxquels s'était joint le 10e de ligne en garnison à Montélimar, le duc arrive à Loriol, le 2 avril, à 10 heures du matin. Il se voit barrer la route par un bataillon de la garnison de Valence, fort de 200 hommes, soutenu par 200 Valentinois et quelques gardes nationaux des communes environnantes, avec deux canons chargés à mitraille. L'officier d'artillerie, Noël, commande cette troupe improvisée. Ne se sentant pas capables de résister à des forces aussi importantes, la plupart des Valentinois et des gardes nationaux prennent la fuite au début de l'action sans s'être servi de leurs armes ni même avoir déchargé leurs canons Tout à coup, entendant crier «Vive l'Empereur !» par les gens du duc, les fuyards accourent

(1) Dans le voisinage de ce qu'on appela plus tard « Jardin Paulin ».

sur le pont de la Drôme pour fraterniser avec eux ; mais ils sont aussitôt assaillis et fusillés à bout portant. Ceux qui peuvent échapper au guet-apens s'enfuient dans la plaine où ils sont poursuivis, faits prisonniers et conduits sous bonne escorte à Avignon : ils auraient été passés par les armes si le duc avait réussi dans son entreprise.

1815. — 2, 3, 4 ET 5 AVRIL. — Le combat du pont de Livron, jette les Valentinois dans l'angoisse. Le Conseil municipal se réunit aussitôt à l'Hôtel de Ville et y siège en permanence.

1815. — 2 AVRIL. — En apprenant l'issue de l'engagement de Loriol, les gardes nationaux des communes voisines arrivent à Valence pour demander des armes. Comme on les leur refuse, ils saccagent la mairie, la citadelle et quelques maisons particulières.

1815. — 3 AVRIL. — Le duc d'Angoulême entre à Valence à la tête de 5.000 soldats ; il y est accueilli par un silence glacial. En même temps les forces impériales, accompagnées du préfet Descorches, se replient derrière l'Isère sous le commandement du général Piré.

1815. — 5 AVRIL. — Le duc poursuit ses adversaires, franchit l'Isère pour livrer bataille ; mais, battu, il repasse la rivière et descend vers le Midi où il est pris entre La Palud et le Pont-St-Esprit (8 avril).

1815. — 6 AVRIL. — Henry Clutier, ancien militaire, garde champêtre du Bourg, se brûle la cervelle, à 6 h. 3/4 du matin, dans l'antichambre de la maison où logeait le baron de Damas, gouverneur de la Drôme. Il avait été arrêté au bord du Rhône porteur d'un drapeau tricolore et cherchant à passer le fleuve.

1815. — 6 AVRIL. — M. Desgouttes est nommé préfet, en remplacement du marquis d'Escorches de Sainte-Croix, préfet de la Drôme, depuis le 11 frimaire an IX (2 décembre 1800) (1).

1815. — 7 AVRIL. — A leur retour à Valence, les troupes impériales y sont accueillies aux cris de « Vive l'Empereur ! ». Reçu comme un père par la population enthousiaste, le Préfet donne le soir même un banquet aux autorités civiles et militaires. On y porte des toasts à l'Empereur, à l'Impératrice à nos libérateurs, à la gloire et au bonheur de la Patrie.

1815. — 23 AVRIL. — Le maire de Sieyès et les conseillers municipaux prêtent serment de fidélité à l'Empereur Napoléon et lui envoient une adresse de félicitations — « ...dans le sens qu'il tien- « dra les promesses faites à la nation... ».

1815. — 27 JUIN. — C'est dans la plus grande indifférence que Valence apprend la deuxième abdication de Napoléon (22 juin).

1815. — 13 JUILLET. — Une estafette vient annoncer au Préfet que Louis XVIII était rentré dans Paris La population reste toujours indifférente.

1815. — 14 JUILLET. — Proclamation du maire Bleizac aux habitants de Valence : « Le roi Louis XVIII est rentré à « Paris, le 8 juillet... Le temps des illu- « sions et des chimères est passé... Vive « le Roi ! Vivent les Bourbons !... ».

1815. — 14 JUILLET. — Le comte du Bouchage est nommé préfet de la Drôme.

1815. — 20 JUILLET. — Le maire Bleizac, nommé pendant les Cent-Jours, propose au Conseil municipal d'envoyer au Roi l'adresse suivante : « Sire, après « vingt-cinq ans de troubles, l'aurore du « bonheur avait lui pour nous. Bientôt de « sombres nuages l'obscurcissent encore. « Enfin ils se dissipent et l'espoir nous « est rendu... ».

---

(1) Le premier préfet de la Drôme fut M. Collin, nommé le 11 ventôse an VIII (16 mars 1800).

1815. — AOUT. — La prise de Lyon par les Autrichiens fait refluer sur Valence, les troupes qui avaient tenté de défendre la Ville.

Les soldats exaspérés par la défaite, font tomber leur mauvaise humeur sur les royalistes qu'ils rendent responsables de tous les malheurs de la Patrie. Ils manifestent leur colère en mettant en pièces les drapeaux blancs qu'ils rencontrent sur leur passage. Celui de l'Hôtel de Ville est arraché, insulté et mis en lambeaux.

1815. — 8 ET 9 AOUT. — Les Autrichiens envahissent méthodiquement le pays, mais respectent la vie des citoyens paisibles, n'exigeant guère que les vivres nécessaires à leur existence.

Valence voit passer 12.000 soldats autrichiens et 3.500 chevaux qui se dirigent vers la vallée de la Drôme. Le contingent pour la Ville est de 4.188 soldats et 515 chevaux.

Au 10 août, le département eut à nourrir plus de 20.000 ennemis qui laissèrent surtout la réputation d'être de gros mangeurs.

1815. — 14 AOUT. — Ordre est donné au Maire de faire meubler convenablement la maison Montalivet choisie pour servir de logement au Gouverneur autrichien.

1815. — 5 SEPTEMBRE. — Condamnation à mort de Bouffart, de Chabrillan, et de Louis Pons, de St-Romain-de-Lerps, exécutés deux jours après.

1815. — 14 SEPTEMBRE. — Rapport des experts sur la vérification du grand plan de Valence à l'échelle de 1 à 625.

1815. — 13 OCTOBRE. — S. A. le prince impérial d'Autriche arrive à Valence, à 8 heures du soir. Les autorités civiles et militaires s'empressent de lui présenter leurs hommages. Il repart le 15, à 6 heures du matin, pour Marseille.

1815. — 19 OCTOBRE. — Le colonel Sturnervadel, commissaire du gouvernement impérial et royal d'Autriche, fait ses adieux à la commission auxiliaire de Valence : « Messieurs, je fus au milieu de « vous côme commissaire du gouverne- « ment d'un souverain magnanime, ami « et protecteur de la France. Par ses ef- « forts et ceux de ses hauts alliés, votre pa- « trie fut affranchie d'un joug honteux « qu'elle portait par suite d'une trahison « infâme... Continuez à agir comme vous « avez fait jusqu'à présent, et vous trou- « verez votre récompense dans la recon- « naissance de vos concitoyens et de vo- « tre propre satisfaction, étant beau dans « des temps pénibles de se sacrifier pour « le bien public... Ma mission étant finie. « je vous quitte en faisant des vœux pour « votre bonheur et celui de la France, « mais recevez mes remerciements pour « la confiance dont vous m'avez honoré..»

1815. — 24 OCTOBRE. — Passage de S. A. R. Mgr le duc d'Angoulême. Une adresse lui est présentée par les habitants de Valence restés fidèles au Roi.

1815. — 29 OCTOBRE. — Valence et le département sont complètement délivrés de l'occupation étrangère.

1815. — NOVEMBRE. — Le comte du Bouchage, ex-préfet des Alpes-Maritimes sous l'Empire, nommé préfet de la Drôme, adresse une violente proclamation aux habitants du département. « ...Celui qui « est responsable de tous les malheurs de « la Patrie, dit-il, c'est celui qui a débar- « qué en France comme un pirate, un « brigand, un voleur, qui a soulevé sur « son passage tout ce que les campagnes « et les villes avaient de plus méprisable, « et qui s'est associé à tous les brigands « de la Révolution ; c'est celui qui a cinq « fois abandonné ses troupes dans les « batailles comme un lâche déserteur... « C'est le monstre qui vient d'attirer sur « la France douze cent mille ennemis.... « Je ne veux que votre bonheur. Je suis « Français comme vous ; je vous ai dit la « vérité ; j'espère que vous ne serez pas « sourd à ma voix. Mais si vous persistiez

« dans votre égarement, n'attribuez alors « qu'à vous seuls les maux que votre « aveuglement attirerait sur vous... ».

La violence, l'insulte, l'outrage prodi- gué au parti vaincu et malheureux ne tourne jamais au profit du vainqueur : il réchauffe, perpétue les haines et prépare les réactions violentes : ce qui arriva quinze ans plus tard. (D'après Jules Chevallier).

1815. — 8 NOVEMBRE. — Est enregistrée la naissance de Martin, fils de York Se- rinswick, soldat autrichien, et de Hélène Filla, son épouse, habitant rue Roderie. Il y a eu vers la même époque d'autres naissances d'enfants de pères autrichiens.

1815. — NOVEMBRE ET DÉCEMBRE. — *La Terreur blanche à Valence.* — Avec le le préfet du Bouchage, commence la ré- pression violente de ceux qui, aux Cent- Jours, avaient crié : « Vive l'Empereur ! » et qui avaient parlé trop librement des prêtres et du Roi. S'il y eut des emprison- nements, il n'y eut pas d'exécution capi- tale.

1816

1816. — L'école d'artillerie est rétablie à Valence.

1816. — 2 FÉVRIER. — Un arrêté du préfet du Bouchage ordonne de ne por- ter ni masques, ni épées, ni bâtons, ni autres armes pendant le carnaval.

1816. — 18 AVRIL. — Le Préfet écrit au Maire de Valence : « Veuillez re- « tirer de tous les lieux où il pourrait y « en avoir les bustes de Bonaparte, les « drapeaux, écharpes et cocardes tricolo- « res, les cachets aux armes impériales « ou républicaines et tous autres emblè- « mes du gouvernement de l'usurpateur, « et adressez-moi ces objets sans délai, « ou bien donnez-moi l'assurance for- « melle qu'ils ont été détruits. »

1816. — 28 AVRIL. — Bénédiction des drapeaux de la Légion départementale à Valence.

1816. — 15 MAI. — Installation de la cour prévôtale de Valence qui n'envoya à l'échafaud que les condamnés de droit commun.

1816. — 18 JUILLET. — Le Conseil municipal décide de fusionner les services hospitaliers de l'Hôtel-Dieu avec ceux de l'hôpital général aux conditions suivantes : L'immeuble de l'Hôtel-Dieu, appartenant à la Ville, est concédé à titre de propriété à la congrégation de la Sainte-Trinité qui s'engage à entretenir dans ses locaux une école gratuite de filles, moyennant une subvention annuelle de 1.200 francs.

1816 — 23 JUILLET. — Le Conseil municipal prend une nouvelle délibération demandant l'annexion de la commune de Bourg-lès-Valence à Valence.

1816. — 24 JUILLET. — Ordonnance royale rendant au culte la chapelle du couvent de la Visitation sur la place de ce nom, qui avait été affectée en 1794 à l' « école des mœurs », c'est-à-dire à une salle de spectacle.

1816. — 25 JUILLET. — Les religieuses de Sainte-Claire s'installent dans une maison qu'elles ont fait construire sur un sol dépendant du couvent des Cordeliers.

1816. — 25 JUILLET. — Le duc d'Angoulême est à Valence où une délégation du Conseil municipal lui réclame la translation de l'école de droit de Grenoble. Il quitte la Ville le lendemain aux acclamations réitérées de « Vive le Roi ! Vive Mgr le duc d'Angoulême ».

1816. — 2 OCTOBRE. — Ordonnance royale concernant le service de la garde nationale de la Drôme :

« 1° Lorsque Nous ou les princes de « Notre famille, séjournerons dans la « Drôme, la garde nationale Nous fournira une garde d'honneur ;

« 2° Les gardes nationales de la Drôme « porteront la décoration du Lys suspendue à un ruban blanc moiré ;

« 3° Elles auront un drapeau blanc aux « armes de France.

« La duchesse d'Angoulême donnera « les cravates et les attachera de ses « mains ou par celles de la dame qu'elle « aura choisie à cet effet. »

1817

1817. — 12 JANVIER. — Les corps de Mmes Adélaïde et Victoire de France arrivent à Valence et sont déposés à la cathédrale. Le convoi repart le lendemain, à 5 heures du matin.

1817. — 20 AVRIL. — Est publié un rapport sur les expériences d'échantillons de terres de Valence propres à fabriquer la faïence.

1817. — 7 MAI. — Le Conseil municipal demande que l'hôpital militaire, encore confié aux dames de la Trinité, soit réuni à l'hôpital général civil.

1817. — 8 JUILLET. — Le baron de Vioménil, maréchal de camp, passe la revue des troupes de la garnison et fait un discours sur l'anniversaire de la rentrée du roi à Paris. Le buste du roi est porté en triomphe dans les rues de Valence par les militaires.

1817. — 19 JUILLET. — Un arrêté du Maire porte que le spectacle du théâtre commence à 7 heures en été et à 6 heures en hiver.

1817. — 18 SEPTEMBRE — Un projet de prolongement de la rue Belle-Image sur la rue Farnerie ayant été envisagé par le Conseil municipal, François Bachasson proteste aussitôt par une lettre de ce jour contre le tracé qui ferait disparaître sa maison.

1817. — 4 DÉCEMBRE. — Le célèbre chanteur Garat, surnommé « le Dieu du chant », donne un concert avec sa femme et un grand pianiste. A cette occasion, Victor Augier, père du poète dramatique, lui adresse une pièce de vers.

1818

1818. — Un arrêté préfectoral règlemente le service de l'hôpital général et en confie la direction aux dames du Saint-Sacrement qui l'ont gardée jusqu'à la laïcisation du personnel en 1905.

1818. — D'après un état de situation de 1818, les établissements militaires de Valence sont : 1º La caserne de la Citadelle ou de Saint-Félix ; 2º La caserne Saint-Antoine (rue Saint-Jean); 3º Le corps de garde de la place des Clercs (w.-closets actuels); 4º Les écuries de Saint-Félix pour l'artillerie ; 5º Les magasins à fourrage des Cordeliers (chapelle).

1818. — 2 JANVIER. — M. Quatremère, de l'Académie royale des Sciences, est à Valence pour y faire créer une école d'enseignement mutuel.

1818. — 9 JANVIER. — Arrêté préfectoral autorisant la tenue d'un marché aux bestiaux sur le Cagnard, le troisième jeudi de chaque mois.

1818. — 12 JANVIER. — Un arrêté préfectoral déclare jour férié, le 21 janvier, jour anniversaire de l'exécution de Louis XVI, « en expiation du parricide commis sur la personne du Roi ».

1818. — 15 FÉVRIER. — Premier marché aux bestiaux tenu sur le Cagnard.

1818. — 30 MARS. — Le tribunal de Valence condamne à trois mois de prison, la femme d'un aubergiste de Gervans et sa servante accusées d'avoir fait courir le bruit que l'Empereur était arrivé à l'auberge.

1818. — 22 AVRIL.— Dans une nouvelle délibération, le Conseil municipal demande que les foires de Valence aient une durée de deux jours.

1818. — 1ᵉʳ MAI. — M. Blanc, instituteur libre, ouvre la première école d'enseignement mutuel à Valence.

1818. — 1ᵉʳ JUIN. — Une école d'en-

seignement mutuel est ouverte dans une salle de la mairie, sous la direction de l'instituteur Reynaud.

On l'appelait l'école à la Lancastre.

1818. — 10 JUIN. — Une ordonnance royale rend aux religieuses de la Visitation leur église, située sur la place de ce nom.

1818. — 20 JUIN. — Une décision du Ministre de la Guerre transfère les militaires malades de l'Hôtel-Dieu à l'hôpital général.

1818. — 7 ET 8 JUILLET. — Un projet de construction de l'Hôtel de Ville est présenté au Conseil municipal. Il y est prévu une salle de spectacle et une halle au blé pour une dépense de 100.000 francs. Le projet est rejeté par la commission des bâtiments civils comme présentant trop de risques d'incendie.

1818. — 11 JUILLET. — La translation des services de l'Hôtel-Dieu à l'hôpital général, s'étant faite sans la notification légale, attire au Préfet de vives remontrances ministérielles.

1818. — 11 JUILLET. — Le Préfet écrit au Maire que l'église des Minimes (1), qui servait de salle de spectacle, ayant été rendue au culte, il faut aviser aux moyens d'établir une autre salle.

1818. — 15 AOUT. — Grande procession dans les rues de la Ville pour le renouvellement du vœu de Louis XIII. Ce vœu, formé en 1638, à la naissance du Dauphin, consacrait à la Vierge une des chapelles de la cathédrale.

1818. — 1ᵉʳ OCTOBRE. — Les habitants des faubourgs obtiennent que la porte Saunière reste ouverte le jour et la nuit pour leur permettre de venir chercher en Ville les secours dont ils ont besoin.

1818. — 14 OCTOBRE. — Une ordonnance royale fixe à 2 jours la durée des

______

(1) Sur la place de la Visitation.

quatre grandes foires de Valence et transfère au 26 août celle du 3 août, pour permettre de faire figurer à la foire la soie de la dernière récolte.

Ces 4 foires étaient fixées aux 3 mars, 3 mai, 26 août et 6 novembre.

1818. — 7 NOVEMBRE. — La salle de spectacle est transférée dans la maison que l'on appelait l'Hôtel-de-Mars et qui servait depuis longtemps d'écurie aux chevaux de l'artillerie (1). On remarquait sur le rideau de la scène, la devise de la Comédie : « Castigat ridendo mores. » « Elle châtie les mœurs en riant ».

1818. — 8 NOVEMBRE. — Commencement de la mission prêchée à Valence par huit prêtres.

1818. — 18 NOVEMBRE. — L'enterrement civil de l'avocat Venet, avec sa robe sur la bière, provoque « en pleine mission, un grand scandale » (Journal de la Drôme).

1818. — 23 DÉCEMBRE. — Erection de la croix de la mission sur l'esplanade de Saint-Félix, à l'emplacement où le saint avait subi le martyre.

1819

1819. — Le couvent de la Nativité et son école, créée en 1815, se transportent dans la maison Lacroix, dite hôtel de Bressac (côte des Chapeliers).

1819. — 25 FÉVRIER. — La Ville autorise le sieur Reyne à établir une fabrique de chapeaux de paille, dite d'Italie, rue Bayard et s'engage à lui donner 3.000 francs pour chacune des deux années qui suivront le transfert de sa fabrique de Bourg-Saint-Andéol à Valence.

1819. — 3 AVRIL. — Le Conseil municipal refuse de donner un avis favorable

---

(1) Sur l'emplacement on a construit une maison à l'angle Est de la rue Balthazar-Baro et de la place de l'Annexe.

à la demande de création de foires et marchés à Bourg-lès-Valence, comme préjudiciables à la Ville.

1819. — 2 MAI. — Les écuries communales pour les chevaux de l'artillerie sont cédées à l'Administration militaire.

1819. — 15 MAI. — Le Conseil municipal vote l'établissement d'un poids public : il n'y en avait plus depuis la Révolution.

1819. — 15 MAI. — Au budget est prévue la dépense de reconstruction de la porte Saunière, sur un devis de 11.000 francs.

1819. — 14 JUIN. — Dans une délibération fortement motivée, le Conseil municipal revendique la propriété des bâtiments et de la bibliothèque de l'Université.

1819. — 15 JUILLET. — Exécution de Antoine-Clément, de Solérieu, pour assassinat de sa femme.

1819. — 17 JUILLET. — Une loi place Valence dans la 3ᵉ classe des places de guerre.

1819. — 25 AOUT. — Programme de la fête du Roi, le jour de Saint-Louis, publié par le Maire : Messe, parade militaire à la place des Clercs, jeux au Champ-de-Mars, banquet et feu d'artifice au Champ-de-Mars, illuminations.

1819. — 19 SEPTEMBRE. — Le dimanche soir, S. M. la reine d'Espagne arrive à Valence et descend à l'hôtel de la Poste ; le lendemain, après avoir assisté à la messe, elle repart pour l'Espagne.

1819. — 22 OCTOBRE. — Le Conseil municipal reçoit une pétition des habitants du faubourg Saint-Jacques demandant le déplacement du cimetière Sainte-Catherine.

1819. — 4 DÉCEMBRE. — Mort du citoyen Boyer, en religion frère Evariste, à l'âge de 96 ans. Il enseignait à Valence depuis l'âge de 15 ans.

1819. — 15 DÉCEMBRE. — M. Dumas, professeur de mathématiques, expose son système de fontaines publiques consistant à installer un moteur à l'Ile Eve et à construire un réservoir de 1.500 mètres cubes. Devis de 130.000 francs.

1819. — 17 DÉCEMBRE. — Mgr de la Tourette, évêque de Valence, fait son entrée en Ville.

1820

1820. — La dépense pour le deuxième numérotage des maisons de la Ville est prévue au budget ; le premier avait eu lieu en 1767.

1820. — Les sœurs de la Nativité ont 85 élèves dans deux classes, et des pensionnaires qui payent 400 fr. par an.

1820. — 14 FÉVRIER. — Exécution de Jean Thomas, de Villeneuve, pour tentative d'assassinat.

1820. — 20 FÉVRIER. — Adresse du Conseil municipal à Louis XVIII, après l'assassinat du duc de Berry par Louvel, le 13 février.

1820. — 21 FÉVRIER — Exécution de Jean Andréas, pour assassinat.

1820. — 3 MARS — Une ordonnance royale confirme et approuve tous les accords et décisions au sujet de la fusion des hôpitaux de l'Hôtel-de-Dieu et de l'hospice.

1820. — 23 MARS. — Adjudication des travaux de reconstruction de la porte Saunière, avec une petite maison pour l'octroi et le logement du garde-portier.

1820. — 26 MARS. — Le Ministre de l'Intérieur rejette le premier projet de construction du tribunal dressé par l'architecte Colombier.

1820. — 24 AVRIL. — Adjudication à Pelourson des travaux de réparation de l'école des Frères à Saint-Appollinaire (7.900 francs).

1820. — 24 AVRIL. — Devis estimatif des travaux à effectuer à l'Hôtel de Ville : 1° Bureaux pour l'administration municipale ; 2° Salle de spectacle et accessoires ; 3° Une halle au « bled » ; 4° Dépôt de pompes et machines à incendie ; 5° Bureau des poids et mesures ; 6° Auditoire de justice. — 170.000 francs.

1820. — 12 SEPTEMBRE. — Exécution des trois assassins d'Espeluche.

1820. — 18 SEPTEMBRE. — Naissance de Emile Augier, à Valence, fils de Joseph-Victor Augier, avocat et homme de lettres, et de Anna Pigault-Lebrun.

1820. — 28 SEPTEMBRE. — Adjudication des travaux du premier escalier de la côte Saint-Estève.

1820. — 5 OCTOBRE. — Adresse du Conseil municipal, à Louis XVIII, pour la naissance du fils du duc de Berry, S. A. R. le duc de Bordeaux.

1820. — 8 OCTOBRE. — Fête à l'occasion de la naissance du duc de Bordeaux.

1820. — 23 OCTOBRE. — Le Conseil des bâtiments civils rejette une seconde fois le projet de construction de l'Hôtel de Ville dressé par l'architecte Modona. Ce projet comprenait dans le même bâtiment une salle de spectacle et une halle. Le danger d'incendie que le théâtre faisait courir le fit écarter une seconde fois.

1820. — 31 OCTOBRE. — Mme Raynaud, supérieure du couvent de la Nativité, achète la maison Lacroix, dite hôtel de Bressac, qu'elle donne ensuite par testament à la communauté.

1820. — 1er DÉCEMBRE. — Le Conseil municipal autorise MM. Dupont et Bérenger à fermer, pour raison de salubrité et de morale, la petite ruelle qui va de la rue du Renard à la rue Sabaterie.

1821

1821. — L'évêché de Valence passe de la province de Lyon à celle d'Avignon dont il relève encore.

1821. — 16 février. — Adjudication d'importantes réparations à la cale d'abordage du bac à traille, rive droite; cale qui existe encore aujourd'hui dans l'état où elle fût réparée.

1821. — 24 février. — Dans un rapport au Préfet, le curé Antonie dit que les 4 frères de l'école Saint-Estève ont 260 élèves et les 6 instituteurs laïques libres en ont 184.

1821. — 12 avril. — Le Conseil municipal donne un avis favorable pour l'établissement du couvent de Sainte-Claire.

1821. — 1er mai. — 21 coups de canon annoncent aux Valentinois le baptême du duc de Bordeaux Il y a bal à la salle de spectacle, feux de joie, etc., tout le programme des fêtes publiques.

C'est à l'occasion de la naissance du duc de Bordeaux que Bonfils, ancien sous-préfet de Nyons, composa les couplets qui furent le chant favori de l'époque :

    « ...C'est un Bourbon,
      « C'est l'enfant du miracle !
« Comme Louis, Français il sera bon,
« Un Dieu lui-même a rendu cet oracle.
« C'est un Bourbon ! C'est l'infant du mi-
      « C'est un Bourbon ! »   [racle.

1821. — 1er aout. — Ordonnance royale maintenant Valence, ville et château, comme place de guerre.

1821. — 15 aout. — Cérémonie à la cathédrale pour le renouvellement du vœu de Louis XIII.

A la procession, il y avait plus de mille jeunes filles vêtues de blanc.

1821. — 21 décembre. — Le Conseil municipal autorise les religieuses de Notre-Dame du Refuge à s'établir à Valence. Elles s'installent dans les bâtiments touchant au nord l'hôpital général.

1821. — 24 décembre. — Le lundi, veille de la Noël, un orage affreux a éclaté sur Valence. Plusieurs maisons en construction ont été renversées, des toitures entières enlevées; la foudre est tombée avec un horrible fracas. (Journal de la Drôme).

1822

1822. — Reconstruction de la porte « Sonnière ». — Dépense 12.000 francs.

1822. — Mme Planta, ancienne religieuse de Notre-Dame, cède à Mlle Second le pensionnat qu'elle avait fondé rue Pont-du-Gât (rue Second actuelle), et que cette dernière éleva au premier rang Mme Planta était la sœur du maire Planta.

1822. — Le Conseil municipal vote une somme de 1.000 francs pour la souscription ouverte dans toute la France dans le but d'acheter le château de Chambord et de l'offrir au duc de Bordeaux, héritier présomptif du Trône.

1822. — février. — Au sujet de la fermeture de l'école d'enseignement mutuel, qui était une concurrence pour l'école des Frères, le Journal de la Drôme dit : « ... La vigilance et la sagesse des auto-« rités ne laissent subsister dans la Ville « aucune entreprise immorale... »

1822. — 2 février. — Naissance à Lamastre de Désiré Bancel, fils d'un avocat de Valence.

1822. — 18 février. — Un tremblement de terre dure plus d'une minute à Valence, sans produire de dégâts.

1822. — 27 février. — Louis XVIII avait promis à l'évêque, Mgr de la Tourette, une somme de 300.000 francs et l'emplacement des Cordeliers pour la construction du Séminaire. Cette promesse est traduite administrativement par une décision ministérielle de ce jour.

1822. — 3 mai. — La supérieure du couvent du Refuge demande à la Ville d'user d'un terrain allant de la place Pontpéri au Rhône, pour permettre aux filles de prendre l'air.

1822. — 8 MAI. — Les religieuses Ste-Claire n'ayant eu aucune élève à instruire et ne se disposant pas à en recevoir, voient leur demande d'autorisation refusée. C'était plutôt un ordre contemplatif.

1822. — 3 JUILLET. — Ordonnance royale qui autorise l'acquisition des immeubles nécessaires pour construire le grand séminaire des Cordeliers : immeubles Fière, Mougenot, Pernety, couvent Ste-Claire, en tout pour 54.761 francs.

1822. — 27 AOUT. — Est présenté au Conseil municipal un projet de halle à construire partie sur la terrasse ou Bardat de la place de la Pierre et partie sur l'emplacement de l'église Saint-Martin, démolie en 1560.

1822. — 5 NOVEMBRE. — La succursale de Saint-Jean est érigée en paroisse.

1822. — 17 NOVEMBRE. — A 2 heures 3/4 du matin, pendant un orage épouvantable, le clocher de la Cathédrale est frappé de la foudre et complètement incendié; il ne reste que les 4 murs. Les dégâts sont évalués à 75.000 francs par le Journal de la Drôme. — L'horloge datant de la même époque que celle de Saint-Jean (XVe siècle), put être réparée en 1828, pour 900 francs.

1822. — 30 NOVEMBRE. — L'Evêque approuve l'établissement à Valence de la maison du Refuge, dirigée par les religieuses de Notre-Dame de la Charité. — Cet établissement, créé à Montmeyran par le chanoine Fière, en 1819, avait été transféré à Valence, en 1821.

1822 — 9 DÉCEMBRE. — Exécution d'un nommé Marcel.

1823

1823. — 2 JANVIER. — M. de Cotton est nommé préfet de la Drôme.

1823. — 24 FÉVRIER. — Le Préfet donne l'adjudication de la construction du Séminaire sur un devis de 233.540 francs.

1823. — 23 AVRIL. — Une ordonnance royale met à la charge des propriétaires le numérotage de leurs maisons.

1823. — 1er MAI. — Le chemin de Soyon (avenue des Balives) étant déclassé, n'est plus entretenu par la ville de Valence.

1823. — 28 MAI. — Le Ministre de l'Intérieur approuve le deuxième plan pour la construction du tribunal, dressé par l'ingénieur en chef Chabord.

1823. — 10 JUIN. — Acte par lequel, le Maire de Valence cède à l'Evêque l'église des Cordeliers et le jardin appartenant à la Ville. Acte illégal qui n'a jamais été approuvé.

1823. — 1er AOUT. — Adjudication des travaux de construction du tribunal sur un terrain dépendant du couvent de Vernaison. Brun, entrepreneur, adjudicataire, sur un devis de 153 848 francs. — Projet Chabord.

1823. — 21 NOVEMBRE. — Il est proposé au Conseil municipal d'établir la mâterie publique à Bourg-lès-Valence, dans le pré de la veuve Moulin Malgré le vote d'une somme de 10.000 francs, la proposition n'eut pas de suite.

1824

1824. — Le Maire de Valence, étant parrain de la grosse cloche de la cathédrale, le Conseil municipal vote 1.000 fr. pour le parrainage.

1824. — On commence la construction du mur de soutènement au couchant du Champ-de-Mars.

1824. — 19 JANVIER. — La Ville vend la maison Saint-Antoine (angle ouest de la rue Saint-Félix et de la rue Saint-Jean). Cette vieille maison avait servi de mairie jusqu'à la Révolution, puis de caserne.

1824. — 31 MARS. — Le Conseil municipal approuve le projet de construction de la halle de la place de la Pierre (9.500 francs).

1824. — 31 mars. — Le Conseil municipal accepte la demande d'une société d'actionnaires pour faire construire un théâtre à ses frais sur un terrain de 17 mètres de large et 50 mètres de long, dépendant du couvent Sainte-Marie, propriété communale.

1824. — 23 avril. — Adjudication à Bouvier pour 19.100 francs, des travaux de construction en bordure de la rue Farnerie, dans le jardin du Collège, d'un bâtiment à un étage, dont le rez-de-chaussée servira de préau et l'étage de logements.

1824. — 26 avril. — Adjudication de la construction d'une petite sacristie pour les confrères du Saint-Sacrement à l'église paroissiale de Saint-Jean.

1824. — 27 avril et 14 mai. — Deux adjudications données pour la restauration du clocher de la cathédrale, n'ont pas de soumissionnaires.

1824. — 6 mai. — Le Conseil municipal refuse l'autorisation demandée par un particulier d'établir un café au Champ-de-Mars, sous la forme d'un pavillon chinois, à côté du mât de cocagne.

1824. — 12 mai. — Le Conseil municipal vote un secours de 12.000 francs pour rafraîchir l'intérieur de l'église Saint-Jean.

1824. — 12 mai. — Les travaux du pont suspendu de Tain-Tournon sont commencés ce jour par Seguin aîné. Ce pont, le premier du genre fut livré au public, le 25 août 1825.

1824. — 1er juin. — La cérémonie solennelle de la pose de la première pierre du Séminaire réunit les autorités religieuses, civiles et militaires et un grand concours de fidèles.

1824. — 15 juin. — Pose solennelle de

la première pierre du tribunal. Le programme élaboré par la Préfecture indique la place des autorités sur une estrade richement décorée, la composition du cortège, le costume des ouvriers, la musique, etc., son itinéraire, de la Préfecture par les rues Sabaterie, côte des Chapeliers, Saint-Félix, rue Royale et place de Vernaison, et retour par les rues de l'Université, place des Clercs, rue Bourbon ou Championnet, rue Pérollerie, place de la Pierre, rue Saint-James et rue Sabaterie.

Pendant les travaux, les assises de la Drôme se tiennent au temple protestant.

1824. — 6 aout. — Passage du roi de Wurtemberg, à 7 heures du matin, venant de prendre les bains de mer à Marseille.

1824. — 12 aout. — Le Conseil municipal autorise l'installation d'un moulin à scier le marbre sur l'eau de la Robine.

1824. — 10 septembre. — Un arrêté du Maire défend aux locataires des bâtiments de l'Université de fermer la cour qui joint la rue de l'Université à la rue Notre-Dame-de-la-Ronde. C'est cet acte qui engagea le procès entre la Ville et l'État au sujet des bâtiments de l'Université.

1824. — 10 septembre. — L'entrepreneur Barbier informe le Maire qu'il veut bien se charger de la restauration du clocher de la cathédrale, foudroyé en 1822. Les travaux ne s'achevèrent qu'en 1826.

1824. — 3 octobre. — Le Conseil municipal vote une adresse à Charles X qui vient de succéder à son frère, Louis XVIII.

1824. — 4 octobre. — Les travaux de construction de la halle, place de la Pierre, sont donnés en adjudication sur un devis de 9.000 francs.

1824. — 9 octobre. — Adjudication pour la construction d'un mur de soutènement et d'un banc de pierre de taille, au sud-ouest de la promenade du Champ-de-Mars.

1824. — 12 NOVEMBRE. — Adjudication des travaux du port au sud du fort Saint-Nicolas, c'est-à-dire au sud du pont actuel ; il est appelé Port-Neuf ou Port du Commerce. Devis 36 000 francs sur lequel la Ville paye 12.000 francs.

1824. — 8 DÉCEMBRE. — Le Maire donne connaissance au Conseil municipal d'une lettre de MM. Seguin et Cⁱᵉ, d'Annonay, demandant à la Ville une contribution de 300.000 francs pour la construction d'un pont suspendu sur le Rhône.

1825

1825. — 7 FÉVRIER. — Lettre du Préfet au Maire lui annonçant que Valence étant maintenue parmi les places fortes du royaume, on ne peut élever de nouvelles constructions ou réparer les anciennes à moins de 250 mètres de distance du mur d'enceinte.

1825. — 27 FÉVRIER. — Mort de Marbos, curé de Bourg-lès-Valence, évêque constitutionnel, député à la Convention et conseiller de préfecture à Valence.

1825. — 24 MARS. — Les fondateurs de la Mutuelle de Valence, réunis dans une salle de la Mairie, votent les statuts de la société contre l'incendie.

1825. — 2 MAI. — Le Conseil municipal demande que Valence soit choisie comme siège de l'une des écoles scondaires de médecine.

1825. — 11 MAI. — Le Conseil municipal vote 850 francs pour la réparation du mur de clôture du cimetière Sainte-Catherine. Le Génie militaire s'y oppose parce que le cimetière est dans la zone de servitude de la place.

1825. — 12 JUIN. — Messe solennelle et Te Deum à l'occasion du sacre de S. M. Charles X.

1825. — 4 AOUT. — Acte de vente à la Ville par Rostaing de la voûte et emplacement à l'ouest de la place de la Pierre.

appelé le Bardat, pour la construction de la halle.

1825. — 7 AOUT. — Accord intervenu entre le Maire et l'Evêque pour le partage des bâtiments devant servir au Collège et au Séminaire.

1825. — 19 AOUT. — L'Evêque bénit solennellement le pont neuf sur l'Isère à Pont-de-l'Isère. Construit en bois après le tracé de la route nationale, il s'affaissa en 1770 sous le poids d'une charrette ; rétabli en 1810, il fut brûlé le 28 mars 1814 par Augereau ; l'incendie dura de 7 heures du matin à 6 heures du soir. Reconstruit en pierre de 1822 à 1825, il coûta 1.700.000 francs.

1825. — 19 AOUT. — Une ordonnance royale approuve le contrat de construction du théâtre par une société d'actionnaires. La Ville se réserve le droit de se substituer à la société si celle-ci ne peut pas tenir ses engagements.

1825 — 2 SEPTEMBRE. — Acquisition de la maison Grégoire, rue Farnerie, appartenant au curé de Saint-Jean, pour en faire le presbytère de la paroisse, moyennant une rente viagère de 700 francs. La rente a été payée du 24 mai 1824 au 12 mai 1847.

1825. — 7-9 SEPTEMBRE. — Le Conseil de préfecture ordonne la démolition des maisons élevées par plusieurs particuliers dans la zone de servitude de la place de Valence.

1825. — 29 NOVEMBRE. — Ordonnance royale autorisant l'établissement à Valence de la maison du Refuge de Notre-Dame de Charité ou religieuses eudistes.

1825. — 7 DÉCEMBRE. — Le Maire donne connaissance au Conseil municipal d'une lettre du sieur Pons, pompier et fondeur à Marseille qui se charge de fournir à la ville 25.000 litres d'eau fontainière à l'heure au moyen d'une machine à vapeur pour 48.000 francs ; mais le total des dépenses s'élevait à 284.950 francs.

1826

1826. — Construction de la maison Barneron, qui fut le café de la Bourse et la plus belle maison de Valence de l'époque. La partie sud ne fut construite qu'en 1847 sur un emplacement vendu par la Ville (11 mars 1846) (1).

1826. — On commence le repavage de la Ville qui dure plusieurs années.

1826. — Construction et pavage de la côte Sainte-Ursule.

1826. — 12 AVRIL. — La vieille voûte ou Bardat sur laquelle on construisait la halle s'écroule.

1826. — 13 AVRIL. — Adjudication des travaux d'agrandissement du Collège sur la rue Farnerie.

1826. — 4 MAI. — Ordonnance royale qui autorise la fondation de la Société la Mutuelle de Valence contre l'incendie, pour les départements de la Drôme, Isère, Ardèche, Vaucluse, Gard.

1826. — 13 MAI. — Dans une séance du Conseil municipal il est constaté que depuis le 1er janvier 1826 jusqu'à ce jour, il n'est né que 14 enfants illégitimes, et que dans le même temps, il a été exposé 37 enfants dans le tour de l'hospice.

1826. — 15 MAI. — Le plan de la place de la Liberté (place Royale d'alors), dressé par l'architecte Javelas, porte le théâtre et l'Hôtel de Ville sur leurs emplacements actuels.

1826. — 28 MAI. — Ordonnance royale autorisant les sœurs de la Nativité à transférer leur maison mère de Crest (1813) à Valence.

1826. — 30 MAI. — Le Conseil d'administration de la Société Mutuelle d'assurances de Valence décide de commencer ses opérations le 1er juillet 1826.

(1) Actuellement propriété de la banque « Société Marseillaise de crédit ».

1826. — 1er JUILLET. — Adjudication de la construction du théâtre donnée à Brun et Pélorson, sur un devis de 127.000 fr.

1826. — 22 JUILLET. — Décision du Ministre de la Guerre qui refuse de déclasser Valence comme place de guerre et maintient la prohibition de bâtir dans la zone de servitude.

1826. — 4 AOUT. — Jugement du tribunal de Valence qui donne gain de cause à la Ville dans le procès avec l'Etat au sujet des biens de l'Université en lui reconnaissant le droit de propriété.

1826. — 4 NOVEMBRE. — Fête de Charles X, le jour de Saint-Charles, avec le programme ordinaire des fêtes publiques.

1826. — 23 DÉCEMBRE. — Dans une délibération de ce jour, le Conseil municipal demande que la route royale N° 7, traverse la Ville du nord au sud au lieu de la contourner. Il s'engage à supporter les frais de pavage. La route devait avoir 10 mètres de large. L'ingénieur s'y oppose et obtient gain de cause.

1826. — 23 DÉCEMBRE. — Le Conseil municipal ayant concédé le pont suspendu sur le Rhône à la Compagnie Seguin, au lieu de le faire construire à ses frais, vote le tarif du péage.

1826. — 23 DÉCEMBRE. — Dans cette délibération il est constaté que la population de Valence est de 9.850 habitants et celle de Bourg 1.950.

1827

1827. — Le Musée est installé au 1er étage de la nouvelle construction, au nord du collège, sur la rue Farnerie. La Bibliothèque est au rez-de-chaussée.

1827. — Il est prévu au budget une somme de 6.154 francs pour l'élargissement de la rue du Port (1) sur les jardins

(1) Avenue Gambetta.

Uzel. 3.000 mètres cubes de terre de ces jardins sont transportés au Champ-de-Mars à 1 franc le mètre cube.

1827. — 18 JANVIER. — Un arrêt du Conseil d'Etat annule le jugement du tribunal de Valence, relatif au procès de l'Université.

1827. — 21 FÉVRIER. — Le Conseil municipal donne un avis favorable pour l'établissement des dames de la Visitation de Sainte-Marie à Valence.

1827. — 22 MARS. — Adjudication à Barbier des travaux de démolition du rempart où sera construite la Porte-Neuve (2.900 francs).

1827. — 6 MAI. — Pour cause de salubrité et d'hygiène, le Conseil municipal autorise les propriétaires de la rue Petite-Neuve à fermer cette rue par des portails, sous certaines conditions.

1827. — 8 MAI. — Le Conseil municipal autorise la construction d'un café sous forme de kiosque ou pavillon chinois au Champ-de-Mars, près du mât de Cocagne.

1827 — 30 MAI. — Le pont suspendu est adjugé à M. Barrès de Molard, représentant de la société concessionnaire Seguin et Cⁱᵉ, moyennant les droits de péage à y percevoir pendant 66 ans.

1827. — 22 JUIN. — Vente publique de l'ancien tribunal, sur la place de ce nom, au prix de 16.652 francs. (Evêché actuel).

1827. — 8 SEPTEMBRE. — Pose de la première pierre du théâtre.

1827. — 8 OCTOBRE. — Le Génie militaire autorise la Ville à ouvrir une porte dans les remparts en face « le faux bourg Saunière » à la condition de la murer en temps de guerre. C'est la Porte-Neuve qui ne fut jamais qu'une brèche dans le rempart.

1828

1828. — Malgré l'écroulement de la voûte du Bardat, les travaux de la halle, place de la Pierre, sont repris et terminés dans l'année. Le solde est porté au budget de 1829.

1828. — 18 JANVIER. — Mᵐᵉ veuve Reyne, ayant transporté à Moirans et à Lyon sa fabrique de chapeaux de paille d'Italie, le Conseil municipal lui réclame 3.500 francs qui lui avaient été alloués pour que sa fabrique reste à Valence.

1828. — JUIN. — Le tribunal s'installe dans le nouveau palais de justice.

1828. — 21 JUIN. — M. Bérenger s'engage à céder à la Ville l'Hôtel du Gouvernement (1) qu'il tenait de l'Etat par voie d'échange.

1828. — 1ᵉʳ AOUT. — Le Conseil municipal approuve un projet de construction de caserne sur l'emplacement de la citadelle.

1828. — 10 DÉCEMBRE. — M. de Malartic est nommé préfet de la Drôme.

1828. — 13 DÉCEMBRE. — Le Ministre de la Guerre informe le Maire que l'école d'artillerie de Valence sera transférée à Auxonne, à partir du 1ᵉʳ janvier suivant.

1829

1829. — Le Préfet indique au Maire que, pour la consommation publique, on pourrait établir une pompe à manège mise en mouvement par les condamnés, détenus dans les prisons.

1829. — La Ville achète la maison Charrière sur le port pour servir de caserne, afin de débarrasser l'Hôtel de Ville des soldats qui y sont logés.

1829 — 1ᵉʳ JANVIER. — La population totale de la commune est de 9.469 habitants.

---

(1) Dans la Citadelle.

1829. — 24 MARS. — Lettre du Ministre de l'Instruction publique, Vatemesnil, au Préfet pour lui recommander la création de cours normaux où se formeraient de « bons instituteurs ». Il ne fut rien fait.

1829. — 15 AVRIL — Création de la rue Neuve ou rue Royale par l'approbation du plan d'alignement.

1829. — 30 AVRIL-6 MAI. — Nouveaux arrêts du Conseil d'Etat qui ordonnent la démolition des bâtiments élevés dans la zone de servitude de la place de Valence.

1829. — 23 MAI. — Le Conseil municipal vote 8.000 francs pour faire les sondages d'un puits artésien au nord de l'église Saint-Jean.

1829. — 23 MAI. — Il vote aussi 3.000 fr. pour la part de la Ville, dans la construction d'un parapet sur le quai du Rhône.

1829. — 31 MAI. — Le tour de l'hospice de Valence est fermé ; on n'y reçoit plus d'enfants trouvés.

1829. — 23 JUIN. — M. Seguin présente son projet définitif de pont suspendu ; les travaux étaient commencés depuis 1827.

1829. — 11 JUILLET. — Le « Pionnier » est le premier bateau à vapeur qui navigue sur le Rhône. Il fait le voyage de remonte d'Arles à Lyon en 88 heures de marche avec un chargement de 1.150 quintaux de marchandises.

1829. — 2 AOUT. — Une loi autorise d'échanger la maison du Gouvernement (citadelle), contre deux prairies appartenant à M. Bérenger, député.

1829. — 8 SEPTEMBRE. — La direction générale des Ponts et Chaussées modifie encore le plan du pont suspendu ainsi qu'il suit : « La largeur du pont est portée de 6 mètres 10 à 7 mètres dont 5 de voie charretière et 2 mètres de trottoirs ; 20 câbles en fil de fer suspendant deux tabliers que retiennent 356 cordes verticales. La longueur entre les culées est de

220 mètres et la longueur de chaque travée de 106 mètres 50, la hauteur du tablier au-dessus des basses eaux est de 8 mètres à 8 mètres 40.

1829. — 19 SEPTEMBRE. — Le Conseil municipal décide de déplacer le cimetière Sainte-Catherine.

1829. — 12 OCTOBRE. — Réorganisation de la Compagnie des sapeurs-pompiers de Valence

1829. — 20 OCTOBRE. — Le Conseil municipal vote une somme de 3.200 francs pour les fêtes à donner au prochain passage de son S. A. R. la duchesse de Berry, L. L. M. M. siciliennes et S. A. R. l'infant d'Espagne.

1829. — 24 OCTOBRE. — Le Conseil municipal décide que pour le passage de S. A. R. la duchesse de Berry, qui doit avoir lieu le 4 novembre, jour de la Saint-Charles, une corbeille de fleurs lui sera offerte par 12 jeunes filles choisies par le Maire.

1830

1830. — La Ville concède à Fiéron un emplacement pour y établir une romaine, poids public, près la porte Saint-Félix.

1830. — Construction du premier étage de l'aile sud de l'évêché donnant sur le jardin

1830. — Le Conseil municipal vote la somme nécessaire pour l'installation d'une bibliothèque, dans une des salles du palais de justice nouvellement construit. Il ne fut donné aucune suite à ce projet.

1830. — 8 JANVIER. — Le Génie militaire fait arrêter les travaux de construction de la maison Barneron (1), place d'Orléans, comme étant dans la zone de servitude.

---

(1) Actuellement propriété de la Société Marseillaise de crédit.

1830. — 19 FÉVRIER. — L'entrepreneur du pont suspendu est autorisé à confectionner ses câbles dans les allées du Champ-de-Mars.

1830. — 27 FÉVRIER. — La Ville achète à M. Bérenger, député, l'Hôtel du Gouvernement, dans la citadelle, pour 12.400 francs.

1830. — AVRIL. — On constate des crevasses dans les murs du clocher de la cathédrale trop faibles pour supporter l'étage surmonté d'une terrasse, avec balustrade, qui lui avait été ajouté lors de sa dernière restauration.

1830. — 2 AVRIL. — M. de Talleyrand est nommé préfet de la Drôme.

1830. — 10 AVRIL. — On commence les travaux de sondage pour le puits artésien de Saint-Jean.

1830. — 14 MAI. — Le Conseil municipal délibère encore sur les avantages qu'il y aurait à réunir le Bourg à Valence.

1830. — 12 JUIN. — Il vote l'acquisition de terrains à la Crozette pour la translation du cimetière Sainte-Catherine.

1830. — 11 JUILLET. — Te Deum chanté en actions de grâces pour l'entrée de l'armée française à Alger, le 5 juillet.

1830. — 21 JUILLET. — D'après le chanoine Lunel, nommé curé de Valence, le presbytère de Saint-Apollinaire servait encore à la cour d'assises avec le temple protestant qui était attenant.

1830. — 31 JUILLET. — A la nouvelle de la Révolution à Paris, le Maire réunit le Conseil municipal qui remet la garde nationale en activité pour le maintien de l'ordre.

1830. — 3 AOUT. — Arrive la dépêche qui annonce la fuite de Charles X et la désignation de Louis-Philippe comme roi des Français.

1830. — 5 AOUT. — Le drapeau tricolore remplace le drapeau blanc sur tous les

édifices. Celui de la cathédrale coûtait 500 francs.

1830. — 5 AOUT. — Le Maire assemble la garde nationale au Champ-de-Mars pour annoncer officiellement le changement de Gouvernement.

« ...Notre souverain, dit-il, a brisé la « charte qui était notre garantie, sans « respect pour la sainteté de ses ser-« ments !... Le prince félon est tombé, ses « couleurs ont disparu...»

1830. — 13 août. — Adjudication des travaux de construction du parapet des quais du Rhône sur une longueur de 632 mètres. La Ville paye un tiers de la dépense.

Après la terrible crue de 1856, pour mettre la Basse-Ville à l'abri des inondations, les quais et les parapets furent exhaussés tels qu'ils sont aujourd'hui.

1830. — 21 AOUT. — Le Conseil municipal vote une adresse au roi Louis-Philippe. On y lit : « Sire, le corps municipal « s'empresse d'offrir à Votre Majesté le « tribut de sa reconnaissance, de sa fi-« délité et de son amour... Votre avène-« ment affermit à jamais l'empire des « lois. »

1830. — 6 SEPTEMBRE. — M. Henry est nommé préfet de la Drôme.

1830. — 9 SEPTEMBRE. — M. Barjon, principal du collège de Chabeuil, remplace l'abbé de Varenne au collège de Valence, et ainsi se terminent les longues dissensions entre l'autorité ecclésiastique et la Ville au sujet de la direction de cet établissement.

1830. — 17 SEPTEMBRE. — A lieu l'épreuve de résistance du pont suspendu. (Le procès-verbal est du 23 septembre).

1830. — 17 SEPTEMBRE. — La Ville loue à M. Billion-Duroussel, le premier étage de sa maison, place Saint-Jean, pour la succursale de l'école des frères. Le bail est pour 9 ans, à 300 francs de loyer par an.

1830. — 21 SEPTEMBRE. — Le Maire écrit au Préfet pour demander le déclassement de Valence comme place de guerre.

1830. — 24 SEPTEMBRE. — Ouverture du pont suspendu au public. Par arrêté du Maire, le fermier du bac doit, à 5 heures du soir, cesser tout service pour la traversée du Rhône, service qui existait depuis trois siècles et demi. À la même heure, le pont suspendu est livré à la circulation.

1830. — 9 OCTOBRE. — La croix de la mission à l'esplanade Saint-Félix a été sciée et brisée dans la nuit. « A la nouvelle de cet attentat, la Ville entière en a gémi. » (Journal de la Drôme).

1830. — 26 OCTOBRE. — Le maire Delacroix écrit au Préfet pour le prier de ne pas laisser prendre possession des bâtiments neufs du grand Séminaire. La Ville, ayant des droits sur le sol, désire que ces bâtiments soient affectés à une caserne, attendu qu'on est obligé de consacrer une partie de l'Hôtel de Ville au casernement des troupes.

1830. — 28 OCTOBRE. — Le Conseil municipal supplie le Ministre de la Guerre de prononcer au plus tôt le déclassement de Valence comme place de guerre. Les remparts n'ont que deux pieds d'épaisseur environ en certains endroits, sans terrassement ni fondations ; ils tombent partout en ruines et la Ville ne les maintient en état de continuité que pour faciliter la perception de l'octroi. La citadelle a ses défenses dirigées plutôt contre la Ville que contre l'extérieur. En un mot, Valence est incapable de résister à un coup de main et encore moins à un siège.

1830. — 2 ET 5 NOVEMBRE. — Le Conseil municipal demande la concession des bâtiments neufs du Séminaire pour servir de caserne, offrant de les faire achever aux frais de la Ville.

1830. — 7 NOVEMBRE. — En prévision d'importantes réparations à faire à l'Hôtel

de Ville, le Conseil municipal afferme, pour 9 ans, la maison du député Bérenger, sise à la côte des Chapeliers.

1830. — 14 NOVEMBRE. — Une proposition de démolition et de reconstruction de la porte des Moulins, rue du Port, est faite au Conseil municipal. La porte fut, en effet démolie, mais jamais reconstruite à cause de la gêne qu'elle apportait à la circulation depuis l'établissement du pont suspendu.

1830. — 29 NOVEMBRE. — Le Conseil municipal envoie au duc d'Orléans, de passage à Grenoble, une délégation présidée par le Maire, qui dans un long discours, expose diverses revendications de la Ville

1831

1831. — Le bureau de la poste est installé rue Saint-James.

1831. — Le dernier recensement donne les chiffres suivants :

Population agglomérée . . . 8.898
Population disséminée . . . 1.508
Population totale 10.406

1831. — La garde nationale comprend, pour le service ordinaire : 1.644 hommes et avec la réserve 1.950

1831. — 17 JANVIER. — Adjudication de vente par les Domaines « des bacs, « bateaux, trailles, traillons, cordages et « autres agrès de l'ancien bac-à-traille « de Valence ».

1831. — 25 JANVIER. — Au puits artésien de Saint-Jean, on vient de traverser une couche de gravier de 118 pieds ; on atteint maintenant la couche de glaise.

1831. — 2 FÉVRIER — Le Conseil municipal demande avec instance, le rétablissement de l'école d'artillerie supprimée en 1827.

1831. — 2 FÉVRIER. — Est passé par M. Bérenger, député, l'acte de vente à la

Ville de l'Hôtel du Gouvernement à la Citadelle, au prix de 11.400 francs.

1831. — 26 MARS — La Ville renouvelle son offre de faire achever les travaux du grand séminaire, s'il lui est concédé pour servir de caserne. La dépense est évaluée à 50 ou 60.000 francs.

1831. — 1er JUIN. — Le maire Delacroix, expose au Conseil municipal qu'il a fait compléter l'inventaire des archives de la Ville, rédigé en 1769 par l'archiviste Lalèbre.

1831. — 29-30 ET 31 JUILLET. — Fête commémorative des Trois Glorieuses : Jeux publics en usage à Championnet, mât de cocagne, garni de viande et de volaille, le jeu de l'oie, la corde et les 3 oies, le saut du bouc, la montre, etc. Ascension d'une montgolfière en papier du prix de 50 francs.

1831. — 3 AOUT. — Le Conseil municipal accepte la proposition de Châtagnier qui demande de transporter du milieu du Champ-de-Mars, au rond-point du Cagnard (1), le café en pavillon chinois que la Ville l'a autorisé à établir en 1827 moyennant location.

1831. — 15 AOUT. — Le Conseil municipal adopte le projet de remblayage, avec mur de soutènement, de la rue Saint-Estève pour accéder plus facilement à la rue du Port.

1831. — 23 AOUT. — Une ordonnance royale désaffecte le Séminaire, construit aux frais de l'Etat et le met à la disposition du Ministre de la Guerre pour une caserne d'artillerie.

La contribution de 40.000 francs offerte par la Ville est acceptée pour servir à la construction d'un grand séminaire.

1831. — 10 SEPTEMBRE. — Sur la proposition du maire Delacroix, la Ville

(1) Emplacement actuel de la fontaine monumentale.

achète le Pendentif aux frères Gallet, dont le père l'avait acquis en 1796, comme bien national.

1831. — SEPTEMBRE. — Pour les élections municipales qui vont avoir lieu, Valence est divisé en 5 quartiers élisant chacun ses conseillers au nombre total de 27.

1831. — 7 NOVEMBRE. — Le 10e régiment d'artillerie revient à Valence, bien que l'école d'artillerie ne lui soit pas encore restituée.

1832

1832. — 25 JANVIER. — Le Conseil municipal décide d'assainir les fossés de Saint-Félix et de Saint-Jacques dont l'eau stagnante et nauséabonde est une menace constante d'infection.

1832. — 8 FÉVRIER. — Le maire Delacroix dépose sur le bureau du Conseil municipal le répertoire, en deux volumes, des archives de la Ville.

1832. — 8 FÉVRIER. — A la séance du Conseil municipal il est présenté un rapport sur l'état de l'instruction primaire à Valence; on y lit :

ÉCOLES	ÉLÈVES			
	Payants		Gratuits	
	Garçons	Filles	Garçons	Filles
Frères	»	»	429	»
Sœurs grises	»	»	»	200
Nativité	»	28	»	105
Refuge	»	28	»	37
Trinitaires	»	39	»	52
Ecoles laïques (particulières)	200	»	»	»

1832. — 13 FÉVRIER — Rapport sur l'état de la porte Saint-Félix, concernant la solidité du passage des bras de levier du pont levis à la hauteur du chemin de ronde.

1832. — 6 AVRIL. — Le Conseil municipal revient sur la question du déplacement du cimetière et propose d'acheter les terrains de quatre propriétaires au quartier de la Crozette.

1832. — 29 AVRIL. — Dans la crainte du choléra, il est proposé au Conseil municipal d'établir la mâterie hors de la Ville.

1832. — 1er MAI. — Marc Aurel, imprimeur à Valence, crée le journal dénommé « Courrier de la Drôme ».

1832. — 9 MAI. — Avec une allocation de l'Etat, le Conseil municipal établit, dans une des salles du Collège nouvellement construites, une classe d'enseignement mutuel.

1832. — 9 MAI. — Il décide en outre de couvrir les puits publics et de les doter d'une pompe à commencer par le puits dit du Mouton, angle de la Grande-Rue et de la rue du Théâtre.

1832. — 1er JUIN. — Transaction entre la Ville et l'Etat au sujet de l'Université, approuvée par ordonnance royale du 11 novembre 1833. Par cet accord, la Ville reprenait la propriété de la bibliothèque et des bâtiments de l'Université, elle promettait de placer en rente sur l'Etat un capital de 6.000 francs au profit de son Collège. Quelques jours après, le Maire vendait à M. Dumas le bâtiment qui servait de bibliothèque au prix de 9 000 francs.

1832. — 1er JUIN. — Affiche du Maire placardée dans la journée : « Valentinois, « l'héritier présomptif du trône sera ce « soir parmi nous. Il vient visiter nos « provinces dans le but d'étudier les be- « soins du peuple, etc., etc... Vive le « roi des Français, Vive le duc d'Or- « léans. » Le duc arrive, en effet le soir à 6 heures, venant de Romans ; il est reçu en grande pompe.

1832. — 3 ET 5 JUIN. — Le duc d'Orléans visite la Ville et ses environs.

1832. — 12 JUIN. — Il est rendu compte au Conseil municipal de l'état des tra-

vaux du sondage du puits artésien ; la sonde est allée à 420 pieds, elle a rencontré une première source à 340 pieds montant à 8 pieds au-dessus du niveau ordinaire des puits ; ensuite une deuxième source à 385 pieds et montant à 30 pieds au-dessus.

1832. — 28 JUIN. — Le « Courrier de la Drôme » se plaint de la malpropreté des rues. Le balayeur prend ce qui fait du bon fumier et laisse le reste. Dans la rue de l'Hôtel-de-Ville, on a laissé pourrir un chien crevé.

1832. — 3 JUILLET. — Ordonnance royale, autorisant la Ville à acquérir le Pendentif au prix de 2.425 francs.

1832. — 22 JUILLET. — Arrêté municipal prescrivant de répandre du poison dans les rues et carrefours pour détruire les chiens errants.

1832. — 26 AOUT. — Le Conseil municipal accueille favorablement une pétition des habitants du faubourg Saint-Jacques demandant que la porte Saint-Félix reste ouverte toute la nuit comme celle de Saunière.

1832. — 11 SEPTEMBRE. — La Ville abandonne le projet de construire les abattoirs au nord du Bourg à cause de l'insuffisance des eaux et achète un emplacement au quartier des Iles de l'Eparvière (immeuble Grégoire).

1832. — 27 NOVEMBRE. — Le Conseil municipal envoie une adresse au Roi après l'attentat dont il avait été victime, le 19 novembre.

1832. — 7 DÉCEMBRE. — MM. Delacroix et Marc Aurel, présentent un vœu pour la publicité des séances du Conseil municipal, vœu qui est rejeté.

1832. — 7 DÉCEMBRE. — Au plan Javelas, pour les alignements de la rue Royale, il est donné les dénominations suivantes : « Place de la Porte-Neuve de Saunière — « Porte-Neuve Saunière, ouverte nouvel- « lement ».

1832. — 27 DÉCEMBRE. — Le Préfet de la Drôme fait connaître au public la demande de concession d'un chemin de fer du Bourg de la Guillotière à Lyon, jusqu'à Marseille. Distance 33 M^m 6 k^m. Dépense évaluée à 28 millions.

1833

1833. — Le repavage de la Ville est presque achevé.

1833. — 25 MARS. — Le Conseil municipal rejette une demande de location de terrain au Champ-de-Mars pour y établir des échoppes destinées à servir « de re- « traite aux personnes qui ont des be- « soins honteux à satisfaire, ce qui est « insalubre et malséant. »

1833. — 25 MARS. — Il décide de déplacer l'école d'enseignement mutuel installée dans le prolongement du Collège, rue Farnerie et d'y mettre la Bibliothèque.

1833. — 11 MAI. — Ordonnance royale approuvant la transaction entre la Ville et l'Etat au sujet du procès concernant l'Université.

1833. — 9 JUIN. — Le Conseil municipal désigne les membres de la première commission de la Bibliothèque : MM. Bérenger, député ; Jules Ollivier, Bonnet, maire, Delacroix, Marc-Aurel, Desmarest.

1833. — 9 JUIN. — La sonde de forage du puits artésien s'est brisée et impossible de la retirer. Les travaux sont arrêtés, on y a dépensé 18.128 francs, sans résultat. Le puits était derrière la sacristie actuelle de Saint-Jean.

1833. — 29 JUIN. - Le rapport des experts nommés pour l'évaluation des anciens bâtiments de l'Université donne : 1° le corps de logis de la bibliothèque sur la rue Notre-Dame-de-la-Ronde, adossée à la maison Dumas ; 2° la salle des études, pour une valeur totale de 6.000 francs.

1833. — 2 JUILLET. — A l'occasion de la démolition de la tour de Constance, le

« Courrier de la Drôme » donne dans le récit d'un des nombreux crimes d'un évêque de Valence, vers l'an 854, quelques renseignements intéressants : Cette tour, construite en l'an 407, par un général romain, était située au bord du Rhône (1) dont elle défendait le passage. En 1802 une crue du fleuve l'isola de la rive; elle devint alors un danger pour la navigation. Lors de la construction du quai, elle fut démolie jusqu'au niveau du fleuve. En 1833, on profita de la grande baisse des eaux pour achever de démolir jusque dans ses fondements la fameuse tour qui avait résisté pendant 15 siècles à la fureur du Rhône.

1833. — 19 JUILLET. — Lettre de M. Bérenger, député, annonçant au Maire que l'ordonnance de rétablissement de l'école d'artillerie était à la signature.

1833. — 27-28 JUILLET. — Fête anniversaire de la Révolution de Juillet. Le 27, service funèbre pour les victimes de la Révolution. Le 28, fête de la Victoire.

1833. — 12 AOUT. — Le Conseil municipal vote la création d'une salle d'asile à installer dans l'Hôtel-de-Mars qui servait alors de théâtre. Il ne fut sans doute donné aucune suite à cette décision car Valence ne figure pas dans la statistique des salles d'asile de 1836.

1833. — 12 AOUT. — L'enseignement mutuel est organisé à l'école des Sœurs de Saint-Vincent-de-Paul, rue Saint-Félix.

1833. — 17 AOUT. — Réception définitive du pont suspendu. Il avait coûté 600.000 francs La pile centrale véritable arc de triomphe de 20 mètres de haut, avait ses fondations de 5^m40 sous l'étiage et reposait sur le gravier par un massif de béton porté de la rive droite à dos d'homme dans des paniers. Protégée par un enrochement, elle a résisté à tous les assauts du fleuve.

---

(1) En face de l'hôpital militaire.

1833. — 1ᵉʳ SEPTEMBRE. — Décès de Jacques-Emmanuel Brosset, à l'âge de 68 ans, né à Valence. Ami et fondé de pouvoirs de Championnet à qui il fit élever le monument qu'on voit encore au temple protestant.

1833. — 2 SEPTEMBRE. — L'évêque, Mgr de la Tourette, donne tout son mobilier à l'évêché.

1833. — 12 OCTOBRE. — Le Conseil municipal autorise l'établissement d'une fonderie de suif.

1833. — 8 NOVEMBRE. — Conformément à la proposition d'un de ses membres, le Conseil municipal décide que la rue et la place Royales reprendront le nom de rue et place Napoléon.

1834

1834. — 3 FÉVRIER. — Adjudication des travaux de réparation et d'aménagement de l'Hôtel-de-Ville, il était installé depuis 1808 dans le couvent Sainte-Marie, construit en 1630.

1834. — 9 FÉVRIER. — Incident entre Napoléon Fiéron, avocat, et le préfet Henry, pendant une réception à la préfecture, sous le prétexte que Fiéron était chef de la société des Droits de l'homme et du citoyen. — Polémique, provocation.

1834. — 9 AU 13 AVRIL. — Les émeutes de Lyon n'ont aucune répercussion à Valence. La garde nationale seule prend les armes pour le maintien de l'ordre.
Le Conseil municipal vote 150 francs pour les soldats blessés pendant la répression. Le « Courrier de la Drôme » ouvre une souscription en faveur des soldats blessés et des familles des soldats tués.

1834. 15 AVRIL. - Adjudication des travaux de construction de l'école d'enseignement mutuel sur l'emplacement de la salle des études de l'Université. On devait seulement réparer le vieux bâtiment en conservant même le sol en terre battue,

puis on fut conduit à reconstruire complètement l'immeuble, ce qu'on fit en y employant les matériaux provenant de la démolition d'une partie de l'Hôtel-de-Ville.

1834. — 16 AVRIL. — Suppression des latrines adossées aux remparts du Cagnard.

1834. — 15 MAI. — Règlement de police des décrotteurs.

1834. — 1ᵉʳ JUIN. — Une ordonnance royale nomme Jean-Louis Meynadier au deuxième poste de pasteur, qui vient d'être créé à l'Eglise réformée de Valence.

1834. — 22 JUIN. — Le « Courrier de la Drôme » annonce que le tableau de M Desaulchois «Vue du port de Cherbourg », don de l'Etat, est arrivé mercredi dernier, 18 juin. « Il serait à désirer, ajoute-« t-il, qu'on disposât d'une partie du local « de notre bibliothèque à l'exposition de « tous les tableaux que nous pourrions « recevoir. ».

1834. — 29 JUIN. — Il est ouvert un registre destiné à inscrire les achats et les dons faits à la Bibliothèque et au Musée; il est signé et paraphé par le maire Calixte Bonnet, Johany, bibliothécaire.

1834. — 15 JUILLET. — Bail à loyer du café, du foyer et des accessoires du théâtre, quoique la salle ne soit pas encore terminée.

1834. — 1ᵉʳ AOUT. — On commence la démolition d'une partie de l'ancien couvent de Sainte-Marie pour agrandir la place entre le théâtre et l'Hôtel-de-Ville.

1834. — 7 AOUT. — M. Dupré de Loire, médecin, donne à la Bibliothèque son manuscrit : Charles Martel, poème épique en 12 chants.

1834. — 29 AOUT. — Le Maire est autorisé à passer l'acte de vente de l'emplacement de l'abattoir aux Iles de l'Eparvière (1).

---

(1) Actuellement fabrique de soie artificielle.

1834. — 1ᵉʳ SEPTEMBRE. — L'Evêque adresse une circulaire à ses diocésains pour ouvrir une souscription publique et faire des quêtes dans les églises pour la construction d'un nouveau Séminaire.

1834. — 5 NOVEMBRE. — Le « Courrier de la Drôme » relate que les soldats de la garnison sont en partie couchés dans les lits prêtés par l'habitant au taux de 0,05 par place et par jour.

1834. — 21 ET 22 NOVEMBRE.— Alexandre Dumas visite Valence en se rendant en Egypte, en Syrie, etc. Dans ses « Impressions de voyage », il fait la description des monuments de Valence, et cite des anecdotes intéressantes sur Bonaparte et le pape Pie VI.

1834-1839. — Restauration du Pendentif. Démolition de la flèche qui menaçait ruine ; suppression des échoppes qui l'entouraient, dégagement des arceaux, pose du trottoir et de la grille d'entourage.

1835

1835. — Trop à l'étroit dans leur immeuble de la côte des Chapeliers, où elles avaient construit une chapelle, en 1826, incommodée par la proximité des boucheries qui s'étalaient presque jusque devant leur porte, les sœurs de la Nativité, transférèrent leur couvent au faubourg Saunière, au sud de l'hôtel de la Poste.

1835. — Le bureau de la Poste est installé sur la place Napoléon, dans la maison où est né Emile Augier.

1835. — Création de l'usine Paul frères, à Bourg-lès-Valence, pour l'impression des mouchoirs de coton, — usine devenue plus tard la cartoucherie.

1835. — Il est prévu au budget une somme de 12.000 francs pour commencer les travaux du nouveau cimetière.

1835. — 28 JANVIER. — Adjudication pour la réparation des orgues de la cathédrale (4.000 francs).

1835. — 3 FÉVRIER. — La Bibliothèque est ouverte au public les lundi, mardi, jeudi et vendredi, de 10 heures du matin à 3 heures du soir. Elle se composait alors 1° des 3.611 volumes rapportés de Grenoble sur les 4.747 qui y avaient été emportés en 1812, les autres n'ayant jamais été réintégrés ; 2° des 1.133 volumes extraits des galetas de la Préfecture ; 3° des 1.535 volumes de la bibliothèque du Collège et de nombreux dons de particuliers.

1835. — 14 FÉVRIER. — Naissance à Valence de Louis Gallet, librettiste.

1835. — 23 MARS. — Adjudication des travaux de démolition du moulin de Currière, dans les dépendances de l'hôpital, et de la réfection du mur d'enceinte, rue des Boucheries.

1835. — 1ᵉʳ AVRIL. — Le peintre Veyrenc, de Paris, donne au Musée les œuvres suivantes : 1° Un dessin à la sépia du Poussin : Moïse défendant les filles de Jétho ; 2° L'adoration des rois, dessin du Parmesan ; 3° Guérison du paralytique, dessin de Vincent ; 4° Mort d'Alexandre de Phérées, dessin de Meynier ; 5° Cent dessins originaux par Hubert Robert ; 6° Tête, d'après nature par Vincent.

1835. — 14 JUIN. — Le « Courrier de la Drôme » dit que le Champ-de-Mars est inondé à la moindre pluie et impraticable pour plusieurs jours ; les joueurs de boules en sont les maîtres et menacent constamment de casser les jambes des paisibles promeneurs ; les oiseleurs mêmes y tendent leurs filets et agonisent d'injures les malheureux qui vont s'aventurer dans leurs engins.

1835. — 18 JUIN. — On découvre un égout allant du nord au sud de la Ville qu'on croit être de construction romaine.

1835. — 23 JUIN. — Les travaux du théâtre traînent en longueur. La Ville est obligée de voter des fonds pour les continuer. Enfin elle se charge de la décoration extérieure pendant que les concessionnaires poursuivent d'autres travaux.

1835. — 1ᵉʳ JUILLET. — M. Léon Saladin est nommé préfet de la Drôme.

1835. — 20 JUILLET. — On donne à nouveau l'adjudication des travaux de construction complète d'une salle d'enseignement mutuel sur l'emplacement de la salle des études de l'Université. Les murs seront refait à neufs alors qu'à la première adjudication, ils ne devaient être que réparés ; le sol, prévu d'abord en terre battue doit être recouvert d'un plancher.

1835. — 1ᵉʳ AOUT. — M. le comte de Montalivet donne au Musée le portrait en pied de son père, Ministre de l'Intérieur de 1809 à 1814.

1835. — 4 AOUT. — Le Conseil municipal vote une adresse au roi Louis-Philippe après l'attentat de Fieschi, le 28 juillet précédent.

1835. — 7 AOUT. — Service funèbre célébré à l'église cathédrale pour les victimes de l'attentat du 28 juillet et Te Deum chanté pour remercier la Providence d'avoir protégé la vie du Roi.

1835. — 24 AOUT. — Les ouvriers commencent à creuser les fondations du nouveau Séminaire à construire au Charran, sur les plans de l'architecte Epailly.

1835. — 25 AOUT. — Il est signalé 6 cas de choléra à Valence, dont 3 de mortels. Après le 27 août, plus aucun cas ne se produit.

1835. — 31 AOUT. — Dans la salle inachevée du théâtre, le Maire autorise une troupe de Lyon d'y donner une dizaine de représentations. Cet essai permit de constater les défectuosités de la salle qui fut ensuite profondément remaniée.

1835. — 3 SEPTEMBRE. — A 10 heures du matin, le jeudi, jour de marché, un incendie détruit la travée ouest du pont suspendu, malgré de prompts secours accourus de Valence.

1835. — 24 SEPTEMBRE. — Un arrêté préfectoral rétablit le service du bac traille, pendant les réparations du pont suspendu incendié.

1835. — 1ᵉʳ OCTOBRE. — Mᵐᵉ Guilhermet ouvre un pensionnat protestant dans la rue Farnerie.

1835. — 27 OCTOBRE. — Acte d'échange La Ville échange avec M. Dumas le bâtiment de l'Université adossé à son immeuble contre une écurie et une remise à démolir pour l'ouverture de la rue Neuve (rue Emile-Augier).

1835. — 30 NOVEMBRE. — Le Conseil municipal autorise M. Barneron, cafetier à établir sa glacière sous le Champ-de-Mars, à l'ouest, moyennant certaines conditions.

1835. — 15 DÉCEMBRE. — Le Rhône charrie de tels glaçons que le passage du bac est devenu impossible.

1835. — 20 DÉCEMBRE. — Un arrêté préfectoral autorise la fondation de la Société d'agriculture, nouvellement réorganisée.

1836

1836. — Un arrêté municipal impose aux propriétaires de la rue Neuve (rue Emile-Augier) à reconstruire leurs immeubles à la hauteur de la maison Valette qui venait de s'achever (angle sud de la rue de l'Université).

1836. — Les travaux de réparations de l'Hôtel de Ville sont terminés ; les services municipaux s'y réinstallent.

1836. — La succursale de l'école de Frères à Saint-Jean quitte son local, payé par la Ville, pour s'installer librement dans l'immeuble de la Nativité (côte de Chapeliers).

1836. — Les travaux de clôture du nouveau cimetière sont terminés et le solde figure au budget de 1837.

1836. — 12 FÉVRIER. — Trois condamnés par les dernières assises sont exposés sur la place des Clercs, avant leur départ pour le bagne.

1836. — 13 FÉVRIER. — Lecture est donnée au Conseil municipal d'une lettre du Ministre de la Guerre refusant le déclassement de la Ville comme place de guerre.

1836. — 27 FÉVRIER. — Le Conseil municipal vote une adresse de félicitations à M. de Montalivet qui vient d'être nommé Ministre de l'Intérieur.

1836. — 19 MARS. — Autorisation est donnée à M. Ronzier d'établir une fonderie au quartier Saint-Victor, angle est des rues Chevandier et Poncet.

1836. — 1er AVRIL. — D'après la délibération de ce jour du Conseil municipal, le marché aux grains se tenait sur la place des Clercs depuis un temps immémorial (assertion douteuse, car avant la Révolution, il se tenait sur la place de la Pierre qui tire justement son nom de la pierre creusée qui servait à mesurer le grain).

1836. — 1er AVRIL. — Le Conseil municipal vote 2.250 francs pour la construction de la porte d'entrée du cimetière.

1836. — 1er AVRIL. — Dans la même séance, il vote la création d'une Caisse d'épargne et en adopte les statuts.

1836. — 1er AVRIL. — Il rejette la proposition de M. Bleizac pour l'établissement d'une halle sur la place Napoléon, en face du Théâtre.

1836. — 22 AVRIL. — Le Conseil municipal vote des remerciements à M. de Montalivet pour son don de livres à la bibliothèque et à M. Veyrenc qui « a donné « le tableau original de Rubens : *Le cru-* « *cifiement de Jésus* et la suite des 22 des- « sins des plus célèbres tableaux de Le- « sueur. »

1836. — 23 AVRIL. — Ordonnance royale autorisant la création de la Caisse d'épargne de Valence.

1836. — 26 AVRIL. — Cérémonie solennelle pour la pose de la première pierre du nouveau séminaire.

1836. — 25 MAI. — Un arrêté municipal dénomme comme suit les ports de Valence :

1° Sur la limite du Bourg : Port de Porte-Lanterne ;

2° En face du portail de l'arsenal : Port de l'Arsenal (le seul encore existant) ;

3° En face du bac : Port de la Traille ;

4° En aval du pont : Le Grand Port.

Il y avait : 1° Le quai de l'Hôpital ; 2° le quai Tournant, et 3° le quai de l'Abattoir.

1836. — 1er JUIN. — Réception définitive du Palais de Justice, après de nombreux changements de plan. Les dépenses s'étaient élevées à 217.408 francs.

1836. — 3 JUILLET. — Te Deum chanté en actions de grâces pour la protection, dont la Providence a couvert le Roi, lors de l'attentat de l'assassin Alibaud, 25 juin 1836.

1836. — 5 JUILLET. — Le Conseil municipal vote une adresse au Roi au sujet de cet attentat.

1836. — 22 JUILLET. — Il détermine les surfaces et les prix des concessions de terrain au nouveau cimetière Saint-Lazare. On demande l'abandon de suite du cimetière Sainte-Catherine.

1836. — 22 JUILLET AU 4 SEPTEMBRE. — Le gardien et jardinier du Champ-de-Mars établit tout autour de la promenade un banc de gazon pour faire asseoir les promeneurs et les protéger contre les joueurs de boules.

1836. — 25 AOUT. — Vente aux enchères publiques des maisons destinées à être démolies immédiatement pour l'ouverture de la rue Royale (rue Emile-Augier).

1836. — 17 SEPTEMBRE. — Un arrêté du Maire décide que les exécutions capitales auront lieu désormais au rond-point du

Cagnard, en face des prisons, alors situées sur les emplacements de la Banque de France et du café Glacier.

1836. — 17 SEPTEMBRE. — Le Conseil municipal ajourne le projet Lallier qui préconise la prise d'eau dans la plaine de Chabeuil pour les fontaines de Valence. En attendant, on mettra des pompes aux puits publics.

1836. — 18 SEPTEMBRE. — Naissance à Valence ? de Florence-Léonide Charvin dite Agar, célèbre tragédienne. Ne figure pas à l'état civil.

1836. — 11 AU 12 OCTOBRE. — « Dans « la nuit le tonnerre est tombé par une « explosion subite et terrible sur le clo- « cher de Saint-Apollinaire. » (Courrier de la Drôme).

1836. — 14 OCTOBRE. — Le Conseil municipal inflige un blâme aux Frères pour avoir déplacé, sans autorisation, leur école de Saint-Jean dans l'ancien couvent de la Nativité, côte des Chapeliers.

1836. — 18 OCTOBRE. — Vers 8 heures du soir, dans la direction du nord-ouest, apparut une aurore boréale qui dura 12 minutes. On crut à un incendie à Bourg-lès-Valence.

1836. — 25 OCTOBRE. — Le duc de Nemours, fils de Louis-Philippe, passe à Valence se rendant en Afrique ; il reçoit la visite du Maire.

1836. — 26 OCTOBRE. — Arrêté prescrivant le lever du plan de tous les travaux souterrains, anciens et modernes, situés dans la Ville.

1836. — 4 NOVEMBRE. — Arrêté municipal approuvant le règlement de la Bibliothèque et du Musée.

1836. — 25 NOVEMBRE. — Par arrêté du Maire le cimetière Sainte-Catherine ne doit plus recevoir de sépulture ; la même décision prononce l'ouverture du nouveau cimetière, bénit sous le vocable de Saint-Lazare.

1836. — 1ᵉʳ DÉCEMBRE. — Le prince de Joinville, fils de Louis-Philippe, passe à Valence, se rendant à Paris.

1836. — 4 DÉCEMBRE. — Constitution de la Société de statistique des arts utiles et des sciences naturelles du département de la Drôme, avec siège à Valence. De 1837 à 1842, cette Société a publié quatre volumes de mémoires intéressants.

1836. — 11 DÉCEMBRE. — A la demande de M. Bérenger, député, le Ministre de l'Intérieur donne au Musée de Valence le portrait en pied du roi Louis-Philippe.

1836. — 31 DÉCEMBRE. — De Montalivet, ministre de l'Intérieur, envoie au musée : *La jeune captive*, statue en marbre, par Debay, acheté 10.000 francs par l'Etat.

1837

1837. — La Société d'agriculture de la Drôme fonde à Faventines une « magnauderie modèle » qui donne une réussite complète.

1837. — Marc-Aurel frères, imprimeurs, fondent une revue protestante appelée « l'Evangéliste ».

1837. — 19 FÉVRIER. — Une nouvelle aurore boréale apparaît au nord-ouest de Valence, de 8 à 10 heures du soir.

1837. — 19 FÉVRIER. — Le Conseil municipal approuve la nomination de M. Gauteron, instituteur privé de Grenoble, comme directeur de l'enseignement mutuel, dans le nouveau local de la place de l'Université. Traitement 1.800 francs.

1837. — 22 AVRIL. — A la suite d'un accord avec les Trinitaires, celles-ci acceptent de fonder à Valence la première salle d'asile de la Ville, en transformant l'école de filles qu'elles dirigeaient depuis 1820. Elles s'engagent à l'entretenir à « perpétuité » pour 120 ou 150 enfants, moyennant 600 francs par an.

1837. — 2 MAI. — Par suite de la faillite du concessionnaire, la Ville acquiert la romaine publique dont l'emplacement avait été concédé à Fiéron, au midi de la porte Saint-Félix.

1837. — 14 mai. — Le directeur de l'école d'enseignement mutuel demande qu'on lui donne un instituteur adjoint par suite du nombre toujours croissant des élèves.

1837. — 3 juin. — A lieu la première représentation dans la salle du théâtre, complètement terminée, avec au programme « La Dame blanche », opéra d'Hérold et le vaudeville « La Marraine », de Scribe et Lokroi.

1837. — 23 juin. — Fête publique à l'occasion du mariage de S. A. R. Mgr le duc d'Orléans, héritier présomptif du trône.

1837. — 26 juin — A 4 heures du soir, un second incendie se déclare sur le pont suspendu du côté de Valence, à quelques mètres du pavillon. La promptitude des secours sauve le pont d'un second désastre.

1837. — juillet. - Pendant un violent orage, un terrible coup de foudre frappe le clocher de la cathédrale qui, ébranlé dans toute sa hauteur, est ruiné définitivement et destiné à disparaître.

1837. — 18 juillet. — Ordonnance royale approuvant la création d'une salle d'asile au couvent de la Trinité, dans les bâtiments qui lui sont définitivement concédés, rue Farnerie.

1837. — 23 juillet. — Ordonnance royale qui approuve les statuts de la caisse d'épargne de Valence.

1837. — 31 juillet. — Adjudication des égouts : 1° de Saint-Félix ; 2° de Saint-Jacques ; 3° de la Grand'Rue à la rue Neuve (1).

1837. — 20 septembre. — Dans une conférence avec le Chef de bataillon du

____

(1) Rue Emile-Augier actuelle.

génie, le Maire insiste pour le maintien du passage public à travers la citadelle, de la porte Tourdéon à la porte en face de la Bibliothèque.

1837. — 1er novembre. — Ouverture au couvent des Trinitaires de la première salle d'asile de Valence.

1837. — 9 novembre. — Reconnaissant l'insuffisance de la romaine comme poids public, le Conseil municipal décide la construction d'un pont à bascule sur la place Saint-Félix.

1837. — 18 novembre. — Le Maire reçoit une proposition de la Compagnie européenne d'éclairage pour créer à Valence une usine à gaz.

1837. — 26 novembre. — Ce dimanche, la caisse d'épargne est ouverte dans les bureaux de la Mairie avec une dotation de 4.245 francs. Le montant des versements fut de 936 francs. La plus petite recette, 55 francs, fut celle du 17 juin 1838.

1837. — 30 décembre. — Un rapport de l'architecte Chevillet conclut à la démolition complète du clocher de Saint-Apollinaire.

1838

1838. — Le puits de la Mairie est pourvu d'une pompe, et le projet porte qu'il sera surmonté d'une colonne avec le buste de Napoléon Ier.

1838. — 19 janvier. — Répondant à la demande de la Compagnie d'éclairage européenne, le Maire propose de l'autoriser à éclairer les maisons particulières en donnant l'éclairage public dans les rues où passerait la canalisation, les autres rues continueraient à être éclairées à l'huile. La Compagnie ne fit aucune réponse.

1838. — 28 février. — Les travaux de démolition du clocher de la cathédrale sont commencés.

1838. — 1er mars. — Adjudication pour

la construction d'un puits au faubourg Saunière. Le puits sera surmonté d'un petit monument pour recevoir une pompe (1.323 francs).

1838. — 2 MARS. — Il est donné lecture au Conseil municipal d'une lettre préfectorale proposant de créer à Valence une troisième école d'arts et métiers. Le Conseil approuve d'enthousiasme cette proposition qui ne reçut aucune suite. L'école fut ensuite créée à Aix-en-Provence.

1838. — 30 MARS — Sur la demande du Conseil municipal et la recommandation de M. Bérenger, le Ministre de l'Intérieur accorde un secours de 5.000 francs pour la restauration du Pendentif.

1838. — 5 AVRIL. — L'adjudication des travaux de construction de l'abattoir à l'Eparvière est donnée à l'entrepreneur Barbier, sur un devis de 38.000 francs. Plans de l'achitecte voyer Javelas.

1838. — 22 MAI. — Création de la place du Palais-de-Justice, alors appelée place de Vernaison.

1838. — 22 MAI. — Le Conseil municipal accorde un secours de 4.000 francs aux Trinitaires pour les aider à reconstruire leur chapelle, rue Farnerie.

1838. — 13 JUILLET. — Adjudication de la construction du pont à bascule de Saint-Félix, le premier à Valence.

1838. — 18 JUILLET. — Réception des travaux du Séminaire au Charran. Le lendemain l'administration épiscopale prend possession du nouvel édifice.

1838. — 31 JUILLET. — Décidé par le Conseil municipal, dans ses séances des 25 janvier 1832 et 12 février 1833, les travaux du canal d'écoulement des fossés de Saint-Félix sont seulement donnés en adjudication.

1838. — 19 AOUT. — Sur un rapport du pasteur Meynadier, le Conseil municipal vote la création d'une école protestante pour les filles pauvres, moyennant une allocation annuelle de 500 francs. Cette

école fut adjointe au pensionnat Guilhermet, rue Farnerie, et s'ouvrit le 6 novembre suivant.

1838. — 24 AOUT. — Henri Dourille, homme de lettres, adresse un mémoire au Conseil municipal demandant l'érection d'une statue au général Championnet. Le Conseil accepte d'enthousiasme la proposition, décide qu'une souscription publique sera ouverte et s'inscrit pour 5.000 francs.

1838. — 30 AOUT. — Revue des troupes de la garnison et Te Deum chanté, le 2 septembre suivant, à l'occasion de la naissance de S. A. R. le comte de Paris, fils du duc d'Orléans.

1838. — FIN AOUT. — Le Conseil municipal met en demeure les Frères de réintégrer le local de la place Saint-Jean.

1838. — 26 SEPTEMBRE. — Arrêté du Maire qui interdit aux filles et femmes de mauvaise vie d'habiter les faubourgs et la banlieue, et de donner à boire dans les maisons qu'elles habitent.

1838. — 5 OCTOBRE. — Les travaux de démolition du clocher de la cathédrale sont terminés.

1838. — 6 OCTOBRE. — Réception des travaux de réfection en zinc de la plateforme du clocher de Saint-Jean.

1838. — 10 NOVEMBRE. — Arrêté nommant M. Dupré de Loire, docteur en médecine, médecin de la salle d'asile.

1838. — 10 DÉCEMBRE. — Création des premiers cours d'adultes à l'école de l'enseignement mutuel.

1838. — 17 DÉCEMBRE. — Séance solennelle d'ouverture des cours d'adultes ; nombreux discours. Entièrement gratuits, ces cours furent bientôt suivis par plus de 300 élèves.

1838. — 31 DÉCEMBRE — Montalivet, ministre de l'Intérieur, annonce au Maire que l'Etat offre à la ville de Valence un portrait en pied du général Championnet.

1839

1839. — Dans un rapport au Préfet, le Maire signale que l'enseignement à Valence est donné, outre le pensionnat Marchand, dans 7 écoles primaires dont 4 dirigées par des laïques.

1839. — L'Etat accorde une subvention de 16.000 francs pour les vitraux de la cathédrale, faits par Thévenot, célèbre peintre verrier, de Clermont-Ferrand.

1839. — 30 JANVIER. — Arrêté prononçant la dissolution de la compagnie des crocheteurs du port « qui est une source d'abus et de désordres ».

1839. — 30 JANVIER. — Arrêté défendant d'établir des tueries ou boucheries publiques ou particulières au-delà des murs d'enceinte de la Ville.

1839. — 21 FÉVRIER. — Le Maire demande au Ministre de la Guerre l'autorisation de faire démolir la tour qui flanque la porte des Moulins, dans le but d'améliorer le chemin du Port. Autorisation accordée le 24 avril 1839.

1839. — 25 FÉVRIER. — Dans son rapport sur la démolition du clocher de la cathédrale, l'architecte Chevillet dit qu'on a trouvé dans la partie inférieure du clocher des débris de sculpture et d'inscriptions romaines.

1839. — 1er MARS. — On commence la démolition de la tour de la porte des Moulins.

1839. — 18 MARS. — Adjudication des travaux de restauration du Pendentif. Delacroix dit à ce propos que le Pendentif était au milieu de l'ancien cimetière de Saint-Apollinaire.

1839. — 3 AVRIL. — L'architecte Chevillet présente le devis estimatif pour l'érection du monument Championnet, sur la place des Clercs.

1839. — 17 AVRIL. — Le Conseil municipal décide que l'éclairage au gaz sera substitué à l'éclairage à l'huile le plus tôt

possible. Il vote le principe d'une indemnité annuelle de 300 francs à Dourille, entrepreneur de l'éclairage à l'huile, pendant les années qui resteront à courir entre cette substitution et la fin de son bail.

1839. — 26 AVRIL. — Un arrêté défend l'admission des sous-officiers et soldats dans les cafés, cabarets et autres lieux publics, après la retraite militaire.

1839. — 11 MAI. — Le Conseil municipal approuve le bail passé le 7 mai 1839, avec MM. Rochet et Chevillet pour l'éclairage au gaz de la Ville, pendant 12 ans, au prix de 4 centimes 1/4 par bec et par heure.

1839. — 11 MAI. — Le Maire est autorisé à faire démolir la portion de la porte des Moulins qui fait saillie sur le chemin du Port.

1839. — 13 MAI. — Deux pieuses jeunes filles de la Ville fondent à Valence l' « Œuvre de la Providence », dans le but de travailler un jour par semaine à la confection de vêtements pour les pauvres.

1839. — 19 MAI. — Une ordonnance royale autorise la création de deux foires nouvelles : les 3 janvier et 3 juillet. La première de ces foires se tint le 3 janvier 1840.

1839. — 12 JUIN. — Le Conseil municipal décide la construction d'une loge de concierge à la halle de la place de la Pierre.

1839. — 8 JUILLET. — Première délibération municipale relative à la percée de la rue de la Préfecture.

1839. — 8 JUILLET — Le Conseil municipal autorise MM. Rochet et Chevillet à construire l'usine à gaz au quartier Saunière et à l'est de la route nationale. (Emplacement de la scierie Pral actuelle).

1839. — 8 JUILLET. — Arrêté désignant plusieurs rues où il est interdit aux filles et femmes publiques de loger ou de stationner.

1839. — 16 JUILLET. — Arrêté concernant la fabrication et la vente des allumettes phosphoriques dans Valence.

1839. — 1ᵉʳ AOUT. — Réception définitive des travaux de restauration du Pendentif.

1839. — 15 AU 25 AOUT. — Exposition publique des produits de l'industrie dans la Drôme, installée dans les allées du Champ-de-Mars par la Société de statistique.

1839. — 25 AOUT. — Terrible incendie de la maison Boissy, angle de Saint-Jacques et de la place Saint-Félix, dans lequel 8 personnes périrent dans les flammes.

1839. — 29 SEPTEMBRE. — Distribution des prix de l'exposition publique. Sappey qui a exposé le petit modèle du monument Championnet est nommé membre correspondant de la Société de statistique de la Drôme.

1839. — 5 OCTOBRE. — Le maire Delacroix, écrit au statuaire Sappey que pour réduire la dépense du monument Championnet, il faut renoncer aux bas-reliefs.

1839. — 7 NOVEMBRE. — Après de nombreux incendies qui avaient éclaté dans le courant de l'été, le Maire prit un arrêté enjoignant aux habitants à ne s'éclairer qu'avec une lanterne dans les parties de leur habitation contenant des matières combustibles.

1839. — 16 DÉCEMBRE. — Victor (Claude Perrin dit), général républicain, maréchal de l'Empire, duc de Bellune, ministre de Louis XVIII, écrit au Maire pour se plaindre qu'Alexandre Dumas le cite dans « Jeunesse de l'Empereur Napoléon » comme épicier et ménétrier, demeurant à Valence en 1791. Il demande de faire appel au souvenir des habitants qu'il n'a jamais exercé ces professions, malgré la lettre de Fiéron à Alexandre Dumas.

1839. — 28 DÉCEMBRE. — Le Conseil municipal approuve le projet de l'architecte Epailly pour la reconstruction de la nef de l'église Saint-Jean. La Ville parti-

cipera au tiers de la dépense évaluée à 82.000 francs.

1840

1840. — Dans les premiers mois de l'année, il passe à Valence 20 000 soldats et 12 chevaux se rendant en Algérie.

1840. — Suppression de la confrérie des Pénitents qui disposait, pour ses exercices, de l'église Saint-Etienne, adossée au sud de la cathédrale.

1840. — 5 FÉVRIER. — Vente publique de la maison et des moulins Deveaux-Paulin à Saunière : maison, place des Ormeaux, dépendant de l'ancien évêché ; moulin dit d'en bas, moulin dit d'en haut. Enchère unique 94.000 francs, adjugée à Roux frères.

1840. — 28 FÉVRIER. — Le Ministre de l'Intérieur souscrit pour le monument Championnet.

1840. — 25 MARS. — Lettre de souscription personnelle du Roi pour le monument Championnet

1840. — 3 AVRIL. — A 5 heures du soir, décès de Mgr de la Tourette, évêque de Valence, natif de Tournon.

1840. — 26 MAI. — Ordonnance royale nommant Mgr Chatrousse, évêque de Valence.

1840. — 5 JUIN. — M. Le Marchand de la Faverie est nommé préfet de la Drôme.

1840. — 20 JUIN. — Le samedi, à 8 heures du soir, Valence fut pour la première fois éclairée au gaz, à la grande admiration de la population.

1840. — 30 JUIN. — Un arrêté du Maire fixe au lendemain, 1ᵉʳ juillet, l'ouverture du nouvel abattoir aux Iles de l'Eparvière.

1840. — 12 JUILLET. — Premier arrêté du Maire concernant la visite sanitaire des filles et femmes publiques.

1840. — 25 JUILLET. — Le directeur

de l'école des Frères demande à être nommé instituteur communal. Les instituteurs congréganistes étaient alors au nombre de huit.

1840. — 1ᵉʳ AOUT. — Le portrait de Championnet, peint par Varnier, est exposé au Musée. Envoi de l'Etat.

1840. — 21 AOUT. — Arrivés de 1.500 réfugiés espagnols après la répression de la révolte de la Catalogne. 200 devaient rester à Valence.

1840. — 24 AOUT. — Réception des travaux de l'abattoir dont la dépense s'élève à 56.000 francs

1840. — 14 SEPTEMBRE. — Un concours est ouvert pour l'étude d'adduction d'eau jaillissante dans la Ville.

1840. — 17 SEPTEMBRE. — Achat des immeubles Vachette et Vernon, par les sœurs de la Nativité, au faubourg Saunière, déjà occupés par elles.

1840. — 5 OCTOBRE. — Entrée solennelle de Mgr Chatrousse, évêque de Valence, par la porte Saint-Félix. Il venait de Grenoble.

1840. — 18 OCTOBRE. — La souscription publique pour la reconstruction de la nef de l'église Saint-Jean s'élève à la somme de 20.100 francs.

1840. — 20 OCTOBRE. — La « Marseillaise » se chante comme par mot d'ordre dans toute la France. Le dimanche 11 octobre, elle fut entonnée au théâtre, « mais « la levée du rideau a interrompu ce « chœur patriotique ». Le dimanche 18, elle fut annoncée sur l'affiche du spectacle et chantée par un acteur. Il y avait salle comble ; ce fut le signal d'une manifestation bruyante et désordonnée. Il y eut des cris, des menaces pour faire découvrir certaines personnes. (Courrier de la Drôme). A la suite de ces incidents, le Maire prit, le 20 octobre, l'arrêté suivant : « La salle de spectacle de Valence restera « fermée jusqu'à nouvel ordre. »

1840. — 3 NOVEMBRE. — Une terrible

crue du Rhône qui atteint son maximum à 5 heures du soir, 6ᵐ62 au-dessus de l'étiage, menace d'emporter la pile du pont suspendu de la rive droite, pile qui n'avait été foncée qu'à 0ᵐ60 au-dessous de l'étiage. Deux cents voitures et de nombreux ouvriers sont réquisitionnés et rivalisent de zèle avec les soldats de la garnison, sous les ordres du colonel, pendant une pluie battante, pour rouler dans l'affouillement d'énormes blocs de rochers et des sacs remplis de graviers ; le pont fut ainsi protégé contre une catastrophe imminente. (Courrier de la Drôme).

1840. — 15 NOVEMBRE. — Passage de S. M. la reine d'Espagne.

1841

1841. — Parmi les onze projets du concours pour l'adduction d'eaux courantes en Ville, il y en avait un qui proposait l'installation des machines à pomper et le château d'eau à Championnet.

1841. — Adjudication des travaux de construction du mur de soutènement au nord de la place Championnet, le long de la rue du Port, avec les moellons provenant de la démolition du clocher de la cathédrale. (7.184 francs).

1841. — JANVIER. — On fait des réparations à l'ancien Séminaire pour y loger des troupes de la garnison.

1841. — 15 FÉVRIER. — Mise en place des nouveaux vitraux de la cathédrale par Thévenet, de Clermont-Ferrand.

1841. — 19 FÉVRIER. — Une crue du Rhône s'élève à 5ᵐ01 au-dessus de l'étiage.

1841. — 24 FÉVRIER. — Dans une lettre du ministre Duchatel, à M. Delacroix, maire-député, il est dit : « Le drapeau qui « a représenté le département de la Drô- « me aux funérailles de Napoléon sera « donné à la ville de Valence et placé à « l'hôtel de la Mairie. »

1841. — 7 MARS. — Jeudi dernier, trois

condamnés ont subi une heure d'exposition sur la place des Clercs.

1841. — 20 AVRIL. — Décès à Grenoble de Jules Ollivier, juge au tribunal civil, né à Valence, le 24 février 1804, rénovateur des études historiques à Valence et en Dauphiné, auteur de « Essais historiques sur la ville de Valence ».

1841. — 15 MAI. — Le Maire est autorisé à acheter les pierres provenant de la démolition du clocher de la cathédrale, pour servir à construire le mur de soutènemeent du nord de la place Championnet. Il les paye de ses deniers, le Conseil municipal n'ayant pas encore voté les fonds.

1841. — 8 JUILLET. — Le Ministre de l'Intérieur vient d'acheter pour la cathédrale Saint-Apollinaire : « Les anges au sépulcre », tableau de Jules Varnier, de Valence.

1841. — 10 JUILLET. — D'après le dernier recensement, la population de Valence se décompose ainsi :

Hommes	Garçons	2.658		
	Mariés	2.151	5.015	
	Veufs	206		
Femmes	Filles	3.264		
	Mariées	2.168	6.061	
	Veuves	629		
Garnison				1.713
Détenus				87
Elèves pensionnaires				502
		Total		13.378

1841. — 16 AOUT. — Passage du jeune colonel (19 ans), le duc d'Aumale, fils de Louis-Philippe, à la tête de son régiment, le 17ᵉ léger, revenant d'Algérie. Bal au foyer du théâtre en son honneur. Il couche à l'hôtel de la Poste et repart le lendemain.

1841. — 18 SEPTEMBRE. — Lettre de la Chambre de commerce de Lyon demandant la création d'une condition des soies à Valence.

1841. — 27 SEPTEMBRE. — Les plans

du mur au nord du Champ-de-Mars avec un escalier à l'angle ouest sont adoptés par le Conseil municipal. Les travaux ne commenceront que l'année suivante.

1841. — 29 OCTOBRE. — Le Conseil municipal vote l'établissement de fontaines jaillissantes qui seront alimentées par les eaux que M. Joseph Chabert, de Triors, doit amener de la plaine de Chabeuil, par le moyen de conduites souterraines.

1841 — 30 NOVEMBRE. — Le Conseil municipal concède à la Société d'agriculture un terrain au pied de la Citadelle pour servir de jardin des plantes.

1841. — 31 DÉCEMBRE. — La Ville concède au sieur Chabord le droit de construire, sur l'emplacement des fossés de Saint-Félix, des écuries militaires pour 500 chevaux, se réservant seulement le fumier pour redevance.

1842

1842. — 25 FÉVRIER. — Un rapport des Ponts et Chaussées signale que le tablier du pont suspendu doit être exhaussé pour faciliter la batellerie pendant les crues.

1842. — 1ᵉʳ MARS. — La Société d'agriculture de la Drôme organise un jardin botanique dans le terrain qui lui a été concédé au pied du rempart au nord de la Citadelle. Ce jardin appelé plus tard « Jardin des Plantes » a subsisté jusqu'à la création du boulevard du Cire.

1842. — 19 MARS. — Bon et Moro, opticien, quincaillier, place des Clercs, s'occupent de la photographie au daguéréotype. (Courrier de la Drôme).

1842. — 22 MARS. — Une ordonnance royale autorise l'érection à Valence d'une statue au général Championnet.

1842. — 14 AVRIL. — Il est tombé en Ville un pied de neige.

1842. — 22 AVRIL. — Traité passé entre le Maire de Valence et le fondeur en bronze, Crozatier, de Paris, qui doit couler la statue de Championnet au prix de 12.000 francs.

1842. — 16 JUILLET. — Le Tribunal civil et le Conseil municipal envoient des adresses au Roi au sujet de la mort du duc d'Orléans, survenue à la suite d'un accident de voiture, le 14 juillet.

1842. — 6 SEPTEMBRE. — Une ordonnance royale finit enfin par déclasser Valence comme place de guerre, ville et château.

1842. — 19 SEPTEMBRE. — Mort de M. Rattier, premier pasteur protestant de l'église de Valence, depuis la création de la paroisse, en 1812. Il était chevalier de la Légion d'honneur depuis 1832.

1842. — 21 SEPTEMBRE. — Adjudication du socle en pierre de Crussol de la statue de Championnet, à Ferlin fils, sculpteur à Valence.

1842. — 27 SEPTEMBRE. — Le 25, violent orage à Valence, pluie torrentielle, la foudre tombe en plusieurs endroits ; le Rhône s'élève à 5m25 au-dessus de l'étiage.

1842. — 1er OCTOBRE. — Mme Guilhermet transfère son pensionnat de la rue Farnerie dans la belle maison qu'elle vient de faire construire au Champ-de-Mars (collège de filles actuel), où la suit l'école protestante pour les filles pauvres.

1842. — 31 OCTOBRE. — Accord entre la Ville et l'Etat au sujet de la possession du petit séminaire (aujourd'hui démoli pour l'emplacement de l'annexe de l'Hôtel de Ville). La Ville en devient propriétaire moyennant 10.000 francs à verser à l'Etat.

1842. — 6 NOVEMBRE. — L'abbé Paramelle, célèbre hydroscope ou sourcier, appelé à Valence par le Conseil municipal, explore les environs de la Ville pour y découvrir des sources d'eau potable.

1842. — 18 NOVEMBRE. — Rapport de l'abbé Paramelle, dans lequel il dit qu'il a trouvé plusieurs sources très abondantes à une faible profondeur près du Séminaire, mais qu'il faudrait élever les eaux

à l'aide de pompes pour les faire couler en Ville. On ne le suivit pas dans ses propositions.

1842. — 3 DÉCEMBRE. — Les travaux du mur de soutènement de la place Championnet sont commencés, ils comprennent, en outre, la création d'une voûte pour glacière et un escalier.

1842. — 22 A 27 DÉCEMBRE. — Plusieurs bateaux en toile goudronnée et membrure rigide, chargés de charbon, ont descendu le Rhône. L'essai a parfaitement réussi.

1842. — 24 DÉCEMBRE. — Le Conseil municipal accepte le règlement pour le fonctionnement de la Condition des soies à installer dans une salle de la Mairie. Il n'en fut rien fait.

1843

1843. — Il est prévu au budget la dépense du repavage de la rue Saunière, premier emploi à Valence des pavés à section plane.

1843. — 28 JANVIER. — La Ville ayant été déclassée par ordonnance royale du 6 septembre 1842, le Conseil municipal sollicite une déclaration de propriété des anciens remparts et terrains de fortification dont la jouissance lui fut concédée par le décret du 31 août 1810 et qui lui sont contestés par le Génie militaire. Celui-ci, ayant commencé la démolition des remparts dans la partie nord, le Conseil municipal proteste comme étant un attentat à sa propriété : « Considérant, « dit-il, que les fortifications de Valence « comme celles de toutes les autres villes, « bourgs et villages du département de la « Drôme, furent élevées par les habitants « et à leurs frais pendant le règne de la « féodalité pour les garantir des attaques « des seigneurs voisins ». C'est l'origine de cette fameuse question des terrains militaires qui occupera les édiles valentinois pendant un quart de siècle.

1843. — 7 FÉVRIER. — La loi de 1833 avait créé une école supérieure dans chaque chef-lieu de département. L'ordonnance royale du 7 février 1843 consacra définitivement celle qui avait été annexée au collège et qui fut fermée après la loi de 1850.

1843. — 4 MARS. — Les travaux pour l'érection de la statue de Championnet sont commencés.

1843. — 13 MAI. — A 8 heures du soir, on aperçoit dans le ciel un globe de feu, suivi d'une traînée lumineuse rougeâtre, traversant l'espace du nord-est au sud-ouest pour se perdre à l'horizon.

1843. — 30 MAI. — L'architecte-voyer Javelas, écrit au Maire pour lui dire qu'il va faire commencer aujourd'hui la démolition des échopes César et Pirot, adossées au chevet de la cathédrale, échopes dont la construction avait été autorisée en l'an VI.

1843. — 2 JUIN. — Le Conseil municipal demande que les remparts soient maintenus pour faciliter la perception des droits d'octroi, et conservés comme propriété de la Ville.

1843. — 2 JUIN. — On constate des lézardes dans le mur en construction au nord du Champ-de-Mars. L'architecte, rendu responsable, en ordonne la démolition sur une longueur de 18 mètres.

1843. — 20 JUILLÈT. — Ordonnance royale qui nomme M. Pierre-Paulin Roman, pasteur de l'église réformée de Valence, en remplacement de M. Rattier, décédé.

1843. — 27 AOUT. — Le Conseil général décide de placer 6 élèves catholiques dans le pensionnat des Trinitaires et 2 élèves protestantes dans le pensionnat de Mme Guilhermet « pour y suivre, pendant « deux ans, les études des bonnes métho- « des pédagogiques ».

1843. — 29 SEPTEMBRE. — Naissance de Joseph-Claude Belat, fils de Louis Be-

lat, capitaine en second au 11e régiment d'artillerie, à Valence, maison Bérenger, rue Sabaterie.

1843. — 2 ET 3 NOVEMBRE. — Pluie torrentielle pendant plusieurs jours, après un vent du sud très chaud. Le Rhône grossit d'une manière effrayante et atteint 4^m95.

1843. — 27 NOVEMBRE. — Le Conseil municipal autorise l'installation d'une tannerie sur le ruisseau de l'Eparvière, sous le Champ-de-Mars.

1844

1844. — On commence les travaux de la ligne du chemin de fer de Paris à Lyon.

1844. — 16 JANVIER. — Un arrêté municipal réorganise la Société des crocheteurs du port et en fixe les tarifs. Les crocheteurs seront munis d'une médaille d'identité.

1844. — 1er FÉVRIER. — Recensement : Catholiques, 9.516. — Protestants, 750. Total 10.266.

1844. — 3 FÉVRIER. — Le Conseil municipal vote sa part des frais d'études (600 francs) pour la construction des canaux d'irrigation à dériver de la Bourne.

1844. — 8 FÉVRIER. — Le Conseil municipal décide de mettre le portrait de M. Delacroix, dans la salle des séances et d'élever, à l'ancien maire de Valence, un monument funéraire au cimetière.

M. Delacroix, maire pour la seconde fois, était mort subitement à table, le 7 juillet 1843.

1844. — 10 FÉVRIER. — Le Conseil municipal décide d'inviter l'Evêque à rétablir pour les enterrements l'ancien usage de placer la bière toujours au même endroit à la cathédrale, et non à telle ou telle chapelle selon le nombre de prêtres officiants.

1844. — 22 FÉVRIER. — Passage en bateau de la reine Marie-Christine d'Espane. Le Préfet et les Conseillers de préfecture, en costume officiel, sont allés au port, espérant que le bateau aborderait, mais il a passé sans s'arrêter.

1844. — 1er MARS. — Le pasteur Meynadier fonde : « La Sentinelle », journal des familles protestantes, qui dura jusqu'en 1852.

1844. — 8 MARS. — Bail passé par la Ville à Perrin, baigneur, d'un emplacement communal, rue des Repenties, moyennant 10 francs de rente annuelle et des bains aux indigents.

1844. — 12 AVRIL. — A l'approche d'exécutions capitales, les habitants du quartier du Cagnard adressent une réclamation au Maire qui change une troisième fois l'emplacement de la « machine à tuer ». Elle sera dorénavant dressée tout au nord de l'esplanade Saint-Félix.

1844. — 20 AVRIL. - Ordonnance royale autorisant la Ville à faire faire le portrait de M. Delacroix et à le placer dans la salle des délibérations. Prix 1.000 francs.

1844. — 22 AVRIL. — Fondation de la Société de secours mutuels « l'Abeille ».

1844. — 24 AVRIL. — Adjudication de la courbe du mur de soutènement de la place Championnet, démolition et reconstruction, établissement de latrines dans le mur sous la place elle-même, au midi de l'escalier (13.422 francs).

1844. — 9 MAI. — La Ville concède un terrain de 12 mètres carrés au cimetière à la congrégation de la Nativité.

1844. — 13 MAI. — Le Conseil municipal demande à nouveau l'autorisation d'ouvrir la rue de la Préfecture ; il en avait exprimé plusieurs fois le vœu depuis le 22 mai 1838.

1844. — 13 MAI. — A la même séance, il décide d'améliorer le passage sous la porte Pontpéri, en taillant les jambages, en encorbellement pour permettre la pose de petits trottoirs.

1844. — 22 MAI. — Le char qui trans-

portait la statue de Championnet est arrivé à Valence. Elle est remisée chez M. Messié.

1844. — 24 MAI. — La guillotine était dressée pour la double exécution de Duroulle et de Guilhermon, auteurs d'un assassinat sur le pont de Saint-Vallier. Les condamnés étaient entre les mains des aides pour procéder à leur toilette, la foule impatiente attendait leur sortie, lorsque le bourreau s'apercevant que sa machine était en trop mauvais état, vint à la prison déclarer qu'il se refusait à procéder à l'exécution. Celle-ci eut lieu trois jours après avec une guillotine envoyée de Lyon. Les condamnés mirent un quart d'heure pour aller pieds nus de la prison au lieu de l'exécution, vers la caserne Saint-Félix.

1844. — 15 ET 16 JUIN. — La Ville acquiert trois maisons pour l'ouverture de la rue de la Préfecture, au prix de 25.000 francs.

1844. — 18 JUIN. -- Dans un rapport présenté au Conseil municipal il est dit : « L'église Saint-Jean ressemble plutôt à « un hangar qu'à un monument destiné « à la célébration du culte ».

1844. — 1er OCTOBRE. -- Mlle de Valcour ouvre un pensionnat dans l'ancien local des sœurs de la Nativité, côte des Chapeliers.

1844. — 14 NOVEMBRE. — Le Conseil municipal concède à perpétuité, aux religieuses de la Trinité trois « cases » de 12 mètres carrés chacune au cimetière.

1844. — 14 NOVEMBRE. — A la même séance, il vote la dépense d'établissement de tuyaux de descente pour le temple protestant, « parce qu'il est notoire que le « consistoire n'a pas les ressources nécessaires ».

1844. — 24 DÉCEMBRE. — Pose de la plinthe sur laquelle repose la statue de Championnet. Sous cette plinthe a été scellé un coffret en plomb doublé de chêne dans lequel se trouvent les procès-verbaux de l'érection et des monnaies au millésime de l'époque.

1845

1845. — 11 JANVIER. — Le premier bal est donné sur le plancher du théâtre que Brun, l'entrepreneur, venait d'achever. Au rez-de-chaussée (salle des pas-perdus actuelle) et au foyer du 1ᵉʳ étage, était installé un café à demeure dont la location était partagée, entre la Ville et Brun, resté seul actionnaire.

1845. — 30 JANVIER. — Le Conseil municipal vote 3.000 francs pour les études d'une voie ferrée de Valence à Grenoble.

1845. — 13 FÉVRIER. — Il accepte le procès-verbal de réception du socle de la statue de Championnet.

1845. — 13 FÉVRIER. — Dans la même séance, le Conseil municipal indique comme gare ou débarcadère du chemin de fer, les terrains de l'arsenal, à la Basse-Ville.

1845. — 25 MARS. — Le Ministre des Cultes accorde à la Ville une subvention de 12.000 francs pour la reconstruction de l'église Saint-Jean.

1845. — 5 AVRIL. — Les religieuses de Sainte-Claire, acquièrent au prix de 50.000 francs, l'immeuble de leur couvent actuel qui avait d'abord été les « grandes fabriques » au XVIIᵉ siècle, puis l'hôpital général, à partir de 1683.

1845. — 26 MAI. — On pose la grille d'entourage de la statue Championnet.

1845. — 7 JUIN. — Une ordonnance royale met la dépense des trottoirs moitié à la Ville, moitié aux propriétaires riverains.

1845. — 13 AOUT. — Adjudication des travaux de reconstruction de la nef de l'église Saint-Jean. Devis de 64.000 francs.

1845. — 14 AOUT. — Un réglement de compte pour l'érection de la statue de Championnet mentionne : 1° Au statuai[re] Sappey, 12.000 francs et 5.600 francs po[ur] autres frais ; 2° au fondeur Crozatier, [à] Paris, 15.000 francs ; 3° transport de P[a]ris à Valence, 1.200 francs.

1845. — 20 AOUT. — Le Conseil géné[ral] émet le vœu que les élèves boursie[rs] de la Drôme à l'école normale de Gren[o]ble soient transférés au Collège commu[na]nal. Ils étaient à Grenoble depuis 1835[.]

1845. — 11 SEPTEMBRE. — Pendant l[es] travaux de l'église Saint-Jean, on trou[ve] le caveau contenant les restes de l'évêq[ue] de Betlhéem, Christophe d'Authier [de] Sisgaud, fondateur du Séminaire de V[a]lence (1639), premier établissement de [ce] genre.

1845. — 16 SEPTEMBRE. — Souscri[p]tion des propriétaires intéressés pour [le] rétablissement du « sentier qui descend[e] la Comète ». Il est démontré que ce sen[tier] se trouve dans un terrain commun[al], ce qui était alors contesté.

1845. — 13 OCTOBRE. — Contrat p[ar] lequel les concessionnaires du pont sus[pendu] pendu s'engagent d'en exhausser le tabli[er] de 1 mètre 80 près de la pile centrale po[ur] aboutir à zéro vers chaque culée.

1845. — 15 OCTOBRE. — Ouverture d[es] cours normaux d'institutrices, chez l[es] Trinitaires et chez Mᵐᵉ Guilhermet.

1845. — 25 NOVEMBRE. — Arrêté m[i]nistériel approuvant les plans et devis [du] projet d'exhaussement du tablier du po[nt] suspendu. Dépense 60.000 francs.

1845. — 9 DÉCEMBRE. — Une décisi[on] du Ministre de l'Intérieur approuve [le] dessin du timbre des armoiries officiel[les] de Valence : « de geules, à croix d'arge[nt] chargée en cœur d'une tour ronde d'az[ur] ouverte, ajourée et crénelée, avec de[ux] griffons naturels en support, ayant po[ur] devise en listel : *Unguibus et rostro* ».

1845. — 14 DÉCEMBRE. — Les trava[ux] de nivellement de la place Champion[net] et de ses abords sont entièrement term[inés.]

nés avec le concours des soldats de la garnison. On raccorde aussi la rue Saunière avec la place d'Orléans (place de la République). Tous ces travaux firent d'un terrain vague, déclive, raviné par les pluies, couvert de débris de toute sorte, vieilles voitures, tas de bois, de pierres, d'immondices, une belle place qui fut dénommée depuis place Championnet.

1845. — 22 DÉCEMBRE. — Passage à Valence de l'ambassadeur du Maroc, le Pacha El Hadj-Abd-el-Kader Achache. Il arrive le soir et couche à l'hôtel de la Poste.

1845. — 27 DÉCEMBRE. — A 5 heures du soir, la statue de Championnet est mystérieusement découverte par l'Autorité municipale et saluée par les acclamations de la foule des patriotes valentinois.

1846

1846. — M. Dauphin établit le premier service régulier de voitures entre Valence-Vernoux et Valence-Chabeuil.

1846. — Un arrêté municipal, organisant le service des pompes funèbres, reste sans application.

1846. — Création d'une école de sculpture par l'artiste valentinois Alléoti.

1846. — Les dames de la Providence prennent la direction de l'œuvre pour la confection de vêtements pour les pauvres.

1846. — Au budget est prévue la dépense pour l'achat des maisons à démolir dans la percée de la rue de la Préfecture.

1846. — Le recensement de la population de Valence donne un total de 13.901 habitants.

1846. — Le 11ᵉ régiment d'artillerie fait éclater dans la montagne de Crussol une énorme mine pour avoir les pierres destinées à la construction du clocher de la cathédrale.

1846. — 2 FÉVRIER. — Arrêté muni-

cipal concernant les bals donnés sur le plancher du théâtre.

1846. — 3 FÉVRIER. — Le Conseil municipal décide de commencer la construction des trottoirs de la Ville par ceux de la rue Saint-Félix.

1846. — 3 FÉVRIER. — A la même séance, il est signalé que les soldats continuent à prêter leur concours pour mettre en état les places Championnet et d'Orléans. Il est aussi décidé de prolonger le mur de soutènement de la place Championnet pour aller rejoindre celui du Champ-de-Mars.

1846. — 3 FÉVRIER. — Le Conseil municipal autorise de clore par claire-voie le « sentier des Mulets » entre la route de Romans et celle de Chabeuil.

1846. — 3 FÉVRIER. Il décide encore de poser une grille sur le tour de l'abside de la cathédrale, à cause des immondices qu'on y dépose, le sol appartenant à la Ville.

1846. — 30 MARS. — Etablissement d'une grille en fer autour du puits de la place des Clercs.

1846. — 17 AVRIL. — Proclamation du Préfet aux habitants de la Drôme au sujet de l'attentat sur la personne du Roi, le 16 avril.

1846. — 19 AVRIL. — Le « Courrier de la Drôme » donne les détails suivants sur le monument funéraire qui vient d'être élevé à M. Delacroix, au fond de la grande allée du cimetière : « Œuvre du statuaire « Sappey, de Grenoble, ce monument, « haut de près de 5 mètres sur 3 mètres « de large, repose sur un bloc de Crussol, « taillé et poli. La partie sculpturale trai- « tée par l'artiste appartient à la belle « pierre de Sassenage. La statue de la « ville de Valence, drapée à l'antique et « admirablement modelée dans tous ses « détails, pose le pied sur le bord d'une « tombe à l'angle de laquelle elle suspend « une couronne de chêne, emblème civi-

« que. La robe nouée à l'épaule, laisse le
« bras gauche nu et pendant, tenant à la
« main une branche de cyprès, etc. »

1846. — 20 AVRIL. — La loge maçonnique de Saint-Jean est fondée sous le
titre distinctif : « L'Humanité de la Drôme », le 13e jour du 2e mois de L∴ V∴
5846 et régulièrement constituée le 20e
jour du 2e mois de la L∴ V∴ 5846 (20
avril 1846).

1846. — 27 AVRIL. — Une dépêche télégraphique apprend aux Valentinois que
le prince Louis Bonaparte s'est évadé, le
25, du fort de Ham, déguisé en ouvrier.
Des recherches sont prescrites pour découvrir sa retraite.

1846. — 10 JUIN. — Concession pour
45 ans de la ligne de chemin de fer Lyon-
Avignon à la Compagnie Talabot.

1846. — 26 JUIN. — Adjudication des
travaux de construction de la porte du
cimetière et du mur bordant la route de
Romans.

1846. — 23 JUILLET. — Le Conseil municipal décide d'appeler rue de La Faverie, la rue de la Préfecture en construction, du nom du préfet, Le Marchand de
La Faverie, en raison de l'intérêt qu'il a
toujours porté aux affaires de la Ville.

1846. — 13 AOUT. — Essai du tablier
du pont suspendu nouvellement exhaussé,
par le passage de plusieurs voitures pe-
samment chargées. Interrompue pendant
2 mois, la circulation y a été reprise le
lendemain.

1846. — 3 SEPTEMBRE. — Le premier
service régulier de diligence est établi
entre Valence et Montmeyran.

1846. — 20 SEPTEMBRE. — L'abondance
des pluies provoque l'écroulement des
remparts entre la citadelle et le Bourg,
sur une longueur de 60 mètres ; 400 autres
mètres menacent également de s'écrouler.

1846. — 15 OCTOBRE. — Revenant sur
son indication du 13 février 1845, concer-

nant le débarcadère du chemin de fer, le
Conseil municipal choisit un emplacement
vis-à-vis la tour du Cagnard, à l'est de la
route royale, emplacement de la gare
actuelle, et demande la création de deux
rues : rue de la Gare et rue Chevandier.

1846. — 17 ET 18 OCTOBRE. — Dans la
nuit, orage épouvantable, éclairs, tonnerres, pluie torrentielle qui fait déborder
l'eau dans les rez-de-chaussée. La maison
des Colonnes, rue Emile-Augier, en construction, s'écroule intérieurement avec les
planchers.

1846. — 24 OCTOBRE. — Adjudication
des travaux de construction du clocher de
la cathédrale, d'après les plans de l'architecte de la Ville, Epailly, sur un devis de
368.000 francs.

1846. — 29 OCTOBRE. — Les colonnes
et les arcades du chœur de la cathédrale
sont dégagées du massif de maçonnerie
qui les obstruait depuis 1731.

1846. — NOVEMBRE. — Les remparts
écroulés entre la citadelle et le Bourg sont
relevés aux frais de la Ville, malgré les
protestations des habitants.

1846. — 16 NOVEMBRE. — Le bey de
Tunis et le général Lamoricière se trouvent de passage à Valence et logent à
l'hôtel de la Poste où ils ont un entretien.
En partant pour Paris, le bey laisse 1.000
francs à distribuer aux pauvres de la Ville.
A son retour, le 21 décembre, il renouvelle le même geste.

1846. — 28 NOVEMBRE. — Un membre
du Conseil municipal propose d'arrêter
qu'il sera rendu compte par un journal de
la localité des séances du Conseil. Le
Maire répond qu'étant réuni extraordinairement, en vertu d'une autorisation de
M. le Préfet, on ne peut délibérer sur
cette proposition.

1846. — 28 NOVEMBRE. — A la même
séance, on vote l'établissement de cours
d'adultes dirigés par l'instituteur de l'école
d'enseignement mutuel et par les frères
de la Doctrine chrétienne ; ils seront ou-

verts lorsque les ressources du budget le permettront.

1846. — 28 NOVEMBRE. — Le maire Ferlay, propose au Conseil de faire apposer une plaque de marbre sur la maison que Bonaparte a habitée pendant les deux séjours qu'il a fait à Valence.

1846. — 5 DÉCEMBRE. — Un arrêté du Maire défend aux filles et femmes publiques d'habiter la rue Roderie.

1847

1847. — 11 JANVIER. — Bancel, avocat, élu conseiller municipal, le 18 août 1846, prête le serment suivant devant le Maire, comme d'ailleurs tous les Conseillers municipaux : « Je jure fidélité au Roi des Français, obéissance à la Charte constitutionnelle et aux lois du Royaume. » Le Maire et les Adjoints prêtaient le même serment devant le Préfet lors de leur installation.

1847. — 19 JANVIER. — L'ingénieur de la navigation propose de fermer le passage du Rhône au nord de l'île des Lapins

1847. — 4 FÉVRIER. — Le premier marché aux bestiaux du jeudi, créé par délibération du 11 janvier précédent, est tenu sur le Cagnard.

1847. — 10 FÉVRIER. — Commencement des travaux de construction de la tour du clocher de la cathédrale, adjugés aux entrepreneurs Faure et Bossut. Les fondements de la puissante tour nécessitèrent plus de 1.000 mètres cubes de béton pour combler l'énorme excavation de 10 mètres de profondeur.

1847. — 20 FÉVRIER. — Le Conseil municipal refuse d'accorder au Consistoire la salle qui est attenante au temple protestant, attendu qu'elle a toujours fait partie de la cure de la paroisse Saint-Apollinaire.

1847. — 20 FÉVRIER. — Après avoir

rejeté la publicité de ses séances, le Conseil municipal décide qu'un compte rendu officiel sera publié dans le journal « Le Courrier de la Drôme ».

1847. — 7, 8 ET 9 MARS. — Elections législatives :

1er tour. — 7 mars.

Votants : 511. — Majorité : 256.

Monicault	219
Siéyès	173
Lacheysserie	117

2e tour. — 8 mars.

Votants : 531. — Majorité : 266.

De Monicault	264
Siéyès	264
Voix perdues	3

3e tour. — 9 mars.

Votants : 547.

Siéyès	287
De Monicault	259
Blanc	1

Cette élection fut marquée à Valence par des incidents tumultueux. On injuria et menaça M. de Monicault et le Préfet. Le Maire eut beaucoup de peine pour maintenir l'ordre. Les rapports parlent d'une multitude déguenillée, en blouse, lie de la population à laquelle on avait payé à boire et qui manifestait pour Léo de Siéyès. Les gardes nationaux s'étaient joints aux manifestants et chantaient « La Marseillaise ».

1847. — 19 MARS. — Il est proposé au Conseil municipal d'agrandir la Bibliothèque et d'aménager un local pour l'exposition des tableaux des collections.

1847. — 23 AVRIL. — Le célèbre agitateur irlandais, O'Connel, arrive par le Rhône et séjourne à l'hôtel de la Poste ; il repart en bateau.

1847. — 24 AVRIL. — Une proposition est faite au Maire pour établir à Valence une ferme-école.

1847. — 5 MAI. — Par trois brefs datés du 5 mai, le Pape, Pie IX, érige la cathédrale en basilique mineure, avec le droit du conopé, accordé aux chanoines titulaires de cette église une décoration en forme de croix grecque portant d'un côté la figure de Pie VI et de l'autre les armes de Pie IX. — Les évêques de Valence seront à perpétuité comtes romains et assistants du trône pontifical.

1847. — 27 MAI. — La création de la rue de la Manutention est décidée. Une ouverture sera faite aux remparts, place Pontpéri.

1847. — 27 JUILLET. — Le Conseil municipal autorise l'érection en commune de la paroisse de Saint-Marcel-lès-Valence, à la condition qu'elle fera partie du canton de Valence.

1847. — 10 AOUT. — Exécution de Perminjat, de Vaunaveys, à 7 heures 5 du matin. Il avait été condamné à mort pour avoir assassiné sa sœur et empoisonné sa mère et ses deux petites filles. L'exécution eut lieu place Saint-Félix. Permingeat avait été défendu par Jules Favre.

1847. — 12 AOUT A OCTOBRE. — La tour carrée de Saint-Félix est démolie par ordre de l'autorité municipale. Elle donna 230 mètres cubes de déblais.

1847. — 31 AOUT. — Le Conseil général émet le vœu que la rue du Port soit classée comme route royale.

1847. — 20 SEPTEMBRE. — Le célèbre sculpteur David, d'Angers, passant à Valence, dit que la statue de Championnet était une œuvre remarquable sous tous les rapports et que la ville de Valence devait être fière de ce monument.

1847. — 6 NOVEMBRE. — S. A. R. la duchesse d'Aumale, se rendant en Afrique, arrive par le Rhône, couche à Valence et repart le lendemain par la même voie.

1847. — 14 NOVEMBRE. — Un grand banquet réformiste de 400 couverts a lieu au théâtre, sous la présidence du député Léo de Siéyès, au milieu d'un grand enthousiasme.

1847. — 30 NOVEMBRE. — Entre 6 et 7 heures du matin, on a ressenti pendant quelques secondes une assez forte secousse de tremblement de terre.

Les personnes qui étaient encore couchées ont été réveillées par un mouvement violent de leur lit.

1847. — 14 DÉCEMBRE. — Inauguration du buste de Biossy-Duplan, président du Tribunal, dans la salle des Pas-Perdus du Palais de Justice ; œuvre de Sappey « qui a su rendre avec habileté les chairs « de la figure et les détails du vêtement, « mais la ressemblance laisse beaucoup à « désirer ». (« Courrier de la Drôme. »)

1848

1848. — Le Conseil municipal demande au Conseil général de lui concéder les bâments au nord de l'Hospice que les dames du Refuge viennent de quitter. Ce qui fut accordé en 1850.

1848. — 9 JANVIER. — Inauguration de la ligne du chemin de fer Marseille-Avignon.

1848. — 2 FÉVRIER. — Un arrêté de police interdit aux spectateurs de porter des chauffe-pieds dans la salle du théâtre, celle-ci étant suffisamment chauffée.

1848. — 23 FÉVRIER. — La note à payer du colback du tambour-major de la garde nationale s'élève à 120 francs.

1848. — 23 FÉVRIER. — Aucune dépêche télégraphique n'arrive de Paris. On croit que c'est dû aux perturbations atmosphériques.

1848. — 25 FÉVRIER. — A trois heures du soir, le préfet, Lemarchand de la Faverie, communique la dépêche suivante : « Paris, le 24 février, à 1 heure 1/2 du « soir : Le roi a abdiqué. S. A. R. Ma« dame la duchesse d'Orléans est nom« mée régente. »

Le Préfet adresse en même temps la proclamation suivante :

« Habitants de la Drôme.

« En présence de ce grand événement, « montrez, habitants de la Drôme, par « votre attitude calme, que vous ne sépa- « rez pas la liberté du bon ordre... Ne « perdons jamais de vue que le respect « des personnes et des propriétés est la « sauvegarde de la société et la base de « tout gouvernement. »

1848. — 26 FÉVRIER. — « Les événe- ments mémorables qui viennent de s'ac- complir dans la capitale ont produit dans notre ville une sensation qu'il est difficile de décrire. Aujourd'hui, les rues, les éta- blissements publics, les cafés sont remplis d'une foule de citoyens impatients d'ap- prendre les détails des faits accomplis. La tranquillité publique n'a pas été un instant menacée... La garde nationale a été appelée à faire le service concurrem- ment avec l'artillerie et, depuis hier, elle occupe plusieurs postes ». (Courrier de la Drôme).

1848 — 27 FÉVRIER. — Le Préfet écrit au Maire : «...Je suis reconnaissant de l'at- « titude qu'a su garder la population à « Valence. Nous n'attendions pas moins « de ses sentiments patriotiques. Il nous « sera donné d'accomplir sans avoir à ré- « primer le moindre désordre, la mission « que nous nous sommes imposée. J'au- « rai fait preuve une fois de plus dans ma « vie que le devoir de tout fonctionnaire « est d'être à son poste dans les circons- « tances difficiles. »

Le maire Ferlay, adresse aux habitants la proclamation suivante : « Le Maire « de Valence, fidèle à sa mission, se doit « à ses concitoyens; depuis qu'il a l'hon- « neur d'être à la tête de l'Administration « municipale, il a, dans toutes les circons- « tances, défendu leurs droits et leurs « intérêts; il ne manquera jamais à l'ac- « complissement de ce devoir. Il a appelé « la publicité sur tous ses actes... Il ne « s'écartera pas de cette ligne de con- « duite. Il déclare sur l'honneur qu'il n'a « reçu aucune communication ni officielle, « ni officieuse depuis la dépêche du 25

« publiée par M. le Préfet ». Il prend l'engagement de publier *immédiatement* toutes celles qui lui seront transmises. Il est depuis trois jours en permanence à l'Hôtel de Ville, entouré des membres du Conseil municipal. Il adresse à ses conci- toyens une nouvelle proclamation dans laquelle on lit :

« Habitants de Valence, nous voulons « tous l'ordre public, la liberté, le respect « aux personnes et aux propriétés. Le « Gouvernement qui vient d'être inauguré « veut aussi que l'ordre règne partout. « Soyons donc calmes et unis, confon- « dons tous nos sentiments dans l'amour « de notre belle patrie ».

1848. — 27 FÉVRIER. — Rapport du Comité républicain de Valence au Minis- tre de l'Intérieur : « Les républicains « de Valence ont formé hier un Comité « d'exécution provisoire formé de 18 mem- « bres. . Dans la journée d'hier le manque « absolu de nouvelles officielles commen- « çait à exciter l'inquiétude et à faire « naître la pensée que le Préfet tenait en « réserve des dépêches qu'il avait dû re- « cevoir. Pour éviter tout conflit avec la « population surexcitée, le Comité a ob- « tenu du Préfet d'admettre en perma- « nence deux de ses membres, chargés de « constater l'arrivée de toute dépêche et « d'en recevoir immédiatement commu- « nication. Le soir, la foule qui s'était « portée dans la cour de la Préfecture se « retira satisfaite, en chantant « La Mar- « seillaise », après avoir reçu l'assurance « que toutes les dépêches seraient com- « muniquées au public ».

Le Comité adressait les paroles suivan- tes aux habitants : « A nos concitoyens. « De même que nous nous sommes mon- « trés partisans de la lutte et de l'agita- « tion, tant qu'il s'est agi d'ébranler une « royauté infâme, de même nous croyons « devoir recommander à tous les vrais « républicains le calme et l'ordre qui « conviennent à la force, aujourd'hui que « nous avons conquis un gouvernement « selon nos vœux ».

1848. — 28 FÉVRIER. — M. Boveron-Desplaces, avocat, président du Comité républicain, reçoit une lettre de M. Bonjean, avocat à la Cour de cassation : « Paris, le 26 février 1848. Mon cher ami. « Nous sommes ici ivres de joie et de » bonheur. La République est procla- « mée..... La devise du peuple est celle- « ci : « *Le peuple punit de mort* les vo- « leurs »..... Les seuls ennemis sont à « l'intérieur... la peur et l'égoïsme... « Combattons ces monstres par la parole « et par l'exemple..... »

1848. — 29 FÉVRIER. — Il est ouvert une souscription publique pour les blessés, les veuves et les enfants des victimes de février, appartenant à tous les partis.

Une deuxième souscription est également ouverte pour la création de chantiers de secours aux ouvriers.

1848. — 1ᵉʳ MARS. — Henri Fiéron, avocat, commandant de la garde nationale, écrit au Ministre de l'Intérieur lui proposant, pour venir en aide à l'industrie lyonnaise, d'ordonner « que les conseillers « municipaux des quarante-quatre mille « communes de la France seront pourvus « d'une ceinture en soie tricolore ».

1848. — 2 MARS. — Le maire Ferlay envoie sa démission au Préfet et l'annonce aux habitants de Valence par proclamation qu'il termine ainsi : « ..... Valenti- « nois ! recevez les félicitations de votre « ancien Maire, sur la conduite pleine de « dignité, de convenance et d'enthou- « siasme que vous avez tenue pendant ces « derniers jours. Jamais les personnes et « les propriétés ne furent plus respec- « tées ».

En même temps, M. Curnier, 1ᵉʳ adjoint, prend les rênes de l'administration : « Concitoyens ! dit-il, la nation vient « enfin de conquérir et pour toujours sa « souveraineté. Une ère nouvelle s'ouvre « pour la France..... »

1848. — 2 MARS. — M. Curnier prend immédiatement l'arrêté suivant : « La place « d'Orléans de cette ville, portera désor-

mais le nom de « place de la Républi- « que ».

1848. — 2 MARS — Les officiers, commandant le génie de la place, adressent une déclaration au Préfet et au Maire pour leur proposer de démolir les remparts entre les portes Neuve et Saint-Félix afin de donner du travail aux malheureux qui seront payés sur les fonds de secours.

1848. — 2 MARS. — L'Inspecteur de l'Instruction primaire de la Drôme, invite les instituteurs à donner immédiatement deux jours de congé aux élèves de leur école.

1848. — 3 MARS. — Le Ministre de l'Intérieur mande au Directeur du télégraphe à Valence :

« Il va être nommé probablement au- « jourd'hui un commissaire du Gouverne- « ment provisoire pour le département de « la Drôme.

« Les séries du drapeau sont : *Bleu* « près du bâton, *Rouge* au milieu, *Blanc* « flottant. »

1848. — 4 MARS. — Le Comité républicain de Valence fixe au dimanche, 12 mars, la fête pour « inaugurer, par une « éclatante solennité, la grande Ere de « février ».

1848. — 5 MARS. — Dimanche, on a fait partir de Valence pour Annonay 150 canonniers qui doivent escorter, jusqu'à Tournon, une cinquantaine d'individus arrêtés à la suite des troubles.

1848. — 6 MARS. — Le Ministre de l'Intérieur à M. le Président du Comité : « Le citoyen Hubert Fournery, est nommé « commissaire du Gouvernement pour le « département de la Drôme ».

1848. — 9 MARS. — M. Hubert Fournery est arrivé à Valence, à 2 heures 1/2, par la malle-poste. Il a été reçu, en descendant de voiture, par M. Curnier, 1ᵉʳ adjoint, et par les membres du Comité républicain, qui l'ont installé dans ses fonctions.

1848. — 10 MARS. — Le Conseil municipal se rend en corps auprès de M. Fournery. M. Curnier, 1ᵉʳ adjoint, lui adresse l'allocution suivante : « ... Citoyen com-« missaire, notre ville accueille avec en-« thousiasme la proclamation de la Ré-« publique ; elle veut l'ordre dans la li-« berté... Nous vous aiderons à faire con-« naître et aimer le glorieux régime dans « lequel, enfin, nous allons vivre pour « toujours... Il n'y a plus qu'un parti en « France, c'est celui de la République ».

Le Commissaire du Gouvernement a terminé sa réponse improvisée par ces mots : « Désormais, pour tout le monde, « il ne peut plus y avoir qu'un cri de ral-« liement, c'est celui de : Vive la Répu-« blique ! »

M. Curnier a ensuite présenté les fonctionnaires municipaux.

1848. — 10 MARS. — En quittant Valence, le préfet Lemarchand de La Faverie, dans la Drôme depuis 8 ans, fait ses adieux aux habitants du département et énumère l'œuvre qu'il a accomplie.

1848. — 10 MARS. — Arrêté du Commissaire du Gouvernement : « Le citoyen « Curnier (Marie-Pierre-Laurent-Jean-« Charles), adjoint au maire de Valence, « est nommé maire de ladite ville, en rem-« placement du citoyen Ferlay, démis-« sionnaire ».

1848. — 10 MARS. — Aux termes de sa constitution, le Comité républicain s'est démis de ses pouvoirs dès l'arrivée du Commissaire du Gouvernement.

1848. — 12 MARS. — La Ville célèbre avec enthousiasme la fête de la proclamation de la République : « Une population « immense, accourue de tous les points « du département, s'est trouvée réunie « autour du Commissaire du Gouverne-« ment pour écouter ses paroles et y ré-« pondre par les cris nombreux de : « Vive la République ! » (Courrier de la Drôme). Dans l'allocution que le citoyen Commissaire a prononcée devant la statue de Championnet, il a dit : « ..... Habitants

« de la Drôme ! le Gouvernement déchu « s'est suicidé lui-même en mettant aux « enchères la conscience de tous les ci-« toyens, en achetant les hommes, en « vendant les places, en prenant enfin « pour base unique de son existence, la « corruption, la corruption en tout et par-« tout.,. Il se croyait éternel, et il a suffi « de quelques centaines d'hommes de « cœur pour le mettre en poussière !..... « Citoyens de la Drôme, saluons le soleil » de la Liberté qui s'est levé sur la « France !..... ».

1848. — 14 MARS. — Les lettres de nomination de Curnier et Boveron-Desplaces comme commissaires du Gouvernement arrivent à Valence ; elles sont individuelles et ainsi conçues : « Paris, 10 mars « 1848. Au nom du Peuple, le Gouver-« nement provisoire révoque le Préfet « actuel du département de la Drôme et « nomme le citoyen Boveron-Desplaces, « commissaire du Gouvernement dans ce « département. » (Même lettre pour Curnier, l'investissant des pouvoirs du Préfet).

« Toutes les autorités civiles et mili-« taires sont placées sous ses ordres. Les « citoyens Curnier, Boveron-Desplaces et « Hubert Fournery prendront leurs dé-« cisions de concert, leurs pouvoirs étant « égaux.

« *Le Ministre de l'Intérieur,*

« LEDRU-ROLLIN ».

1848. — 14 MARS. — A 3 heures, réunion mouvementée au foyer du théâtre pour la constitution d'un club républicain. Des divisions profondes s'annoncent dans le parti républicain.

1848. — 15 MARS. — Circulaire de l'inspecteur primaire Ternant aux instituteurs de la Drôme au sujet des élections :

« Citoyen instituteur
« et cher coopérateur,

« ..... Ne négligeons rien pour faire « comprendre aux électeurs qu'ils ne doi-« vent nommer pour députés que ceux « par qui ils croient devoir être véritable-

« ment représentés. L'opulence et les
« manières du grand monde ne peuvent
« plus avoir d'ascendant sur l'esprit des
« cultivateurs, des travailleurs. Les ci-
« toyens de la condition la plus simple
« sont souvent plus propres aux éminen-
« tes fonctions de la représentation natio-
« nale que les hommes d'une condition
« plus heureuse..... Le meilleur repré-
« sentant sera celui qui, avec des senti-
« ments invariablement attachés à la
« cause républicaine, aura le même esprit,
« la même opinion que la masse..... Salut
« et fraternité ».

1848. — 16 MARS. — Le comité central
républicain pour les élections du département s'est constitué. Il se compose de
7 membres.

1848. — 17 MARS. — Service funèbre
célébré à la cathédrale pour les combat-
tants morts pour la République dans les
journées des 22, 23 et 24 février.

1848. — 17 MARS. — Les Commissaires
du Gouvernement déclarent adhérer complètement à la mesure prise par le Commissaire de Nîmes qui, « convaincu que
« l'amélioration des mœurs doit marcher
« avec celle des institutions ;

« Convaincu surtout qu'un peuple de
« solliciteurs ne saurait être un peuple
« vraiment républicain ; informe ses con-
« citoyens qu'il ne sera donné aucune
« suite aux demandes d'emplois ».

1848. — 19 MARS. — Le dimanche, 19
mars, les membres du club républicain
électoral de la Drôme se sont réunis au
nombre de 750 et ont décidé que les candidats constituants prendront l'engagement par écrit de repousser toute place ou
faveur et de ne rien solliciter pour les
leurs.

1848. — 21 MARS. — A partir de cette
date, les actes de l'état civil portent la
qualification de citoyen et citoyenne, jusqu'au 23 mai 1849 où on reprend les anciennes appellations.

1848. — 21 MARS. — On fait part au

Conseil municipal de l'offre faite par M.
Fichet, professeur communal de sculpture,
d'ériger à ses frais une statue de « la Liberté brisant ses fers », laissant le piédestal à la charge de la Ville. L'offre est acceptée.

1848. — 22 MARS. — Le citoyen Commissaire du Gouvernement, près le tribunal et le juge d'instruction, précédés par
un détachement de 40 artilleurs, partent
pour Moras où quelques désordres ont
eu lieu : château dévalisé, arrestation de
8 des perturbateurs.

1848. — 22 MARS ET JOURS SUIVANTS. —
Le « Courrier de la Drôme » publie les
professions de foi des candidats à l'Assemblée nationale. Voici les noms les plus
marquants : Hubert Fournery, candidat
dans l'Ardèche ; Louis Bonjean, avocat à
la Cour de cassation ; Aristide Dumont,
ingénieur ; Gabriel Mortillet, ingénieur ;
Théodore Morin, de Dieulefit ; Joseph
Latune, de Crest ; Napoléon Chancel,
Alexis Muston, pasteur, etc., etc.

1848. — 22 MARS. — La Chambre consultative des arts et manufactures de Valence, réunie extraordinairement à l'Hôtel
de Ville, prie le Gouvernement d'ordonner
la création immédiate d'un comptoir d'escompte à Valence et de le doter d'un capital de 1.500.000 francs divisé par tiers
entre l'Etat, la Ville et les particuliers
souscripteurs

1848. — 25 MARS. — Le club électoral
de la Drôme se réunit pour choisir sur 21
candidats 3 d'entre eux dont les noms seront seuls soumis au vote des électeurs de
la Drôme ; ce sont : MM. Léo Siéyès,
ex-député ; Bancel fils, avocat, et Degros,
officier du génie.

1848. — 26 MARS. — Le Maire prévient
ses concitoyens que la liste des électeurs
est arrêtée et que les citoyens doivent
dans les cinq jours retirer leur carte d'élec-
teur à la mairie.

1848. — 28 MARS. — Le Gouvernement
ayant autorisé la création d'un comptoir

d'escompte à Valence, la Chambre consultative des arts et manufactures s'occupe de son organisation.

1848. — 2 AVRIL. — Les officiers de pompiers, d'infanterie, d'artillerie et de la garde nationale de Valence, font une visite au général Foy, commandant le département de la Drôme.

1848. — 3 AVRIL. — Curnier avait posé sa candidature à l'Assemblée nationale ; ses adversaires firent courir le bruit que les commissaires du Gouvernement touchaient 40 francs par jour. Cette allégation, tombant dans un public énervé par la misère, provoque un soulèvement parmi les ouvriers de la Ville. Le lundi soir, 3 avril, ils se rendent en masse à la Préfecture pour demander la démission des deux commissaires adjoints, Curnier et Boveron. M. Fournery tâche vainement de les calmer. La populace ameutée enfonce les portes de l'Hôtel de la Préfecture, pénètre dans les appartements pour rechercher les deux commissaires, piétine et bouscule les meubles. A 11 heures du soir, la foule ne se retire que sur l'assurance que Curnier et Boveron ont donné leur démission, avant de quitter l'Hôtel, et qu'elle sera affichée en Ville, le lendemain.

La multitude cherche alors le citoyen Ferlay, ancien maire, pour le réinstaller à la Mairie à la place de Curnier. Léo de Siéyès, député, et Ferlay haranguent les manifestants et les prient de rentrer dans l'ordre, qu'il sera fait droit à leurs griefs. A minuit, il ne restait plus dans les rues qu'une centaine d'individus qui se portèrent aux remparts pour en commencer la démolition.

Curnier et Boveron qui, au début de la manifestation, avaient furtivement quitté la Préfecture, firent afficher le lendemain leur démission de commissaires. Dans une lettre à un ami, Boveron qualifia cet acte de « réactionnaire ».

1848. — 4 AVRIL — Dans une réunion extraordinaire, le Conseil municipal confie la direction de la Mairie à M. Ferlay. Il prend une délibération demandant au

Commissaire du Gouvernement d'autoriser la démolition des parties des remparts auxquelles ne sont pas adossées les prisons, les écuries militaires et les propriétés particulières. Les citoyens sont invités au respect de ces propriétés.

Le commissaire Fournery autorise ces démolitions.

1848. — 4 AVRIL. — Par crainte de nouveaux troubles, l'autorité réunit dans la cour de la Préfecture 200 gardes nationaux et 180 artilleurs. Les groupes de perturbateurs qui se sont présentés en poussant des cris, se sont ensuite retirés devant ce déploiement de forces.

Mais le bruit court en Ville que ces groupes veulent démolir les remparts auxquels sont adossées les prisons, les écuries et la poudrière Aussitôt on bat la générale dans les rues de la Ville ; la garde nationale, presque en entier, se trouve bientôt sous les armes sur les points menacés, mais il n'y a aucune démonstration.

1848. — 5 AVRIL. — Le Commissaire général, pour les départements de l'Isère, de la Drôme et des Hautes-Alpes, arrivé hier à Valence, prend l'arrêté suivant :

Article 1er. La démission des citoyens Boveron-Desplaces et Curnier est acceptée.

Article 2. La démission du citoyen Fournery est refusée : nous le nommons seul Commissaire du Gouvernement pour la Drôme.

1848. — 5 AVRIL. — Un arrêté de Fournery, contresigné de Froussart, commissaire général, nomme Ferlay, maire en remplacement de Curnier, démissionnaire.

1848. — 10 AVRIL. — Le « Courrier de la Drôme » écrit : « Valence vient d'avoir « ses trois journées et sa révolution pour « renverser l'oppression caduque de ses « vieux remparts. Elle a voulu respirer « aussi plus à son aise, en rasant la hi- « deuse enceinte de pierres vermoulues « qui l'étreignait de toutes parts. »

1848. — 12 AVRIL. — Napoléon Chancel arrive à Valence, porteur d'une commission de Commissaire du Gouvernement dans la Drôme pour lui et pour M. Del'horme, conseiller de préfecture, comme adjoints à M. Fournery. M. Del'horme donne immédiatement sa démission.

1848. — 13 ET 14 AVRIL. — Une partie de la population outrée, de la nomination de Chancel (1) comme Commissaire, se rend à la Préfecture pour réclamer sa démission. Il refuse malgré les instances de Fournery et du Maire et va trouver les ouvriers travaillant aux remparts pour se faire soutenir dans sa résistance. Les ouvriers, dont plusieurs, dit le « Courrier », étaient des prisonniers libérés et dangereux, le lui promettent, mais ne le suivent pas. Poursuivi par le peuple, Chancel se réfugie au jardin Paulin, au Bourg, où il est arrêté et porté en prison sur une civière pour être dirigé ensuite sur Grenoble.

1848. — 15 AVRIL. — Dépêche du commissaire général Froussard au Ministre de l'Intérieur : « Hier soir, le citoyen « Chancel, commissaire du Gouverne- « ment à Valence, que j'avais révoqué à « cause de ses antécédents fâcheux comme « homme privé, a excité une émeute en « se servant des hommes qui avaient fait « l'émeute contre-révolutionnaire du 3 « avril dernier. Le citoyen Chancel et « quelques perturbateurs ont été arrêtés « et tout est rentré dans l'ordre. Cette « échauffourée est l'œuvre d'un fou ».

1848. — 17 AVRIL — Un arrêté du Ministre de l'Intérieur révoque Chancel de ses fonctions de commissaire adjoint.

1848. — 18 AVRIL. — Dans le but d'assurer l'ordre à Valence (Chancet y était encore), le commissaire Fournery prend un arrêté nommant 12 membres adjoints au Conseil municipal.

(1) Napoléon Chancel avait été plusieurs fois emprisonné pour sa participation à des émeutes sous les gouvernements précédents.

1848. — 19 AVRIL. — Le Maire et le Conseil municipal donnent leur démission si l'arrêté n'est pas rapporté. A 11 h. 3/4 du soir, une lettre de M. Fournery fait connaître qu'il accepte cette démission.

1848. — 20 AVRIL. — Les douze membres adjoints ayant à leur tour donné leur démission, le Préfet revient sur son arrêté et le Conseil municipal et le Maire consentent également à retirer leur démission et continuent l'expédition des affaires en attendant les élections municipales de Valence, fixées au 30 avril prochain.

1848. — 20 AVRIL. — Arrêté du Commissaire du Gouvernement :

Article 1er. — Le Conseil municipal de la commune de Valence est dissous.

Article 2. — L'élection des nouveaux conseillers est fixée au 30 avril prochain.

1848. — 24 AVRIL. — Arrêté municipal réglementant la profession de portefaix et fixant le tarif de leur travail.

1848. — 25 AVRIL. — L'arrêté de ce jour porte le nombre des conseillers municipaux à 36.

1848. — 26 AVRIL. — Lettre du frère de Napoléon Chancel au « Courrier de la Drôme », annonçant que son frère a été remis en liberté, dès son arrivée à Paris, par ordre de Crémieux, ministre de la Justice.

1848. — 27 AVRIL. — Le dépouillement général des votes pour l'élection de l'Assemblée nationale a eu lieu ce jour et a donné les résultats suivants. Elus : Bonjean, 60.836 ; Mathieu, Sauteyra, Bajard, Rey, Curnier, Théod. Morin, Belin, 25.114. Ils étaient 36 candidats.

1848. — 1er MAI. — Le Conseil municipal, élu le 30 avril, se réunit en séance pour choisir le Maire. De son autorité, le Commissaire du Gouvernement demande une liste de trois noms dans laquelle il désignerait le Maire. Les élus demandent la nomination de M. Ferlay et se rendent à la Préfecture pour exprimer leur désir au Commissaire, qui prend à l'instant même l'arrêté par lequel M. Ferlay est nommé maire.

1848. — 6 MAI. — Décret amnistiant « tous les individus compris dans les poursuites commencées à raison des troubles qui ont eu lieü à Valence les 3, 4 et 14 avril dernier ».

1848. — 7 MAI. — Profitant de la faiblesse de l'autorité, des propriétaires du Cagnard, entre les portes Neuve et Saunière, démolissent les remparts en face de leurs maisons, et disposent des matériaux sans aucune autorisation.
Le Génie militaire proteste contre ce sans-gêne, mais sans résultat.

1848. — 7 MAI. — Le citoyen Dauphin demande au Conseil municipal l'autorisation de prendre les matériaux de démolition des remparts devant sa maison rue des Remparts (1) et d'ouvrir une porte qui, du Cagnard, communiquerait avec l'entrepôt de tabac établi dans son immeuble. Le tout lui a été refusé.

1848. — 2 JUIN. — M. Fournery, commissaire du Gouvernement, est nommé Préfet de la Drôme. A cette occasion, il adresse une proclamation aux habitants.

1848. — 3 JUIN. — Le Conseil municipal décide que la statue de la Liberté sera érigée au rond-point du Cagnard.

1848. — 26 JUIN. — A la nouvelle de l'insurrection de Paris, la Garde nationale a été mobilisée et a reçu de nombreux engagements volontaires. Le Préfet fait afficher les dépêches au fur et à mesure de leur arrivée. Il adresse une proclamation aux habitants de Valence pour les inviter au calme.

1848. — 6 JUILLET. — Service funèbre à la cathédrale en l'honneur des citoyens morts pour la République dans les journées de juin.

1848. — 14 JUILLET. — Les élèves du

____

(1) La rue des Remparts était parallèle à la rue Notre-Dame-de-la-Ronde.

Collège renoncent à leurs prix pour que le montant en soit versé aux pauvres,

1848. — 15 JUILLET. — Le chemin de la Manutention est ouvert jusqu'à la place de la Bibliothèque.

1848. — 27 JUILLET. — Il est prescrit à la garde nationale de monter la garde, de 8 heures du soir à 6 heures du matin, devant la statue de la Liberté, en érection sur le Cagnard, pour la protéger contre les entreprises des ennemis de l'ordre.

1848. — 1ᵉʳ AOUT. — Elections municipales générales. A Valence, 14 listes de 27 noms sont en présence. Les mêmes noms sont souvent portés sur plusieurs d'entre elles. 8 candidats seulement sont élus au premier tour. Le scrutin de ballottage pour 19 sièges a lieu le lendemain, lundi.

1848. — 8 AOUT. — Le préfet Fournery installe le nouveau Conseil municipal qui ne diffère du précédent que par deux noms. Le Maire donne sa démission qui est acceptée.

1848. — 9 AOUT. — Le prix du pain de 2ᵉ qualité est fixé à 0 fr. 35 le kilo et celui de 3ᵉ qualité à 0 fr. 25.

1848. — 31 AOUT. — Installation de la nouvelle municipalité par le Préfet. Un arrêté ministériel nomme maire le citoyen Tampier, qui adresse le lendemain une proclamation aux habitants.

1848. — 24 SEPTEMBRE. — Fête de la Fraternité. Cette fête fut pleine d'enthousiasme, « elle eut été sans contredit une « des plus grandes et des plus belles que « Valence aurait vues depuis longtemps, « si la pluie torrentielle qui avait éclaté la « veille et le matin n'avait arrêté dans « leur marche les populations voisines « qui se proposaient d'y assister. » Pourtant la garde nationale de Grenoble y était représentée par 20 délégués parmi lesquels, Sapey, l'auteur de la statue de Championnet, en uniforme d'artilleur. A l'inauguration de la statue de la Liberté, le préfet Fournery prononça un discours

et le maire Tampier parla à l'inauguration de la statue de Championnet. Un banquet de 1.500 couverts fut servi dans les allées du Champ-de-Mars : fixé à deux heures, il ne put être servi qu'à quatre heures, à cause du mauvais temps. Plusieurs toasts furent portés, par le Maire, le colonel de la Garde nationale de Valence, le colonel du 3ᵉ d'artillerie, un capitaine de la garde nationale de Grenoble, un capitaine de celle de Valence, par le Préfet, qui dit :
« ..... Citoyens, la République est le gou-
« vernement de la raison. De l'aveu de
« tous, elle satisfait aux sentiments les
« plus élevés du cœur humain..... Que la
« République fondée sur l'honnêteté, la
« vertu, la justice, devienne grande, forte,
« glorieuse et fasse à tout jamais le bon-
« heur de la nation française... » L'ordre et la tranquillité ne furent pas troublés un seul instant,

1848. — 26 SEPTEMBRE. — Le mardi, deux cents personnes rangées sur deux rangs viennent de Saint-Marcel, tambour et fifre en tête, manifester devant l'évêché pour réclamer leur curé à l'Evêque qui l'avait déplacé.

1848. — 28 OCTOBRE. — Le Conseil municipal décide qu'il n'y a pas lieu d'accorder la concession gratuite de terrain au cimetière, demandée par les religieuses Trinitaires.

1848. — 4 NOVEMBRE. — Est distribuée une circulaire imprimée du général Piat et de Piétri, représentant du peuple, recommandant la candidature du « neveu de l'empereur », Louis-Napoléon Bonaparte, à la présidence de la République.

1848. — 12 NOVEMBRE. — Un comité central démocratique est formé à Valence pour patronner le général Cavaignac comme candidat à la présidence de la République.

Dans la réunion du comité qui a lieu au foyer du théâtre, Bancel fils propose l'exclusion de tous candidats descendant des familles ayant régné sur la France et notamment de Bonaparte. La proposition est adoptée.

1848. — 19 NOVEMBRE. — Dimanche, fête nationale pour la promulgation de la Constitution. Il pleut toute la journée.

1848. — 7 DÉCEMBRE. — Le comité Ferlay, de Siéyès, soutient la candidature de Louis-Napoléon Bonaparte.

1848. — 10 DÉCEMBRE. — Est distribuée une circulaire signée par Lamennais, Félix Pyat, Mathieu de la Drôme, etc., en faveur de la candidature de Ledru-Rollin.

1848. — 10 DÉCEMBRE. — Election du Président de la République à Valence :

Bonaparte	3.448 voix
Cavaignac	1.001
Ledru-Rollin	309

Dans la Drôme, il n'y eut que le canton de Bourdeaux, où Bonaparte n'eut pas la majorité : Bonaparte 197 voix, Cavaignac 395, Ledru-Rollin 118.

1848. — 16 DÉCEMBRE. — Dans son rapport sur le classement de l'avenue du Pont, l'architecte-voyer conclut qu'il faut donner à l'avenue une largeur de 22 mètres.

1849

1849. — Les travaux des murs de soutènement du Champ-de-Mars et de Championnet sont terminés ; le solde en est porté au budget de 1850.

1849. — Les murs de clôture et la porte du nouveau cimetière sont achevés, le solde en est porté au budget de 1850.

1849. — 9 JANVIER. — En séance, le Conseil municipal invite l'Assemblée nationale à se dissoudre ; son mandat constituant étant accompli, elle est une entrave permanente au libre exercice du pouvoir exécutif.

1849. — 10 JANVIER. — M. Ferlay, ancien maire de Valence, est nommé préfet de la Drôme.

1849. — 13 JANVIER. — Le Ministre refuse, faute de ressources, de classer l'avenue du Pont comme route nationale. Il oppose le même refus en 1850.

1849. — 15 JANVIER. — Proclamation du préfet, Ferlay, aux habitants de la Drôme : « ..... Ayons confiance en celui « que près de six millions de citoyens ont « choisi ; n'oublions pas que le chef élu « de l'Etat est le neveu du grand homme « qui aimait tant le peuple français, et « qui éleva sa gloire au-dessus de la « gloire des peuples anciens et des peu- « ples modernes..... ».

1849. — 5 FÉVRIER. — Le Conseil municipal vote une adresse au Président de la République, le félicitant de l'énergie qu'il a déployée, le 29 janvier dernier, pour déjouer tous les projets de l'anarchie.

1849. — 24 FÉVRIER. — Fête anniversaire de la Révolution de février. Banquet patriotique sur l'esplanade de Championnet. Service religieux dans les églises.

1849. — 26 FÉVRIER. — 339 ouvriers sans travail sont occupés au nivellement de la place Saint-Jacques (Madier-de-Montjau) et du Champ-de-Mars.

1849. — 21 MARS. — Le maire, Tampier, signe le registre d'inventaire du Musée comprenant les sections suivantes : Peinture, dessins, gravures, lithographies, statuaire.

1849. — 24 ET 25 MARS. — Le maréchal Bugeaud, le pacificateur de l'Algérie, chef de l'armée des Alpes, est à Valence. On lui offre un grand banquet auquel participe toute la région.

1849. — 25 MARS. — Inauguration de la nouvelle salle du Musée de peinture et de sculpture.

1849. — 20 AVRIL. — Le Conseil municipal autorise la tenue des assises de la Drôme dans l'église de Saint-Jean qui est à peu près terminée. C'est devant ces assises que doivent comparaître les insurgés de Marseille de juin 1848, au nombre de 137.

1849. — 4 MAI. — Fête nationale anni-

versaire de la proclamation de la République.

1849. — 13 MAI. — Elections législatives générales. Section de Valence et Bourg-lès-Valence.

Liste élue :

Sautayra	2.096
Rey	2.000
Curnier	1.986
Bancel	1.986
Bajard	1.980
Belin	1.961
Mathieu	1.944

Viennent ensuite :

De Sieyès	1.144
Morin	1.033
Monier de la Sizerane	1.004
Moutier	952
Bonjean	913
Du Bouchage	859
Jérôme Bonaparte	838

1849. — 14 JUIN. — Le Maire de Valence signale au Préfet qu'il y a actuellement en ville 4 cercles :

1° Le cercle de la rue Neuve, de fondation ancienne, bourgeois et fonctionnaires : essentiellement d'ordre ;

2° Le cercle Blachon, fondé en janvier 1849, avocats, avoués, négociants : montagnards ;

3° Le cercle de l'Union, mars 1849 : tendance d'ordre et conservatrice ; membres séparés du cercle Blachon ;

4° Cercle de la Fraternité, avril 1849 : jeunes ouvriers socialistes et démagogues.

Il y a aussi deux loges maçonniques :

1° L'une, régulièrement constituée, formée des membres du cercle Blachon ;

2° L'autre, formée du personnel de la Fraternité, est au Bourg-lès-Valence.

1849. — 19 JUIN. — Un arrêté du général de brigade, Lapène, commandant supérieur des troupes réunies à Valence, prononce la mise en état de siège de la ville de Valence.

1849. — 19 JUIN. — Un arrêté du général Gémeau, commandant de la 6e division, à Lyon, enjoint à tout détenteur d'armes et de munitions d'en faire immédiatement le dépôt à la mairie de sa commune.

1849 — 25 JUIN AU 12 AOUT. — Les émeutiers de Marseille du 22 juin 1848 sont jugés par les assises de la Drôme, tenues dans l'église Saint-Jean. 137 accusés et 302 témoins y prennent place. Il y eut 57 condamnations à des peines diverses et 80 acquittements.

1849. — 8 JUILLET. — Elections complémentaires législatives dans la Drôme. Candidats : Morin, de Dieulefit, 1.137 voix ; Jules Favre, 1.075, à Valence. Morin élu.

1849. — 24 JUILLET. — Arrêté concernant les décès et le service des inhumations.

1849. — 15 SEPTEMBRE. — Construction du clocher de la cathédrale. Le projet Epailly est rejeté. Il en est demandé un autre à Bailly, architecte parisien, qui réduit la dépense à 320.000 francs. Les mêmes entrepreneurs continuent les travaux.

1849. — 5 OCTOBRE. — Arrêté municipal enjoignant la fermeture des portes d'allée à partir de 10 heures du soir au plus tard, du 1ᵉʳ octobre au 31 mars et à 11 heures en été.

1849. — 6 OCTOBRE. — Le Ministre des Cultes approuve le projet de reconstruction du clocher de la cathédrale dressé par Bailly.

1849. — 11 NOVEMBRE. — Le procès-verbal de la réception des travaux effectués à l'église Saint-Jean fait ressortir une dépense de 150.000 francs payée par l'Etat, la commune et les fidèles. On a été obligé, dit le rapport, de descendre les fondations à plus de 4 mètres de profondeur, parce qu'on ne trouvait qu'un terrain de pierres mêlées à des ossements humains.

1850

1850. — Au budget est prévue une allocation de 600 francs pour les cours d'adultes.

1850. — Le couvent du Refuge est transféré à l'est de la gare dans son local actuel.

1850. — 2 JANVIER. — Un arrêté préfectoral interdit un grand nombre de publications et la vente des journaux républicains.

1850. — 15 FÉVRIER. — Arrêté du général Lapène, commandant la 6ᵉ division militaire, interdisant les banquets du 24 février, anniversaire de la Révolution de 1848, ainsi que les réunions politiques et maçonniques.

1850. — 24 FÉVRIER. — La fête nationale a seulement consisté en une cérémonie à la cathédrale à laquelle assistaient les autorités en uniforme.
Quatre personnes ont été arrêtées pour chants séditieux.

1850. — 9 MARS. — Le Conseil municipal demande le rétablissement de l'école d'artillerie supprimée depuis 1827. La garnison d'artillerie y était revenue depuis 1831.

1850. — 6 AVRIL. — Un arrêté du Préfet révoque six instituteurs de la Drôme pour leurs opinions politiques.

1850. — 15 AVRIL. — Arrêté préfectoral prononçant l'état de siège dans la Drôme.

1850. — 6 MAI. — Exécution de Victor Monge, du Petit-Paris, âgé de 26 ans, condamné à mort pour assassinat de sa mère et de sa femme ; il subit la peine des parricides près des fossés de la citadelle.

1850. — 16 MAI. — Une pétition circule à Valence, comme ailleurs, demandant aux autorités de transférer hors de Paris le siège du Gouvernement, pour le soustraire « à l'armée du mal ». Le Conseil municipal s'y associe par le vote d'un vœu.

1850. — 20 MAI. — Castellane, gouverneur militaire de Lyon, publie un arrêté ordonnant aux armuriers de ne livrer aucune arme sans l'autorisation du Maire et du Préfet. Les batteries de leurs armes en magasin doivent être démontées.

1850. — 21 MAI. — Le « Courrier de la Drôme » signale que la population de Valence s'inquiète des mouvements populaires de la capitale. Le moindre retard de courrier donne lieu à toutes les suppositions ; le Préfet rassure constamment la population.

1850. — 22 MAI. — Plusieurs personnes sont arrêtées pour causes politiques et dirigées sur Lyon. Le café Heurter est fermé.

1850. — 25 MAI. — Un arrêté préfectoral prononce la fermeture du cercle démocratique « La Fraternité ».

1850. — 11 JUIN. — Alphonse de Lamartine descend par le Rhône, couche à Valence, à l'hôtel de la Croix-d'Or et repart le lendemain matin par le bateau se rendant dans le Levant, où il va prendre possession de vastes terrains que le Sultan lui a concédés. Sa carrière politique est terminée.

1850. — 29-30 JUIN. — Dans la nuit de ces deux jours se tient chez M. Saint-Prix le « Congrès de Valence », où se trouvent réunis les délégués de 14 départements. Ceux-ci donnent tous pouvoirs à Alphonse Gent au nom des montagnards et socialistes du Midi. Tous les chefs de ce mouvement furent, par la suite, poursuivis et condamnés par le conseil de guerre de Lyon.

1850. — 1er JUILLET. — L'Assemblée législative vote la loi qui crée la commune de Saint-Marcel-lès-Valence, composée d'une partie des communes environnantes.

1850. — 10 AOUT. — Le Conseil muni-

cipal vote une adresse à Bonaparte, président de la République, qui visite Lyon. Il charge le maire Tampier d'aller la lui présenter.

1850. — 31 AOUT. — Inauguration du Musée dans les locaux du Petit Séminaire qu'il a occupés jusqu'à son transfert à l'Evêché, en 1912. Créé par décision du 5 octobre 1796, sous le nom de Muséum des arts, le Musée de Valence, qui comprenait alors plus de cent tableaux de grande valeur, fut installé dans les salles abandonnées du Petit Séminaire ; puis, en 1827, au premier étage du bâtiment neuf du Collège. La Bibliothèque était au rez-de-chaussée. Quand le Séminaire s'installa au Charran, la Ville aménagea les locaux délaissés, perça de deux grandes verrières le plafond du dortoir et de la chapelle et les artistes valentinois de l'époque travaillèrent à son ornementation. Le Musée ne fut ouvert au public qu'au mois d'octobre suivant.

1850. — 14 SEPTEMBRE. — Des troupes de la garnison sont envoyées à Loriol pour désarmer la garde nationale. Celle de Valence avait déposé ses armes dans le courant de l'année à l'arsenal.

1850 — 21 OCTOBRE. — L'ambassadeur du Népaul passe à Valence.

1850. — 5 NOVEMBRE. — M. d'Indy fait don au Musée de deux tableaux de Jean de Bologne : *Vénus et Vulcain* ; *Junon et Eole*.

1850. — 21 NOVEMBRE. — Malgré l'insistance du Conseil général et du Conseil municipal, le Ministre refuse encore le classement de l'avenue du Pont, toujours faute de ressources.

1850. — 25 NOVEMBRE. — Un arrêté du Maire révoque le sieur Napoléon Fiéron, avoué, comme chef de la musique de la garde nationale, après « une lettre plus qu'inconvenante » adressée à l'autorité municipale, dit un des considérants de l'arrêté.

1850. — 30 NOVEMBRE. — Lettre du Ministre de l'Instruction publique et des Cultes au Ministre de la Guerre lui demandant la rétrocession de la caserne (Brunet) pour l'affecter au Grand Séminaire.

1851

1851. — Il y a encore 10 échoppes le long des remparts construites après autorisation du Ministre de la Guerre du 5 vendémiaire an VII.

1851. — D'après le dernier recensement, la population de Valence est : Catholiques, 14.991 ; protestants, 1.100 ; israélites, 31. Total, 16 122.

1851. — 10 MAI. — Le Conseil municipal s'occupe de joindre la place de la Citadelle à la route nationale N° 7 en achevant l'ouverture de la rue de la Dragonne.

1851. — 25 MAI. — Les réunions publiques, même les enterrements, ne doivent pas compter plus de 300 personnes. Ce jour-là la police compta les 300 premières personnes d'un cortège funèbre et dispersa les autres, malgré leurs protestations.

1851. — 11 JUILLET. — Le premier lâcher de pigeons à Valence a lieu par les soins d'une société belge. Il y avait 251 de ces volatiles.

1851. — 2 AOUT. — Le Conseil municipal achète la *Jeune fille à la fontaine* ou *La cruche cassée* de Greuze, copié par Mondan, de Valence ; prix 400 francs.

1851. — 2 AOUT. — Il décide à la même séance qu'il y a lieu de démolir la statue de la Liberté, élevée au rond-point du Cagnard, son état ne permettant aucune réparation.

1851. — 10 SEPTEMBRE. — Par ordre du général de Castellane : le « café de l'Union », rue Saint-Félix ; le cabaret du « Rendez-vous des amis », rue des Balais ; le café-restaurant des « Trois pigeons », rue Pérollerie, sont, par mesure politique, interdits aux militaires de la garnison.

1851. — 21 OCTOBRE. — Renouvellement pour 20 ans du traité passé avec MM. Rochet et Chevillet pour l'éclairage au gaz de la Ville.

1851. — DÉCEMBRE. — Adjudication des travaux de la section du chemin de fer de Lyon-Avignon, 95 millions.

1851. — 3 DÉCEMBRE. — Dépêche reçue par le Préfet :

« Le repos de la France était menacé
« par l'Assemblée ; elle a été dissoute. Le
« Président de la République fait un ap-
« pel à la nation ; il maintient la Répu-
« blique et remet loyalement au pays le
« droit de décider de son sort. »
Cette nouvelle a laissé la population tout à fait indifférente.

1851. — 4 DÉCEMBRE. — Un détachement de 57 hommes d'artillerie avec du canon est envoyé à Crest où règne une grande effervescence.

1851. — 7 DÉCEMBRE. — Un arrêté du Préfet et du général Lapène porte que : « Tout individu qui sera saisi les armes à « la main sera fusillé. »

1851. — 7 DÉCEMBRE. — Quelques nouvelles arrestations ont été faites dans notre Ville sans que le calme le plus parfait ait cessé d'y régner. (Courrier de la Drôme).

1851. — 7 DÉCEMBRE. — Proclamation du Préfet et du général Lapène aux habitants de la Drôme :

« Les sociétés secrètes, organisées sous
« un masque politique, mais dans le but
« réel de piller, de brûler, d'assassiner..,
« ont profité de l'événement qui s'est
« accompli à Paris, le 2 de ce mois, pour
« tenter un dernier effort..... Hommes
« honnêtes qui n'êtes qu'égarés, restez
« chez vous. Amis de l'ordre, imitez la
« population de Valence..... »

1851. — 7 DÉCEMBRE. — Benjamin Richer, matelassier, rue Briffaud, tente d'assassiner sa mère qui, prétend-il, n'avait pas voulu le laisser se rendre à une prise d'armes, cette nuit et menaçait de le dénoncer.

1851. — 7 DÉCEMBRE. — Pendant qu'une foule d'auditeurs écoutait un prédicateur à la cathédrale, le bruit se répand que les insurgés de Crest et de Loriol sont aux portes de Valence. La cathédrale se vide et immédiatement des troupes sont réparties à la porte Saint-Félix, au faubourg Saunière, au Champ-de-Mars où les canons « mèche allumée » attendent « les bandits ».

1851. — 8 DÉCEMBRE. — Le « Courrier de la Drôme » dit que plus de 500 personnes s'étaient inscrites sur les cadres de la garde civique.

1851. — 8 DÉCEMBRE. — Un arrêté du général Lapène défend de circuler dans les rues de la Ville à partir de 8 heures du soir.

1851. — 15 DÉCEMBRE. — Le maire Tampier envoie une adresse personnelle à Louis-Napoléon.

1851. — 20 DÉCEMBRE. — Le « Courrier de la Drôme » parlant du but de l'élection qui commence dit : « Deux mots nous « sont donnés : Oui ou Non.

« Oui, c'est l'anarchie étouffée, c'est « l'industrie avivée, c'est l'agriculture flo- « rissante, c'est l'abondance du travail.

« Non, c'est l'autel renversé, la femme « outragée, la famille souillée, la pro- « priété pillée, l'honnête homme assas- « siné ».

1851. — 20 ET 21 DÉCEMBRE. — Plébis- cite pour l'approbation du Coup d'Etat du 2 décembre.

Valence 1.794 oui ; 670 non.

Trois communes seulement de la Drôme réprouvèrent l'acte du 2 décembre :

Ancône 50 oui, 75 non.
Crupies 48 oui, 62 non.
Saint-Ferréol 48 oui, 49 non.

1851. — 24 DÉCEMBRE. — Le Conseil municipal envoie au Président de la Ré- publique une adresse qui débute ainsi :

« C'est une grande et noble mission que « celle qui vient de vous être donnée par « le vœu de la Nation. Vous êtes appelé à « rétablir sur ses bases la société ébranlée « par des doctrines perverses et à nous « préserver de l'anarchie où nous entraî- « naient fatalement les faux amis de la « liberté.... »

« La France a besoin de paix, de travail « et de sécurité; nous vous demandons « tous ces biens en compensation de nos « suffrages..... ».

1851. — 24 DÉCEMBRE. — Le Maire est délégué par le Conseil municipal pour assister aux fêtes qui auront lieu le 1er jan- vier à Paris pour « la proclamation du « Président de la République ».

1852

1852. — 1er JANVIER. — Cérémonie pour la proclamation du Président de la Répu- blique Louis-Napoléon Bonaparte.
Te Deum chanté à la cathédrale.

1852. — 6 JANVIER. — Le maire, Tam- pier, assiste à Paris, au banquet offert par le Président de la République aux maires de France.

1852. — 8 JANVIER. — Sur les ordres de de Morny, ministre de l'Intérieur, le Préfet prend l'arrêté suivant :

« Considérant que les symboles, devi- « ses et inscriptions qui consacrent ou « rappellent les actes, les faits ou les idées « révolutionnaires, entretiennent l'agita- « tion dans la masse et peuvent nuire au « rétablissement du calme et de l'ordre, « que l'immense majorité des citoyens « appelle de tous ses vœux, arrêtons :

« Article 1er. — La devise liberté, éga- « lité, fraternité, ne sera plus inscrite « dans les actes publics ; l'inscription de « cette devise et de toute autre qui rap- « pellent les temps révolutionnaires sera « effacée partout où elle sera exposée en « public ; les arbres et mâts dits de liberté « seront coupés et arrachés ; les enseignes

« des cafés, cabarets et autres lieux pu-
« blics qui offrent des allusions politiques
« seront également effacées. »

1852. — 9 JANVIER. — Désiré Bancel,
député de la Drôme, est proscrit ; il se
réfugie en Belgique

1852. — 15 JANVIER. — Décret établissant provisoirement à Valence une école
d'artillerie de 2ᵉ classe, et un régiment
d'artillerie.

1852. — 28 FÉVRIER. — A cette date,
la commission mixte de la Drôme avait
statué sur le cas de 1.617 individus arrêtés
après le 2 décembre. 512 étaient envoyés
à Cayenne ou à Lambessa.

1852. — 29 MARS. — Les commissions
mixtes départementales sont supprimées.
M. Quentin-Bauchard, conseiller d'Etat,
arrive à Valence pour la revision des procès ; il fait mettre en liberté une centaine
de détenus.

1852. — 30 MARS. — Depuis deux mois,
il n'est pas tombé une goutte d'eau ; la
sécheresse est extrême et la salubrité publique en souffre. Il y a une épidémie
intense de grippe à Valence et dans les
environs ; plus de 100 soldats sont en traitement à l'hôpital.

1852. — 3 AVRIL. — Le Conseil municipal décide le renumérotage entier des
maisons qui n'avait pas été fait depuis
1820 ; la dépense est à la charge des propriétaires.

1852. — 8 AVRIL. — Départ de Valence
pour l'Afrique et la Guyane d'un bateau
emportant 132 condamnés politiques ;
ceux de Crest étaient arrivés la veille.

1852. — 12 AVRIL. — Le numérotage
de toutes les maisons de la Ville est terminé (chiffres blancs sur fond bleu).

1852. — 28 AVRIL. — Cérémonie au
Palais de Justice pour la prestation de serment de la magistrature.

1852. — 1ᵉʳ MAI. — Le maire, les adjoints et les conseillers municipaux prêtent

le serment suivant : « Je jure obéissance
« à la Constitution et fidélité au Prési-
« dent ». Un seul conseiller, Tarel aîné,
n'assiste pas à la cérémonie et n'a pas fait
connaître le motif de son absence.

1852. — 8 MAI. — Le Conseil municipal
émet le vœu que le clocher de la cathédrale soit surmonté d'une flèche octogo-
nale en tuf recouvert de ciment.

1852. — 22 MAI. — Tous les fonctionnaires sont réunis au Palais de Justice
pour prêter le serment : « Je jure obéis-
« sance à la Consitution et fidélité au Pré-
« sident. »

1852. — 15 JUIN. — Exécution de Benjamin Richer, au nord de la porte Saint-
Félix « Cet infortuné jeune homme avait
été chargé par le club révolutionnaire de
faire sauter la poudrière de la citadelle ;
il avait accepté. Sa mère qui avait entendu
la décision des conjurés rapporta le fait à
son confesseur, Blanc-Montbrun, curé de
la cathédrale, qui lui donna ordre de le
dévoiler au Parquet. D'où la tentative
d'assassinat commise par Richer sur sa
mère (1) ; c'est un véritable drame politique ». (D'après M. Villard).

1852. — 26 JUIN. — Passage des premières charrettes chargées d'outils se di-
rigeant vers Portes pour commencer les
travaux du chemin de fer.

1852. — 26 JUILLET. — Un décret du
Président de la République nomme plusieurs maires du département. Etienne
Sapey, député, nommé maire de Valence,
est installé en séance par le Préfet le 10
août suivant.

1852. — 15 AOUT. — Préludant au rétablissement de l'Empire, le Président de
la République fixe la fête nationale au 15
août, jour de la fête impériale, instituée
par Napoléon Iᵉʳ.

1852. — 22 AOUT. — Le peintre Horace
Vernet, se rendant en Algérie, passe la
journée de ce dimanche à Valence.

---

(1) 7 décembre 1851.

1852. — 30 AOUT. — Le Maire annonce au Conseil municipal la visite de Louis Bonaparte, Président de la République, pour le 23 septembre suivant et fait voter 10.000 francs pour le recevoir.

1852. — 17 SEPTEMBRE. — A partir de ce jour, le bureau du télégraphe électrique, installé rue de La Faverie ou de la Préfecture, reçoit des dépêches privées.

1852. — 23 SEPTEMBRE. — Le Prince-Président, que les autorités sont allées attendre à un quart de lieu sur la route de Romans, entre en ville à 4 heures du soir. Le maire, Sapey, lui souhaite la bienvenue ; il exprime la reconnaissance et l'admiration du peuple « pour l'acte héroïque « du 2 décembre qui a sauvé la France et « la civilisation de l'Europe..,.. Nous ve- « nons vous supplier au nom de la Patrie « de compléter votre œuvre en rendant le « pouvoir héréditaire dans votre personne « et dans celle de vos héritiers..... Vive « Louis-Napoléon ! Vive le sauveur de la « France ! » En passant devant les an-- ciens militaires de l'Empire rangés en bataille il est accueilli par les cris de « Vive l'Empereur ! ». Le soir, il est allé à Championnet, où un bal public était organisé. Après, il s'est rendu au théâtre où un bal était donné en son honneur. Le quadrille d'honneur se trouvait ainsi composé : le prince Louis-Napoléon, avec Mᶫᶫᵉ Louise Ferlay, fille du Préfet ; en face, M. de Saulxure, préfet de l'Ardèche, avec Mᵐᵉ Bonnardon, également fille de M. Ferlay ; Maréchal de Saint-Arnaud, ministre de la Guerre, avec Mᵐᵉ de Saulxure ; M. Fortoul, ministre de l'Instruction publique, avec Mᵐᵉ Morin, femme du député, etc.

Le lendemain, le Président est allé à l'évêché et à la cathédrale où il a été reçu par le chant : « Domine salvam fac Ludovicum-Napoleonem » et par de nombreux cris : Vive l'Empereur ! Après la revue des troupes au polygone, il s'est embarqué sur le Rhône pour Avignon. A ce moment, l'entrepreneur du clocher de la cathédrale fait partir en guise de salve une mine monstre dans les carrières de Crussol.

On avait dressé un immense arc de triomphe au faubourg Saint-Jacques, où le discours de bienvenue fut prononcé. L'entrée de la porte Neuve, par où le Prince-Président pénétra en Ville, était décoré d'un arc de triomphe surmonté d'une vaste coupole bleue, parsemée d'étoiles d'or, que dominait un aigle gigantesque aux ailes éployées.

1852. — 4 OCTOBRE. — Le Conseil municipale vote l'adresse suivante au prince Louis-Napoléon, président de la République : « ..... L'acte du 2 décembre a sauvé « la France et la civilisation..... Honneur « à vous, prince ! vous avez rétabli le « pouvoir, relevé le crédit et ramené la « confiance. La ville de Valence, fière « d'avoir été visité par l'homme provi- « dentiel que le peuple français entoure « de son admiration, s'associait de cœur « aux ovations que vous receviez de « toutes parts, lorsqu'elle apprit l'infâme « complot (1) dirigé contre le Chef de « l'Etat. Elle a été saisie d'un sentiment « de vive indignation contre les misérables « qui ont conçu cet infernal projet ». (Rédigé par Vacher, 1ᵉʳ adjoint, adopté à l'unanimité moins une voix.)

1852. — 1ᵉʳ NOVEMBRE. — Le « Courrier de la Drôme » note les communes du département qui n'ont pas encore envoyé leur adresse au Prince-Président, lui demandant le rétablissement de l'Empire.

1852. — 6 NOVEMBRE. — Circulaire du préfet Ferlay, aux Maires au sujet du vote à émettre pour le rétablissement de l'Empire.

1852. — 7 NOVEMBRE. — Un sénatus-consulte confère le titre d'empereur au Président de la République, *selon le vœu de la nation.*

1852. — 10 NOVEMBRE. — Proclamation du préfet Ferlay, aux électeurs de la

____

(1) L'acte du 2 décembre fut présenté comme destiné à déjouer un complot ourdi contre le Président de la République.

Drôme au sujet du plébiscite sur le rétablissement de l'Empire. « ..... Lorsque « aux jours de votre vieillesse, le peuple « reconnaissant s'entretiendra de son « bonheur, vous pourrez dire avec un « noble orgueil : Je fus de ceux qui votè- « rent pour le rétablissement de l'Empire « et qui acclamèrent Napoléon III..... » (Toute à citer).

1852. — 16 NOVEMBRE. — Décès de Gleize Crivelly, avocat, interné politique à Valence, célibataire, 71 ans, né à Bollène (Vaucluse).

1852. — 19 NOVEMBRE. — Proclamation du préfet, Ferlay, aux habitants au sujet du plébiscite des 20 et 21 novembre :

« ..... Louis-Napoléon est le meilleur « ami que la France ait jamais eu..... Il a « décidé que l'armée serait diminuée de « 30.000 hommes Ce sont donc 30 mille « jeunes gens qui vont rentrer dans .eurs « familles...... Ainsi l'Empire c'est la « paix, l'aisance et la prospérité. »

1852. — 23 NOVEMBRE. — Résultats du plébiscite : Valence : 2.223 oui — 139 non.

1852. — NOVEMBRE. — Fondation de l'orphelinat de Saint-Joseph par le chanoine Belle, qui avait recueilli quelques petits garçons dans un chétif bâtiment occupé par un métayer au quartier Saint-Joseph. Grâce aux libéralités de l'évêque Lyonnet, le fondateur put ensuite acheter les immeubles qui lui étaient nécessaires.

1852. — 29 NOVEMBRE. — Circulaire du Préfet :

« Par une dépêche télégraphique du « 27 de ce mois, M. le Ministre de l'Inté- « rieur m'annonce que la proclamation « de l'Empereur des Français, Napoléon « III, aura lieu à Paris, le 2 décembre « prochain, et dans les départements, le « dimanche 5 du même mois. »

1852. — 3 DÉCEMBRE. — Un arrêté substitue à l'inscription Place de la République celle de Place Impériale.

1852. — 3 DÉCEMBRE. — Mairie de Va-

lence. Proclamation de l'Empire. — Programme : A 11 heures 1/4, réunion à la Mairie ; le Conseil municipal accompagné des pompiers se rend à la Préfecture avec les fonctionnaires et militaires retraités. A 11 heures 1/2, départ du cortège, de la Préfecture, pour se rendre place Championnet où aura lieu la proclamation de l'Empire. Salve de 101 coups de canon. Soir, illuminations, bals autorisés.

« Habitants de Valence, « Il y a peu de temps vous receviez « dans la cité l'Homme providentiel qui « a sauvé la France et la civilisation..... « L'Empire acclamé par 8 millions de « suffrages, sera proclamé à Valence par « le premier magistrat du département, « le 5 décembre..... »

1852. — 5 DÉCEMBRE. — La proclamation de l'Empire s'est faite suivant le programme, aux nombreux cris de « Vive l'Empereur ! » La musique d'artillerie joue l'hymne impérial : « Partant pour la Syrie... ». Discours du Préfet à la Garde nationale en lui remettant son drapeau. « ... La Providence a épuisé les épreuves « auxquelles il lui a plu de nous soumet- « tre, elle a voulu que le peuple français « pût enfin choisir volontairement et li- « brement... un gouvernement fondé... « sur des services rendus et sur le génie « de celui à qui les destinées de la France « sont confiées... » A 5 heures, un dîner à la Préfecture réunit les notabilités civiles et militaires. Dans son toast le Préfet dit : « ..... Le doigt de Dieu s'est évidem- « ment montré dans tous les faits dont « nous sommes témoins depuis 4 ans. La « Providence avait choisi notre Empereur « avant que le peuple l'eût élevé au pou- « voir. Groupons-nous autour de lui et « Dieu continuera à protéger la France. »

1852. — 6 DÉCEMBRE. — Pendant la nuit le feu détruit l'estrade dressée devant la statue de Championnet pour la cérémonie de la veille.

1852. — 11 DÉCEMBRE. — Le Conseil municipal décide la construction des trottoirs du faubourg Saunière (avenue Victor-Hugo).

1852. — 13 DÉCEMBRE. — L'émir Abd-el-Kader arrive par bateau à vapeur, venant de Lyon. Le Préfet va lui faire une visite sur le bateau.

1852. — 20 DÉCEMBRE. — Le Conseil municipal exprime le vœu que la traversée de Valence par le chemin de fer se fasse sous un tunnel et que la gare ait un accès du côté de Jappe-Renard.

La Compagnie n'accepte que le tunnel jusqu'à l'entrée de Saint-Jacques, pour le motif que la distance jusqu'à la gare n'était pas assez grande pour la manœuvre des trains.

1853

1853. — 26 JANVIER. — Les Marc-Aurel sont autorisés à prendre le titre de « Imprimeurs de S. M. l'Empereur. »

1853. — 7 FÉVRIER. — Le Conseil municipal vote une adresse à l'Empereur à l'occasion de son mariage avec l'Espagnole Eugénie de Montijo. Il le félicite « pour les 8 millions de suffrages qui ont « ratifié le rétablissement de l'Empire... » et pour son mariage « avec l'épouse ac« complie que vous avez choisie..... »

1853. — 8 FÉVRIER. — Cavalcade du Mardi-Gras par les sous-officiers d'artillerie, au profit des pauvres.

1853. — 17 AVRIL. — Le maréchal de Saint-Arnaud est de passage à Valence se rendant de Marseille à Paris. Il couche à l'Hôtel de la Poste ; il y reçoit le Préfet et les autorités.

1853. — 31 MAI. — La Ville décide d'acheter le clos Payat (entre les Balives et le canal de la Robine) pour empêcher toute construction qui masquerait la vue sur le Rhône. L'autorisation d'achat est du 18 août 1856, au prix de 39.600 francs.

1853. — 15 JUIN. — Démolition de la maison en construction au clos Payat, sous le Champ-de-Mars.

1853. — 23 JUIN. — On répare la salle des assises au Palais de Justice et l'on y replace le crucifix enlevé en 1830.

1853. — 1er AOUT. — Les travaux de la voie ferrée, dans la traversée de Valence, sont commencés par la tranchée du côté nord.

1853. — 15 AOUT. — Célébration de la fête de S. M. l'Empereur Napoléon III.

1853. — AOUT. — Le Conseil général rachète à Blaizac, au prix de 17.000 francs, la partie de l'évêché (Bibliothèque actuelle) où il avait un cercle et une salle de danse.

Un mur de 3 mètres de haut partageait alors la cour d'honneur.

1853. — 18 AOUT. — Adjudication de la construction du bâtiment des archives de la Drôme, rue Sabaterie. La salle du rez-de-chaussée servit longtemps de salle d'examens avant d'être aménagée pour les séances du Conseil général.

1853. — AOUT. — Aménagement de la première salle des séances du Conseil général à la Préfecture.

1853. — 21 AOUT. — Translation à la cathédrale, après une procession solennelle, des reliques de Aria Eutichiana, vierge martyre, découvertes à Rome, le 28 avril 1846, et rapportées par l'Evêque l'année suivante. Les ossements ont été placés dans les parties correspondantes d'une statue en cire, revêtue de riches vêtements confectionnés par les sœurs du Saint-Sacrement d'Avignon. La statue est placée dans une chasse exposée dans la chapelle de la sainte. La fiole qui est à côté de la statue a contenu le sang de Eutichiana, indice de son martyre.

1853. — 1er SEPTEMBRE. — Mgr Sibourg, archevêque de Paris, s'arrête à l'évêché, allant dans sa propriété de Belle-Eau, à Donzère.

1853. — 27 ET 28 SEPTEMBRE. — Le premier concours régional agricole tenu à

Valence, était décidé pour les 11 et 12 mai, mais il fut renvoyé aux 27 et 28 septembre suivant. Il réussit si bien que par sa lettre du 13 décembre, le Ministre félicita les organisateurs.

1853. — 20 OCTOBRE. — La maçonnerie du tunnel du chemin de fer est commencée.

1853. — 21 NOVEMBRE. — Les fontaines de Valence. Le Conseil municipal approuve le projet Vendre, de Grenoble, qui comprend : 1° Le creusement de galeries dans la plaine de Chabeuil pour l'adduction d'eaux courantes en ville ; 2° la construction d'un réservoir de 500 mètres cubes ; 3° l'établissement de 50 bornes-fontaines en ville ; 4° la promesse de faire acheter par la Ville les sources de la Trésorerie pour 67.000 francs (1).

1853. — 19 DÉCEMBRE. — Exécution, à 8 heures du matin, place Saint-Félix, de Jean Brothier, d'Anneyron, pour assassinat, suivi de vol, du colporteur Didier-Reynier.

1853. — 19 DÉCEMBRE. — Le Conseil municipal décide de maintenir une fabrique de chapeaux dans la rue Bayard.

---

(1) D'après un rapport de cette époque, Valence était alimentée par 19 puits publics et un grand nombre de puits particuliers. Il y avait en outre les sources de Saint-Estève (place Mirabel-Chambaud), de la Robine et de Pontpéri.

Un traité est signé en 1443 pour amener de l'eau courante en ville ; mais il n'est rien fait. Le 24 mars 1564, les Consuls décident d'appeler des fontainiers de Provence pour rechercher si les eaux du Charran ne pourraient pas être conduites en ville. Ces hommes de l'art concluent par la négative. En 1606, on s'occupe encore de la question, sans résultat. Ce fut Falquet, échevin de Chabeuil, qui, le premier, conçut le projet de creuser des galeries souterraines dans la plaine. Il y réussit, de 1762 à 1765, dans le domaine de Béran, mais s'y ruina. Un siècle plus tard (1863) ces mêmes galeries furent achetées par Valence.

De 1806 à 1853, les municipalités qui se succédèrent à l'Hôtel de Ville s'occupèrent de cette question primordiale. 16 projets leur furent présentés dont 11 avec machine élévatoire.

1854

1854. — DE FÉVRIER A MAI. — Sont enregistrés à Valence 57 enrôlements volontaires pour l'armée d'Orient (guerre de Crimée).

1854. — 1er FÉVRIER. — Les travaux pour l'adduction d'eau courante en ville sont commencés.

1854. — 6 FÉVRIER. — Le Conseil municipal autorise la construction du moulin, appelé Moulin de l'Hôpital.

1854. — 8 FÉVRIER. — M. Epailly, architecte, vient de retrouver la porte latérale sud de la cathédrale et l'inscription qui est au-dessus.

1854. — 26 FÉVRIER. — Dimanche, cavalcade et bal masqué au profit des pauvres.

1854. — MARS-AVRIL. — Valence voit passer quantité de troupes se rendant en Crimée. Passent aussi le maréchal de Saint-Arnaud et d'autres généraux.

1854. — 7 MARS. — La tour du Cagnard, à l'est de la Porte Neuve, qu'habite un cordonnier, toute lézardée et étançonnée, s'écroule à moitié. Le Maire ordonne aussitôt de la démolir complètement. Les ouvriers commencent la démolition le 14 mars.

1854. — 11 AVRIL. — Le prince Napoléon, se rendant en Orient, arrive à 5 heures du soir par le bateau « Le Furet », accompagné de Vely-Pacha, ambassadeur, et du général espagnol Prim. Il séjourne à la Préfecture et y reçoit les autorités ; il visite la maison où a logé Napoléon Bonaparte et repart par le bateau.

1854. — 20 AVRIL. — Lord Raglan, commandant en chef de l'armée anglaise, couche à Valence, se rendant en Crimée.

1854. — 29 AVRIL. — Loi autorisant la Ville à emprunter 300.000 francs pour l'établissement des fontaines publiques.

1854. — 1ᵉʳ MAI. — Inauguration de la section Valence-Montélimar du chemin de fer dont les travaux avaient été confiés à une compagnie anglaise. Au banquet, M. Arbod, avocat à Valence, qualifie Napoléon III de « génie transcendant ».

1854. — 30 MAI. — Décret approbatif de l'achat des sources de la Trésorerie.

1854. — 13 JUIN. — Le Conseil municipal accepte d'établir le tunnel du chemin de fer jusqu'à l'entrée du faubourg Saint-Jacques, plutôt que de voir reporter la gare plus au sud, comme le proposait la Compagnie.

1854. — 21 JUIN. — On commence, place et rue Saint-Félix, les tranchées des fontaines.

1854. — 29 JUIN. — La section Valence-Avignon du chemin de fer, commencée en 1852, est ouverte au public avec deux trains, le matin, et trois le soir.
Le premier train est parti de Valence à 6 heures du matin.
La Compagnie donne à la Ville pour des œuvres de bienfaisance, les 5.000 francs qu'elle avait votés pour les fêtes de l'inauguration.

1854. — 19 JUILLET. — Pose de la première pierre de l'Orphelinat dit de Marie (angle des rues Jeu-de-Paume et Jonchère) construit par les sœurs de Saint-Vincent-de-Paul, directrices du Bureau de bienfaisance, en partie sur un terrain qu'elles avaient acheté et en partie sur un terrain de la Ville dont celle-ci se réserva la propriété. (Séances du Conseil municipal des 28 février et 22 juillet 1855).

1854. — 31 AOUT. — Achat à Chovet de l'emplacement du réservoir des fontaines publiques.

1854. — 3 SEPTEMBRE. — La Société géologique de France tient à Valence une réunion extraordinaire.

1854. — 3 OCTOBRE. — Le Conseil municipal prête le serment suivant : « Je jure

« obéissance à la Constitution et fidélité à « l'Empereur ».

1854. — 8 OCTOBRE. — A l'arrivée de la dépêche annonçant la victoire de l'Alma (Crimée), 21 coups de canon sont tirés sur la place Championnet.

1854. — 12 OCTOBRE. — A 4 heures du soir, arrivée du corps du maréchal de Saint-Arnaud, mort en Crimée; il est porté à la cathédrale où il passe la nuit.

1854. — NOVEMBRE. — Le pavé en cailloux du faubourg Saunière est remplacé par du macadam.

1854. — 14 DÉCEMBRE. — La rue de la Dragonne est livrée à la circulation.

1854. — 22 DÉCEMBRE. — Le Conseil municipal demande à nouveau que Valence soit autorisée à acheter à l'Etat tous les terrains domaniaux provenant des anciennes fortifications, depuis la caserne Saint-Félix jusqu'au Rhône. Il avait fait la même demande, le 20 mai précédent.

1854. — 28-29 DÉCEMBRE. — Dans la nuit. Valence est secoué par un tremblement de terre.

1855

1855. — 11 JANVIER. — La première colonne de la garde impériale passe à Valence, se rendant en Crimée.

1855. — 15 FÉVRIER. — Plusieurs convois de munitions destinés à l'armée de Crimée, se servent de la ligne de Lyon à Valence avant son achèvement.

1855. — 17 MARS. — Essai du pont du chemin de fer sur l'Isère. Section de Lyon à Valence.

1855. — 14 AVRIL. — M. Talabot, directeur du chemin de fer, fait remettre 3.000 francs au Maire pour les pauvres, à l'occasion de l'ouverture de la section Lyon-Valence.

1855. — 21 AVRIL. — Inauguration de

la ligne du chemin de fer Lyon-Valence.

Paris se trouve dès lors relié à Marseille par la voie ferrée.

De Lyon à Marseille : omnibus durée 13 heures ; express 8 heures.

1855. — 26 MAI. — Le Conseil municipal décide la construction d'une porcherie à l'Abattoir.

1855. — JUIN. — Passage de S. M. le roi de Portugal.

1855. — 22 JUILLET. — Pour la première fois, les eaux de la Trésorerie coulent dans Valence et à la fin d'octobre suivant, l'eau est distribuée dans tous les quartiers de la Ville.

1855. — 26 JUILLET. — Le Conseil municipal décide d'installer le Lycée dans la maison, dite du Gouvernement, à la citadelle. La dépense à engager fait échouer le projet.

1855. — 3 SEPTEMBRE. — Une mine, creusée dans la carrière tout proche des ruines du château de Crussol, entraîne la chute d'une des superbes cornes qui dominaient les ruines.

1855. — 10 SEPTEMBRE. — A l'arrivée de la dépêche annonçant la prise de la Tour Malakoff (Crimée), on appose des affiches sur divers points de la Ville et l'on tire 101 coups de canon.

1855. — 16 SEPTEMBRE. — Pour préserver les ruines de Crussol de tout nouvel accident, le duc d'Uzès rachète les concessions de carrières données près du château.

1855. — 16 SEPTEMBRE. — La prise de Sébastopol donne lieu à une fête nationale et le Te Deum est chanté à la cathédrale.

1855. — 22 SEPTEMBRE. — Adjudication des travaux d'agrandissement du port du commerce en aval du pont, sur une longueur de 158 mètres.

1855. — 6 NOVEMBRE. — Service funèbre à la cathédrale, en mémoire des mili-

taires morts en Orient « pour la cause de « l'Europe et de la civilisation ».

1855. — 18 NOVEMBRE. — Un arrêté du Maire prescrit une quête pour quatre familles incendiées à Pontpéri, dans la nuit du 16 au 17 novembre.

1855. — 22 NOVEMBRE. — Passage de S. M. le roi de Sardaigne ; les autorités vont le saluer à la gare.

1855. — 30 DÉCEMBRE. — Décret impérial nommant le pasteur Meynadier, chevalier de la Légion d'honneur.

1855. — 31 DÉCEMBRE. — D'après le rapport de M. Peloux, ingénieur en chef, la dépense des fontaines de Valence s'est élevée à 285.000 francs. Le réservoir seul a coûté 28.400 francs.

1856

1856. — Le recensement de la population de Valence donne 16.875 habitants.

1856. — 1er JANVIER. — Marc-Aurel frères, imprimeurs, créent « L'Ami des familles », publication catholique hebdomadaire.

1856. — 16 MARS. — Valence se réveille au bruit du canon qui annonce la naissance du Prince impérial. Le Préfet, le Maire, adressent des proclamations à la population. La Ville est pavoisée.

1856. — 16 MARS — A l'occasion de la naissance du Prince impérial, l'Empereur commue spontanément la peine de mort prononcée contre Chirouze, lequel devait être exécuté le 18. Les bois de justice allaient être dressés lorsque dans la nuit parvint la dépêche qui sauvait sa tête.

1856. — 20 MARS. — Le Conseil municipal se réunit pour voter une adresse à l'Empereur à l'occasion de la naissance du Prince impérial. « ..... La France, qui « votre génie a sauvée de l'anarchie, que « vous avez placée à la tête des nations ci « vilisées, attendait un nouveau gage de « sa sécurité pour l'avenir..... »

1856. — 30 MARS. — Dès l'arrivée de la dépêche annonçant la signature du traité de Paris, la Ville se pavoise et 101 coups de canon sont tirés au Champ-de-Mars.

1856 — 19 AVRIL. — Le décompte de la dépense d'établissement des fontaines publiques s'élève à 516.798 fr. 69.

1856. — 30 MAI. — La crue du Rhône détermine un affaissement de la culée du pont suspendu rive gauche, ce qui provoque la rupture de cette culée dans le sens du courant. Une partie s'incline vers l'ouest.

Elle emporte presque complètement les travaux du port qui touchaient à leur fin, renverse le mur de clôture de l'Abattoir et le mur mitoyen entre l'Hôpital et l'Arsenal.

1856. — 31 MAI. — Dans la nuit du 30 au 31 mai, les eaux du Rhône étant déjà à 5 mètres au-dessus de l'étiage, s'élevèrent de plus de 1m50. Surpris, les habitants de la Basse-Ville et des Iles se réfugièrent au premier étage de leurs habitations. L'eau arriva jusqu'à la place Saint-Estève et atteignit dans la journée 6m95. C'est la plus forte crue enregistrée exactement. L'eau s'élevait à 1m26 au-dessus du trottoir actuel du quai.

1856. — 3 JUIN. — Visite de Napoléon III, à propos des grandes inondations du Rhône. Il descend à la Préfecture de 9 heures à 9 heures 1/2 et repart pour Avignon.

1856. — 11 JUIN. — Le Conseil municipal vote un crédit 3.000 francs pour le baptême du Prince impérial ; mais d'après le vœu de l'Empereur, cette somme est versée à la caisse de secours des inondés du Rhône. Le maire, Vacher, est délégué pour assister à la cérémonie du baptême, le 17 juin.

1856. — 17 JUIN. — L'Empereur et l'Impératrice décident d'être parrains de tous les enfants de France, nés le 16 mars 1856. Dans la Drôme, il y eut 28 garçons

et 18 filles, dont 1 garçon et 3 filles à Valence.

1856. — 26 JUIN. — Décret autorisant la Ville à acheter à l'Etat pour cause d'utilité publique tous les terrains provenant des anciennes fortifications.

1856. — 27 JUIN. — La Ville achète une maison 4.000 francs pour l'élargissement de la rue de la Gare.

1856. — 1er JUILLET. — Loi concédant la ligne de Valence à Moirans à la Compagnie de Saint-Rambert.

1856. — 2 JUILLET. — Arrêté du Maire nommant une commission chargée de vérifier l'état des bâtiments de l'ancien gouvernement à la citadelle pour y établir un lycée.

1856. — 23 JUILLET. — Le Conseil municipal vote 150 francs pour la médaille commémorative du baptême du Prince impérial.

Dans la même séance, il vote la part de la Ville (6.000 francs) pour la construction des égouts du quartier Saint-Jacques (18.000 francs).

1856. — 4 AOUT. — Les demoiselles Morel proposent au Maire, de faire reconstruire à leurs frais la chapelle de l'église Saint-Jean, à condition que leur logement sera aménagé à l'étage audessus Après elles, il reviendrait à la fabrique. Cette proposition est rejetée.

1856. — 9 AOUT. — Un décret de l'Empereur alloue 5.000 francs provenant des dispositions testamentaires de Napoléon Ier « pour la création de la colonie agricole de jeunes garçons pauvres. » A partir de ce moment, l'établissement du chanoine Belle, considérablement agrandi, prit le nom de « Asile Napoléon » jusqu'en 1870.

1856. — 20 AOUT. — Arrêté autorisant la Ville à acheter le clos Payat, pour 32.600 francs.

1856. — 29 NOVEMBRE. — Le Conseil

municipal émet le vœu que le chemin de fer de France en Italie suive la vallée de la Drôme en partant de Valence.

1856. — 13 décembre. — Un avis préfectoral prescrit au Conseil général de faire dresser un projet de construction de nouvelles prisons.

1857

1857. — Le projet Bailly, architecte parisien, pour la construction des nouvelles prisons, propose de les édifier sur l'emplacement des anciennes ; il est repoussé.

Un deuxième projet propose de démolir un certain nombre de maisons pour réunir les prisons à la gendarmerie ; son prix élevé le fait encore repousser.

1857. — Deux médecins visitent fréquemment la salle d'asile.

1857. — 4 janvier. — Le procès-verbal d'expertise des terrains des anciennes fortifications fixe la surface à acheter à 42.796 mètres carrés pour la somme de 24.831 fr. 65. Une grande partie de ces terrains est évaluée à 0 fr. 30 le mètre carré.

1857. — 26 mars. — La Ville vend comme emplacement l'ancien « Hôtel de Mars » à la Société « l'Abeille » pour 3.660 francs.

1857. — 29 avril. — Le grand-duc Constantin est reçu à la gare par les autorités, passe la revue du 15e régiment d'artillerie et continue ensuite sa route sur Lyon, venant de Marseille.

1857. — 16 mai. — Décès de Mgr Chastrousse, évêque de Valence, comte romain, assistant au trône pontifical, décoré du Pallium, chevalier de l'ordre impérial de la Légion d'honneur, âgé de 61 ans, inhumé au Petit-Séminaire.

1857. — 28 mai. — Par arrêté ministériel, l'Etat cède à la Ville les terrains militaires pour la somme de 25.120 fr. 45 au lieu de 24.831 fr. 65, par suite de deux

erreurs de multiplication faites par les experts.

1857. — 13 juin. — Location de la glacière établie sous le terre-plein de la place Championnet avec condition de vendre 1 franc le kilo seulement la glace destinée aux malades.

1857. — 13 juin. — Le Conseil municipal vote la construction des trottoirs de la rue Roderie.

1857. — juillet. — La souscription pour l'érection de la statue colossale de Notre-Dame de France, au Puy-en-Velay, a produit la somme de 882 francs dans le diocèse de Valence.

1857. — aout. — Le Conseil général achète à M. Camparon, propriétaire, le dernier lot de l'évêché, lot qui allait jusqu'à la cathédrale.

1857. — 28 aout. — Le Conseil général émet le vœu qu'une succursale de la Banque de France soit créée à Valence. Le même vœu est renouvelé le 28 août 1863, et le 8 février 1867 par le Conseil municipal.

1857. — 29, 30, 31 aout et 1er septembre. — Le Congrès de la Société d'archéologie de France se tient à Valence, sous la présidence de M. de Caumont, dans une salle de l'Hôtel de Ville.

1857. — 12 septembre. — Le Conseil municipal vote une indemnité de 300 fr. au peintre Layraud pour son tableau « Naufrage de la Méduse » qu'il a donné au Musée de Valence. (Copié d'après Géricault).

1857. — 24 octobre. — Le Conseil émet le vœu que le chemin de fer de Privas parte de Valence et traverse le Rhône à Soyons.

1857. — 24 octobre. — Le Maire est autorisé à traiter avec le sieur Barbier pour l'achat de sa maison rue de la Préfecture au prix de 20.500 francs. C'était la maison sur l'emplacement de laquelle Ferlin a bâti la « Mauresque ».

1857. — 6 NOVEMBRE. — Entrée solennelle à Valence de l'évêque Lyonnet, successeur de Mgr Chastrousse, décédé.

1857. — 15 NOVEMBRE. — Distribution solennelle des médailles de Sainte-Hélène aux vieux soldats de l'Empire, dans la nouvelle salle des archives, aujourd'hui salle du Conseil général.

1857. — Exécution de la femme Guillermy et d'un berger, son amant.

1858

1858. — Les frères Marc-Aurel, imprimeurs, créent la revue « La Semaine du Dauphiné ».

1858. — JANVIER. — Les sœurs gardemalades de Notre-Dame auxiliatrice s'installent dans la maison qu'elles ont achetée, rue des Etables.

1858. — 17 JANVIER. — Un Te Deum est chanté à la cathédrale pour remercier la Providence d'avoir préservé les jours de L. M. dans l'attentat du 14 janvier précédent.

1858. — 18 JANVIER. — Le Conseil municipal vote une adresse à l'Empereur après l'attentat d'Orsini (14 janvier). On y lit : « Sire ... La Providence a épargné « vos jours et ceux de l'Impératrice, que « grâces lui soient rendues !... Quand « vos jours sont menacés la Patrie est en « danger et l'ordre social est ébranlé... »

1858. — 19 JANVIER. — Décret autorisant les sœurs de la Nativité à acheter les immeubles Constant et Petit, au faubourg Saunière.

1858. — 1er FÉVRIER. — Arrivée de six garde-malades logées dans la rue Saint-James, N° 12.

1858. — 8 FÉVRIER. — Création d'une galerie de salles de bain à l'hôpital.

1858. — 18 FÉVRIER. — Le Préfet signe, au nom de l'Etat, l'acte de vente cédant à la Ville les anciens terrains militaires pour 25.120 fr. 45.

1858. — 28 FÉVRIER. — Acquisition de la maison Féréol-Bret pour l'élargissement de la rue Farnerie.

1858. — 27 MARS. — Double exécution de la nommée Magdeleine Reynier, de Montbrun, pour assassinat de son mari et du nommé Estève, son complice. La guillotine fut dressée place du « Petit-Saint-Jacques. »

1858. — 2 AVRIL et 4 SEPTEMBRE. — Lettres du vicaire général au Maire de Valence lui demandant la création d'une troisième paroisse dans le quartier est de la Ville.

1858. — 14 AVRIL. — Achat, par les sœurs de la Nativité, des maisons et terrains Tranchant et Prost, du faubourg Saunière : 30.000 francs.

1858. — 12 JUIN. — La salle d'asile des Trinitaires est bénie par le cardinal Donnet, archevêque de Bordeaux, et déclarée salle d'asile modèle par décision du Ministre de l'Instruction publique, du 12 juillet suivant.

1858. — AOUT. — Dans sa session d'août, le Conseil général émet le vœu que les travaux du clocher de la cathédrale soient repris au plus tôt.
Il est fait remarquer que ces travaux sont arrêtés depuis trois ans, que les échafaudages pourrissent, que la maçonnerie se détériore et qu'une partie de la cathédrale est à découvert.

1858. — AOUT. — A la même session, le Conseil général vote la réfection du dallage de la cathédrale.

1858. — 23 AOUT. — Inauguration, pendant la session, du bâtiment neuf des archives de la Drôme.

1858. — 30 AOUT. — Dans le procès engagé entre Brun de la Comète, et la

Ville, celle-ci est déclarée propriétaire du terrain en triangle entre l'avenue des Balives et le chemin de la Comète, sous le Champ-de-Mars.

1858. — SEPTEMBRE. — Lettre du Préfet au Maire pour lui proposer de fonder à Valence un asile spécial pour les vieux soldats de l'Empire.

1858. — 10 OCTOBRE. — Fondation de l'asile des vieux soldats de l'Empire, dans la maison Tabourié, rue Roderie (ancienne école laïque de la rue Bouffier).

1858. — 8 NOVEMBRE. — Les sœurs garde-malades de Notre-Dame auxiliatrice sont autorisées à s'installer à Valence.

1858. — 8 NOVEMBRE. — Le Conseil municipal donne un avis favorable à la création d'une 3ᵉ paroisse, devenue paroisse de Notre-Dame, et vote les fonds pour le logement du curé.

1858. — 20 NOVEMBRE. — On commence la démolition de l'église des Pénitents ou Saint-Etienne, ordonnée par le Ministre, ainsi que l'immeuble Camparon pour dégager la cathédrale. On découvre sous le maître autel de l'église, des ossements qu'on attribua à Sainte-Galle, patronne de Valence

1858. — 11 DÉCEMBRE. — Décret portant création de la paroisse Notre-Dame.

1859

1859. — 1ᵉʳ JANVIER. — Fondation de la société de secours mutuels de la Compagnie des sapeurs-pompiers.

1859. — Le mur sud du parvis de la cathédrale est construit après la démolition de l'immeuble Camparon.

1859. — Les sœurs de Sainte-Marthe fondent un pensionnat au quartier d'Athènes (rue Faventines).

1859. — 1ᵉʳ JANVIER. — L'asile Napoléon, pour les vieux soldats de l'Empire,

est ouvert dans la maison Rocherie, rue Roderie, louée à cet effet.

1859. — 20 JANVIER. — Fusion des Compagnies des chemins de fer du Dauphiné avec celle du P. L. M.

1859. — 21 FÉVRIER. — Le Conseil municipal autorise les sœurs de Saint-Vincent-de-Paul à créer une succursale à Valence.

1859. — 11 MARS. — Au début d'une période électorale législative, le Préfet écrit au Ministre pour lui montrer que l'annonce de l'allocation de crédits pour l'achèvement du clocher de la cathédrale produirait le meilleur effet et assurerait le succès du candidat officiel qui avait 12 concurrents.

1859. — 20 AVRIL. — Le projet de construction du clocher de la cathédrale, modifié dans un sens plus économique, est refusé par le Conseil supérieur, et l'on conserve le projet primitif.

1859. — 11 MAI. — Napoléon III passe à Valence, se rendant à l'armée d'Italie, et déjeune au buffet de la gare.

1859. — 2 JUIN. — Par acte sous-seing privé, les Trinitaires achètent leur immeuble de l'avenue des Balives (décret approbatif du 11 février 1860).

1859. — 12 JUIN. — Un Te Deum est chanté à la cathédrale pour la victoire de Magenta et l'entrée des Français à Milan. Une grande fête a lieu dans la journée.

1859. — 25 JUIN. — Le Commissaire de police, accompagné de deux agents, d'un tambour et d'un clairon, lit dans les rues la dépêche annonçant la victoire de Solférino.

1859. — 3 JUILLET. — Te Deum chanté à la cathédrale pour la victoire de Solférino (24 juin 1859).

1859. — 6 AOUT. — Le Conseil municipal vote une adresse à l'Empereur au sujet de la campagne d'Italie :

« .... Honneur à vous, Sire, la Nation

« est fière de son Empereur, elle admire
« son courage, son génie et sa magnani-
« mité. Elle l'entoure de son amour... ».

1859. — 18 AOUT. — Une pétition
circule en Ville pour demander l'annexion
du Bourg à Valence. Le Conseil municipal du Bourg lui fait une réponse exces-
sivement violente que le Conseil municipal de Valence juge tout à fait injurieuse.
C'est la dernière tentative faite par Valence pour la réunion des deux communes.

1859. — 9 SEPTEMBRE. — Valence célèbre, par une grande fête, la rentrée des
troupes de la garnison revenant d'Italie.

1859. — 3 OCTOBRE. — Léopold, roi
des Belges, de passage à Valence, loge à
la Préfecture.

1859. — 30 OCTOBRE. — L'église Notre-
Dame est ouverte au culte. Ce n'est
qu'une construction provisoire, avec son
plafond léger que soutient une double
rangée de colonnes en bois dessinant une
triple nef.

Le même jour a lieu le baptême de la
cloche avec le préfet Ferlay pour parrain
et pour marraine, la sœur du maire,
Vacher.

1859. — 4 NOVEMBRE. — Le Conseil
municipal refuse à M. Borel l'autorisation
de faire aucune réparation à la façade de
sa maison, rue de la Gare, dont le mur
est mitoyen avec la Ville.

1859. — 14 NOVEMBRE — Est présenté
le rapport de l'entrepreneur des travaux
du port. La dépense a été de 105.000 fr.

Alors que les autres ports d'abordage
étaient à deux pentes convergentes, le
port neuf a une seule rampe sur toute sa
longueur, avec une cale d'abordage devant l'abattoir, laquelle existe encore
aujourd'hui.

1859. — 26 NOVEMBRE. — Le Ministre,
convaincu par les arguments du Préfet,
ordonne au début de la période électorale,
d'adjuger un lot de travaux de 140.000 fr.
aux entrepreneurs de la tour du clocher
de la cathédrale.

1860

1860. — 11 JANVIER. — Décret autorisant
la congrégation des filles de la Charité
de Saint-Vincent-de-Paul, à fonder dans
la ville de Valence un établissement de
sœurs de son ordre.

1860. — 28 JANVIER. — Mgr Lyonnet
vient de faire exécuter quatre belles
statues en pierre de Velleron, d'un mètre
environ de hauteur, représentant : Saint-
Emilien, Saint-Sixte, Saint-Apollinaire
et Saint-Jean, évêques de Valence. Ces
statues, sculptées par un artiste de talent,
sont destinées à orner la terrasse du
jardin de l'évêché (elles y sont encore,
mais bien endommagées par le temps).

Mgr Lyonnet a recueilli aussi un certain
nombre de portraits de nos anciens
évêques. (Le Courrier de la Drôme).

1860. — 19 FÉVRIER. — Grande
cavalcade, au bénéfice des indigents,
faite par les jeunes gens de la Ville avec
le concours du 16e d'artillerie. Un bal
masqué sur le plancher du Théâtre
termina la journée.

1860. — 16 MARS. — L'ingénieur de
Montgolfier a terminé les études de déri-
vation des eaux de la Bourne. La dépense
est évaluée à 3 330.000 francs pour une
surface irriguée de 22.000 hectares.

1860. — 26 MARS. — Cérémonie à
l'église Saint-Jean pour consacrer la
ville de Valence à la Sainte-Vierge.

1860. — 17 AVRIL. — Comme tous les
Conseils municipaux de la Drôme, celui
de Valence vote une adresse à l'Empereur
au sujet de l'annexion de la Savoie et de
Nice.

1860. — 16 JUIN. — Arrêté du Maire.
Programme de la fête nationale à l'occasion de la réunion de la Savoie et de Nice
à la France. La fête est pour le dimanche
suivant.

1860. — AOUT. — Moro, opticien, prend
une vue photographique du clocher de la
cathédrale en construction.

1860. — 7 SEPTEMBRE. — Visite de l'Empereur et de l'Impératrice. Dès le matin, le préfet, Ferlay, s'est rendu à Saint-Rambert pour y recevoir Leurs Majestés. A midi 26, le train spécial entre en gare. Le Maire, entouré de son Conseil municipal présente aux souverains les clefs de la Ville et leur adresse le discours suivant :

« Sire, daignez accepter les clefs de la
« Ville de Valence, ces clefs que nos
« prédécesseurs offrirent en des jours
« solennels aux rois Louis VIII, à Saint-
« Louis, à Louis XI, à Charles VIII, à
« Louis XII, à François 1er, à Charles IX
« et à Louis XIII, ces clefs ne sont plus
« aujourd'hui qu'un témoignage sym-
« bolique de nos sentiments dévoués et
« fidèles. Notre cité n'a plus de portes,
« de remparts et de fortifications ; mais
« il lui reste ce qui vaut mieux, des
« cœurs pour vous aimer, des bras pour
« vous défendre.... » Le Maire profite de la circonstance pour demander de conserver à Valence l'école d'artillerie créée depuis près d'un siècle, « à jamais illustrée
« par l'immortel auteur de votre Dynas-
« tie.... »

S'adressant ensuite à l'Impératrice :
« Madame, lorsque, en 1511, la reine
« Anne de Bretagne, résida pendant deux
« mois dans notre Cité, elle laissa dans
« tous les cœurs un renom de bonté, de
« vertu et de piété dont le souvenir
« subsiste encore. Comme cette reine,
« Madame, vous êtes bonne, charitable,
« et d'un noble cœur et comme elle aussi,
« si vous n'aviez un titre plus élevé vous
« pourriez être appelée comme elle « La
« Bonne Duchesse .... »

A l'entrée de l'avenue de la Gare, le cortège passe sous l'arc de triomphe : à l'Annexion de la Savoie et de Nice. Toutes les rues sont sablées jusqu'à la Préfecture. De chaque côté de l'avenue sont dressées des estrades destinées au public. A la Porte-Neuve un aigle aux ailes éployées surmonte un Dôme oriental et un monument dédié à la Dynastie napoléonienne, sur lequel sont appendues les armes de

Valence. Un square étale à ses pieds un tapis de verdure et de fleurs au milieu duquel apparaît l'Empereur couronné par la victoire de Solférino et par la paix à Villefranca.

Dans la rue Neuve, même profusion de verdure et de fleurs. Devant la mairie une fontaine en stalactite répand son onde sur un parterre de fleurs. A l'entrée de la rue Farnerie, devant la salle d'asile sur une estrade élégante, un groupe de jeunes enfants, vêtus de blanc, couronnés de fleurs, chantent au passage du cortège. Dans la Grand'Rue, les ouvriers de Valence ont dressé une inscription à Leurs Majestés Impériales en souvenir de la protection des sociétés de secours mutuels.

Dans la rue Faverie (Préfecture), les médaillés de Sainte-Hélène ont retrouvé leurs vingt ans et « leur bien-aimé Em-
« pereur » leurs vivats l'ont prouvé.

Enfin, la Préfecture réunit tous les genres d'ornements et de décorations : marquises, parterres de fleurs et jets d'eau à l'extérieur ; à l'intérieur, salon splendide, trône richement orné ; riches et fraîches toilettes des dames invitées.

Dès leur arrivée L. M reçoivent d'abord les dames et demoiselles de Valence, puis le clergé et toutes les autorités de la ville et du département.

La fête publique a alors commencé. Vers 5 heures, sur l'esplanade de Championnet ont lieu les jeux habituels : Mât de cocagne, course au sac, jeu du pot cassé, etc. Le soir : illuminations, feu d'artifice, bal champêtre à Championnet éclairé a giorno. L. M. sont repartis le soir pour Avignon. Le cortège qui les accompagne à la gare passe par la rue de la Préfecture, Grand'Rue, place Napoléon, esplanade Championnet où se trouvent massés 300 sapeurs-pompiers et l'avenue de la Gare, partout les illuminations produisent un effet féerique. (1)

1860. — 7 SEPTEMBRE. — L'Evêque

----

(1) Tous ces détails sont tirés du « Courrier de de la Drôme ».

offre à l'Empereur une photographie de l'état d'avancement des travaux du clocher de la cathédrale. La construction atteignait à la hauteur des 3 premières assises de la partie centrale en pierre de Saint-Restitut.

1860. — 1ᵉʳ OCTOBRE. — L'abbé Didelot, curé de Notre-Dame et fondateur de la paroisse, ouvre en face de l'église une quatrième école des Frères.

1860. — 6 OCTOBRE. — Le Conseil municipal vote le tiers des dépenses pour la construction d'une caserne d'artillerie dans les terrains de la citadelle. Ces dépenses étaient évaluées par le génie à 1.700.000 francs.

1860. — 6 OCTOBRE. — Il vote une adresse à l'Empereur en faveur de l'école d'artillerie, adresse que le Maire porte lui-même à Paris.

1860. — 17 NOVEMBRE. — Un décret impérial maintient définitivement à Valence une école d'artillerie de 2ᵉ classe avec un régiment d'artillerie (1).

1860. — 4 DÉCEMBRE. — Fête en l'honneur du maintien définitif de l'école d'artillerie à Valence.

1860. — 6 DÉCEMBRE. — Le Consistoire élit François-Barthélémy Lasserre, pasteur, pour succéder à M. Meynadier, décédé.

1860. — 21 DÉCEMBRE. — L'architecte voyer, Chauffeur, dépose son plan d'embellissement du Champ-de-Mars.

1861

1861. — Le recensement donne 18.915 habitants répartis en 17.421 catholiques et 1.494 protestants.

---

(1) L'école d'artillerie de Grenoble fut établie à Valence en 1777, l'année suivante, elle alla à Besançon, revint à Valence en 1783, et retourna à Grenoble en 1795. Bonaparte la rétablit à Valence sous le Consulat et elle y resta jusqu'en 1828.

1861. — 7 JANVIER. — Arrêté du Maire prescrivant une enquête sur le nombre d'indigents de la ville pour l'extinction de la mendicité.

1861. — 18 JANVIER. — M. Chauffeur, architecte voyer, dépose ses plans et projet de construction d'un hôtel de ville. Devis de 369.437 francs.

1861. — 20 JANVIER. — Obsèques de Alloati, professeur à l'école de sculpture de Valence.

1861. — 27 MARS. — Réception définitive des travaux de l'entreprise Vendre pour les fontaines publiques.

1861. — 1ᵉʳ JUILLET. — Il est question au Conseil municipal d'un projet de caisse de retraite pour les employés municipaux.

1861. — 15 JUILLET. — Le Conseil municipal approuve la dépense de la porcherie et triperie faite à l'abattoir.

1861. — 9 AOUT. — Création d'une succursale de l'école des Frères, dans la maison Pernetty, rue du Gallet, que la Ville vient d'acheter.

1861. — 9 SEPTEMBRE. — Une demande de restauration aux frais de l'Etat du clocher de Saint-Jean est présentée au Conseil municipal.

1861. — 26 OCTOBRE. — Adjudication des nouvelles prisons en bordure de l'avenue de Chabeuil, sur les plans et devis de Bailly, architecte de Paris. Dépense évaluée à 580.000 francs.

1861. — 30 NOVEMBRE. — Le Conseil municipal décide de faire effondrer le le terrain du cimetière Sainte-Catherine pour en recueillir les ossements et vendre l'emplacement.

1861. — 30 NOVEMBRE. — Il décide d'acheter au département les vieilles prisons pour y établir une halle. Prix 31.839 francs.

1862

1862. — D'importants travaux d'agrandissement au Palais de Justice sont exécutés pendant l'année et l'ont fait tel qu'on le voit aujourd'hui.

1862. — Fondation de l'institution protestante Frédéric Pelon.

1862. — JANVIER. — Pétition du Conseil municipal pour que la ligne du chemin de fer de Grenoble rejoigne la grande ligne à Valence au lieu de La Roche-de-Glun, comme le veut la Compagnie.

1862. — 20 JANVIER. — Projet de restauration du clocher de Saint-Jean. Le porche et l'étage au-dessus datent du XIIe siècle et sont du style roman, la restauration sera faite dans le même style.

1862. — 21 JANVIER. — Lettre du pasteur Roman au Maire pour lui demander la création d'une salle d'asile protestante, adjointe à l'école de filles du Champ-de-Mars. La dépense est prévue au budget de 1863.

1862. — 4 FÉVRIER. — Pour élargir l'avenue du Pont, la Ville achète et fait démolir l'ancien grenier à sel (immeuble Lestrat, à l'angle sud du quai du Rhône et de l'avenue Gambetta).

1862. — 12 FÉVRIER. — Un projet d'embellissement du Champ-de-Mars, dressé par M. Du Locle, est présenté au Conseil municipal qui l'approuve et vote la dépense dans une séance ultérieure. C'est la disposition actuelle de l'esplanade. On arracha les arbres nécessaires à la création des deux allées centrales.

1862. — 24 FÉVRIER. — La ligne de chemin de fer de Livron-Privas est ouverte aux marchandises et le 1er mars suivant aux voyageurs.

1862. — 1er MARS. — Le premier kiosque à musique et les bassins du Champ-de-Mars sont en construction selon les plans de MM. Du Locle et Chauffeur.

1862. — 27 MARS. — La lettre de la Chambre de Commerce de Lyon au Maire (1841) étant restée sans effet, le Conseil municipal reprend la question et émet le vœu qu'une Condition des soies soit établie à Valence ; il vote un crédit de 10.000 francs pour acheter les appareils.

1862. — 1er AVRIL. — Arrêté du Maire, autorisant les religieuses de la Nativité à construire un caveau funéraire dans les terrains de leur couvent au faubourg Saunière.

1862. — 5 MAI. — Un projet d'agrandissement de la Gare est soumis au Conseil municipal.

1862. — 14 MAI. — Le marquis de Castellane est nommé préfet de la Drôme.

1862. — 30 MAI. — Adjudication (4.000 francs) de la ferme d'un café qui doit être construit par la Ville au midi du Champ-de-Mars.

1862. — 4 JUILLET. — Après le rejet d'un premier plan de la grande caserne d'artillerie, il en est présenté un deuxième qui subit le même sort.

1862. — 7 JUILLET. — Obligée de vider la caserne de Vernaison (gendarmerie), la Ville loue pour le casernement l'immeuble Breithmeyer, près du pont suspendu.

1862. — 7 SEPTEMBRE. — Le Roi de Bavière, de passage à Valence, descend à l'hôtel de la Croix-d'Or où il passe la nuit. A huit heures du matin, il va à la cathédrale entendre la messe.

1862. — 13 SEPTEMBRE. — Une décision du Ministre de la Guerre prescrit de commencer sans retard les travaux de la caserne d'artillerie.

1862. — 24 SEPTEMBRE. — Exécution à 6 heures 5 du matin, place du Petit-Saint-Jacques, de Artaud, assassin d'une jeune fille. Artaud avait tenté de se couper la gorge, il respirait avec un tube d'argent qui lui fut enlevé au moment de l'exécution.

1862. — 15 OCTOBRE. — Le Conseil presbytéral demande au Maire la création d'une école protestante de garçons.

1862. — 18 OCTOBRE. — Un décret impérial crée à Valence une école normale d'instituteurs, qui s'installe dans l'immeuble Bernard, ouvrant à la fois sur la rue Saint-Victor et sur l'avenue Victor-Hugo.

1862. — 30 OCTOBRE. — Un troisième projet pour la construction de la caserne d'artillerie, présenté par le général Tripier, est enfin adopté.

1862. — 15 NOVEMBRE. — Le Conseil presbytéral ayant demandé l'agrandissement de la tribune du temple, le Conseil municipal refuse la demande pour ne pas nuire à l'ensemble artistique de l'édifice.

1862. — 8 DÉCEMBRE. — Après l'établissement du règlement de la Condition des soies (5 mai 1862), un décret en autorise la création. Le Conseil municipal décide de l'installer dans la maison Gleizal, au faubourg Saunière.

1862 — 11 DÉCEMBRE. — Un arrêté ministériel autorise la Compagnie du chemin de fer à supprimer le passage à niveau du Pont-du-Gât et à le remplacer par une passerelle.

1862. — 20 DÉCEMBRE. — Le Maire est autorisé à faire démolir les remparts qui sont encore debout.

1863

1863. — 1er JANVIER. — A partir de ce jour, la Ville prend à sa charge tous les frais de l'école des Frères de la rue Notre-Dame et paye même la location de l'immeuble à l'abbé Didelot, son fondateur.

1863. — 10 JANVIER. — Le Conseil municipal décide la construction d'une chapelle ossuaire au nouveau cimetière pour recevoir dignement dans sa crypte les ossements exhumés au cimetière Sainte-Catherine.

1863. — 20 JANVIER. — Pendant le déblaiement de l'ancien cimetière on exhume les restes de Mgr Bécherel, évêque de Valence, mort le 25 juin 1815, lesquels sont déposés dans le caveau épiscopal de Saint-Apollinaire.

1863. — 28 JANVIER. — Le Préfet signe un bail de 3 ans de l'immeuble Bernard, au quartier Saunière, pour l'école normale d'instituteurs.

1863. — 1er FÉVRIER. — Translation, au nouveau cimetière, des ossements des protestants. Enfermés dans deux cercueils, ils sont conduits au temple, où le dimanche 1er février, a lieu la cérémonie funèbre. Un cortège nombreux les accompagna ensuite jusqu'au nouveau cimetière.

1863. — 2 AVRIL. — Proposée le 2 août précédent, la création d'une école de tissage est décidée par le Conseil municipal qui en confie la direction à Mme Ginot, née Seux ; 20 élèves en suivent les cours.

1863. — 7 MAI. — Arrêté créant un marché aux bestiaux à partir du 11 juin suivant.

1863. — 15 MAI. — Adjudication de la construction de la Condition des soies, sur un terrain au Champ-de-Mars appartenant à la Ville. Devis de 38.240 francs.

1863. — Du 6 AU 18 JUIN. — Concours régional agricole, installé au boulevard du Cagnard, aux esplanades de Championnet et du Champ-de-Mars.
Le concours s'ouvre par une messe célébrée par l'Evêque au Champ-de-Mars, où le « Salvam Imperatorem » est chanté par 200 personnes.
Ensuite carrousel au polygone, cavalcade, concours musical auquel prennent part de nombreuses sociétés.

1863. — 11 AOUT. — Les travaux d'aménagement étant terminés, l'école normale d'instituteurs ouvre ses cours à 14 élèves, sous la direction de M. Bonneville, mort à Valence en 1865.

1863. — 15 AOUT. — Fête de l'Empereur. Programme habituel. Réunion des autorités et des corps constitués à la Préfecture pour se rendre ensuite en cortège à la cathédrale où est célébré un service religieux suivi d'un Te Deum. Egalement service religieux dans les autres églises et au temple protestant.

1863. — 12 SEPTEMBRE. — Le Conseil municipal décide de construire à l'hôpital un quartier spécial pour les femmes et en confie les plans à l'architecte voyer Chauffeur.

1863. — Du 20 AU 24 OCTOBRE. — Glissement du tablier du pont de Vernaison sur l'Isère, voie ferrée de Valence à Grenoble, long de 120 mètres et du poids de 500.000 kilos.

1863. — 1er NOVEMBRE. — Est donnée l'adjudication d'un second lot de travaux pour la construction du clocher de la cathédrale.

1863. — 2 NOVEMBRE. — Grande solennité à laquelle participent toutes les autorités de la Ville pour la translation des ossements des catholiques au nouveau cimetière, comprenant les reste de plus de 20.000 corps. Une pluie d'orage dérange la cérémonie.

1863. — 15 DÉCEMBRE. — La mise en vente des terrains du cimetière Sainte-Catherine à 5 francs le mètre carré ne donne pas de résultat, à cause de la répulsion que les habitants ont pour ces terrains.

1863. — 16 DÉCEMBRE. — A 7 heures 45 du matin, exécution de Joseph Gardan de Lens-Lestang, coupable d'assassinat de sa mère et de ses deux frères, place du Petit-Saint-Jacques.

1863. — 23 DÉCEMBRE. — La Ville achète la source Béranger pour la somme de 52.000 francs.

1863. — 23 DÉCEMBRE. — Elle achète le même jour la maison Rouveyre, rue Farnerie, pour le presbytère de la paroisse Saint-Jean.

1863. — 28 DÉCEMBRE. — En déblayant et nivellant la place des Ormeaux on trouve un autel consacré à Valérius, le plus ancien monument de ce genre que l'on connaisse.

1864

1864. — Pétition des habitants de Valence adressée à l'Empereur pour le rachat du pont suspendu.

1864. — D'après l'abbé Blanchard, ce serait au cours de 1864, que la famille d'Uzès aurait acheté le vieux château de Crussol ?

1864. — Démolition de l'attique de la façade de l'hôtel de la Préfecture qui a enlevé à cet édifice tout son cachet.

1864. — 14 MARS. — La Condition des soies ouvre ses portes au public intéressé dans son immeuble du Champ-de-Mars complètement achevé.

1864. — AVRIL. — Construction du buffet de la gare de Valence.

1864. — 9 MAI. — Ouverture au public de la ligne ferrée de Valence à Grenoble.

1864. — 14 MAI. — Le Conseil municipal approuve les plans et devis relatifs à la restauration de la tour de l'église Saint-Jean.

1864. — JUIN. — La passerelle du Pont-du-Gât est livrée à la circulation, malgré l'opposition de la Ville qui demandait une forte indemnité pour sa construction.

1864. — 3 JUIN. — Le Ministre de l'Intérieur refuse aux Dames trinitaires l'autorisation de construire dans leur propriété des Balives un caveau funéraire pour leur inhumation.

1864. — 28 JUILLET. — Adjudication des travaux de restauration du clocher Saint-Jean, d'après les plans de Bailly, architecte de la tour de la cathédrale. Ces travaux ne comprenaient que la façade principale jusqu'aux fenêtres du 2ᵉ étage. Devis : 23.744 fr. 17.

1864. — 21 SEPTEMBRE. — Dans une lettre au Préfet, l'abbé Didelot, curé de Notre-Dame, dit qu'il se propose de créer à Valence un établissement des Petites-Sœurs des pauvres, dont la maison mère est à La Tour-Saint-Joseph (Ille-et-Vilaine).

1864. — Du 4 AU 18 OCTOBRE. — L'évêque, Mgr Lyonnet, fait transférer le monument de Pie VI au fond du déambulatoire de la cathédrale.

1864. — 7 ET 21 OCTOBRE. — Par trois actes de vente, les Petites-Sœurs des pauvres acquièrent les emplacements où elles sont actuellement (1). Prix 23.000 francs.

1864. — 15 OCTOBRE. — Les travaux de restauration de la tour de l'église Saint-Jean sont en cours d'exécution.

1864. — 30 OCTOBRE. — L'empereur de Russie est de passage à Valence, il dîne au buffet de la gare.

1864. — 5 NOVEMBRE. — Le baron de Montour est nommé préfet de la Drôme.

1864. — 10 NOVEMBRE. — Proclamation du marquis de Castellane aux habitants de Valence et du Bourg les priant de s'abstenir de toute manifestation publique au sujet de son déplacement et de renoncer à la démarche qu'ils voulaient faire ce soir pour lui donner un témoignage public des regrets que leur cause la mesure dont il vient d'être l'objet.

1864. — DÉCEMBRE. — Mgr Lyonnet, évêque de Valence, est nommé archevêque d'Albi.

1865

1865. — Les religieuses de Sainte-Marthe ont 150 élèves dans leur pensionnat.

_____

(1) Quartier de Jappe-Renard.

1865. — On construit la gare des voyageurs qui n'était depuis l'ouverture de la ligne qu'un baraquement provisoire.

1865. — JANVIER. — On a seulement posé le socle de la caserne d'artillerie en construction.

1865. — 1ᵉʳ JANVIER. — L'école protestante de garçons, créée par décision municipale le 15 octobre précédent, s'ouvre dans la maison Aurelle, rue Neuve-du-Champ-de-Mars (rue François-Pie actuelle).

1865. — 20 JANVIER. — Arrêté préfectoral réorganisant la Société d'agriculture qui était, dit-il, en complet état de dissolution.

1865. — 27 JANVIER. — Le Conseil municipal s'occupe de l'alignement des boulevards, de la création de nouvelles rues y aboutissant, et de la vente des emplacements à bâtir.

1865. — 7 FÉVRIER. — La mise en vente des terrains de l'ancien cimetière n'ayant pas donné de résultat, le Maire est autorisé à les vendre à l'amiable à M. Barneron, au prix de 16.000 francs.

1865. — 7 FÉVRIER. — Le Conseil municipal accepte le devis de la chapelle ossuaire. Une souscription publique avait produit 4.458 francs, le Conseil vote le complément des dépenses.

1865. — 15 MARS. — Adjudication des travaux de construction de la chapelle ossuaire au cimetière.

1865. — 16 MARS. — Le Conseil municipal appui, par un vœu, la pétition des habitants pour le rachat du pont suspendu.

1865. — 16 MARS. — Le Conseil municipal fixe les conditions de construction des maisons sur les boulevards : maisons à 3 étages ou 2 étages avec mansardes, laissant une rue de 10 mètres sur le devant.

En 1864 et 1865, 16 emplacements

étaient vendus au prix de 28 francs le mètre carré.

1865. — 2 MAI. — Arrêté du Maire, autorisant les arpenteurs à pénétrer dans les propriétés privées pour le lever du nouveau plan de nivellement de la Ville.

1865. — 15 MAI. — Entrée solennelle de Mgr Gueulette, évêque de Valence, successeur de Mgr Lyonnet.

1865. — 27 MAI. — Le Conseil municipal envoie une longue lettre à l'Empereur pour l'inviter à s'arrêter à Valence à son retour d'Algérie. Il lui est notamment parlé du rachat du pont suspendu.

1865. — 20 JUIN. — La Ville signe l'acte de vente de l'ancien presbytère de la paroisse de Saint-Jean, rue du Musée.

1865. — 5 JUILLET. — Est donnée l'adjudication du 3e et dernier lot des travaux de construction de la tour de la cathédrale.

1865. — 15 SEPTEMBRE. — M. Dupré de Loire, conseiller municipal, demande la publicité des séances du Conseil ; le Maire est de cet avis, mais la loi s'y oppose. On fera les démarches nécessaires pour y aboutir.

1865. — 1er NOVEMBRE. — Inauguration de la chapelle ossuaire du cimetière Saint-Lazare.

1865. — 5 NOVEMBRE. — On fait constater au Conseil municipal que les murs de la caserne d'artillerie sont terminés mais qu'il manquera de l'argent pour la couvrir.

1866

1866. — Les bureaux de la poste sont installés au N° 1 de la place du Colombier.

1866. — 2 JANVIER. — Arrêté du préfet, baron de Montour, approuvant les statuts de la Société d'archéologie et de statistique de la Drôme.

1866. — 5 JANVIER. — Les Trinitaires

achètent la maison de M. Segond où était l'ancien pensionnat de ce nom. Prix 135.000 francs. (Décret approbatif du 28 mars 1868.)

1866. — FÉVRIER. — En déblayant les abords de la cathédrale entre l'évêché et l'église, on découvre la mosaïque du baptistère de Valence.

1866. — 20 FÉVRIER. — Thèse de doctorat en droit de Joseph Belat, avec dédicace au supérieur du Petit-Séminaire.

1866. — 27 FÉVRIER. — Ouverture de la rue des Alpes à travers les propriétés Fabry et Joulie.

1866. — 27 FÉVRIER. — Concession d'eau gratuite à l'Orphelinat Napoléon (Saint-Joseph) et au couvent de Sainte-Marthe.

1866. — 10 MARS. — Le Maire dit au Conseil municipal qu'il y a lieu de payer 5.500 francs à l'abbé Didelot qui a ouvert la rue Notre-Dame.

1866. — 10 MARS. — Accord intervenu entre la Ville et le chemin de fer au sujet de la passerelle du Pont-du-Gât et du tunnel.

La Compagnie accepte de faire couvrir à ses frais « la tranchée de fer », comme on l'appelait alors, jusqu'au pont Notre-Dame, à l'entrée de la rue des Alpes ; de son côté la Ville renonce à toute indemnité pour l'établissement de la passerelle. L'Etat prend à sa charge le déplacement de la route impériale qui passait le long des arbres et fut reportée de l'autre côté à l'Est.

1866. — 1er AVRIL. — La gare des voyageurs est ouverte au public ; elle remplace le baraquement qui fut construit à l'origine.

« La gare des voyageurs de Valence a
« été construite sur les plans de M. Bou-
« chot, architecte de l'Empereur. Les prin-
« cipaux motifs de cette construction ont
« été empruntés au Grand Trianon de Ver-
« sailles... Quoiqu'il en existe de plus

« vastes, on peut dire qu'il en est peu qui
« présentent un accord aussi bien en-
« tendu des éléments divers d'architec-
« ture. » (Abbé Jouve.)

1866. — 12 MAI. — Réception provisoire des nouvelles prisons.

1866. — JUIN. — Le recensement donne
pour Valence les résultats suivants :

Catholiques 18.319
Protestants . , ... 1.809
Israélites 14
____
Population totale . . . 20.142
— municipale . 17.420

3.528 personnes au-dessus de 8 ans sont
complètement illettrées.

1866. — 6 JUIN. — On commence la
construction des maisons du Cagnard.

1866. — 18 JUILLET. — Les religieuses
du Saint-Sacrement achètent le clos Saint-
Victor à M. Menet, au prix de 180.000
francs.

1866. — AOUT. — On opère le transfert
des prisonniers dans les nouvelles prisons.

1866. — 4 AOUT. — Décret autorisant
le transfert de Romans à Valence de la
maison-mère du Saint-Sacrement.

1866. — 4 AOUT. — Le Conseil municipal adopte : 1° le règlement qui organise le service des pompes funèbres ; 2° le
traité avec Teyssier frères qui en assureront le service

1866. — 22 OCTOBRE. — Un arrêté municipal sur les ensevelissements prescrit
de porter les corps dans un corbillard à
partir du 1er novembre suivant.

1866. — NOVEMBRE. — Les travaux du
clocher de la cathédrale touchent à leur
fin ; il reste à mettre en place le tympan
du porche, œuvre du sculpteur Vatrinelle
de Paris et les 3 grilles formant le porche,
en fer forgé dans le style du XIIe siècle.
La tour du clocher est construite, dans
sa partie inférieure, en pierre de Crussol,
devenue avec le temps d'un blanc pur

comme du marbre, alternant dans les arcs
avec la pierre noire de Volvic. La partie
médiane, dépourvue de tout ornement est
en pierre de Saint-Paul-trois-Châteaux.
Dans la partie supérieure le Crussol al-
terne encore avec le Volvic. Au-dessus des
fines colonnades du clocher, se trouvent
des incrustations du plus gracieux effet.
La couverture en cuivre disposée en
pointe de diamant est surmontée d'une
énorme croix supportant un coq gaulois
doré.
La tour de la cathédrale mesure 45 mètres de haut du pavé à la naissance de la
croix et 53 mètres depuis le sol de la cour
de l'école Saint-Apollinaire.

1866. — 29 NOVEMBRE AU 28 AOUT 1867.
— Le Conseil municipal s'occupe pendant
de nombreuses séances de l'alignement et
de l'aménagement des boulevards.

1866. — DÉCEMBRE. — On commence
de mettre en place la mosaïque de la cathédrale.

1866. — 13 DÉCEMBRE. — Décret autorisant : 1° l'achat du clos Saint-Victor par
la congrégation du Très-Saint-Sacrement;
2° un emprunt de 250.000 francs au Crédit foncier pour la construction d'importants bâtiments et de la chapelle ; travaux
qu'arrêtèrent en partie les événements de
1870.

1866. — 28 DÉCEMBRE. — Les Trinitaires achètent rue Segond la maison qui
complète leur important immeuble dans
cette rue.

1867

1867. — M. Martin fonde, dans un simple baraquement en planches, le « Bazar
de la Drôme » devenu les « Nouvelles
Galeries ».

1867. — 8 JANVIER. — Un conseiller
municipal propose en séance d'ouvrir une
souscription publique pour faire placer au
Musée le portrait de M. Bérenger, par
M. Lecomte, élève de Gérôme.

1867. — 13 FÉVRIER. — Séance orageuse au Conseil municipal au sujet de l'alignement des boulevards depuis la rue Saunière à la tour des prisons. La commission d'embellissement donne sa démission suivie de celle de M. Clerc, comme conseiller. Malgré ces incidents, la proposition du Maire est adoptée. Elle consistait à supprimer la rue des Récollets pour donner plus de largeur à la place Impériale ; ce qui fut fait. Les opposants voulaient que la ligne droite partit de la tour des prisons à l'alignement du café de France. La place de la République n'aurait pas eu la régularité qu'elle a aujourd'hui.

1867. — 4 MARS. — On commence la démolition des petites constructions adossées aux remparts entre la porte Saunière et la tour des prisons.

1867. — 15 MARS. — La Ville autorise l'adjudication des travaux du tunnel qui commencent le 8 novembre suivant.

1867. — 15 MARS. — Le projet d'agrandissement de la tribune du temple est présenté à nouveau au Conseil municipal qui l'accepte. La dépense s'élève à 2.110 francs sur laquelle le Conseil alloue 500 francs.

1867. — 19 MARS. — Inauguration du culte de Saint-Joseph dans l'église de ce nom (rue de la Cécile) avant que la décoration intérieure fut achevée. (Tracol, architecte).

1867. — 23 AVRIL. — Le Conseil municipal décide de racheter toutes les actions du théâtre restées entre les mains des héritiers de M. Brun. Désormais la Ville est seule propriétaire du théâtre.

1867. — 24 AVRIL. — Est signé l'acte de vente du presbytère de Saint-Jean, acheté par la Ville, rue Farnerie, au prix de 23.500 francs.

1867. — 9 MAI. — Arrêté du Préfet qui homologue la promesse du 15 avril dernier par laquelle l'abbé Didelot cède à la ville de Valence le sol de la rue Notre-Dame, entre la rue Faventines et l'avenue de Chabeuil, rue de 232 m. 50 de long sur 9 mètres de large et bordée de trottoirs.

1867. — 26 MAI. — Le Conseil municipal adopte le projet de l'érection d'une statue à Montalivet, ancien maire de Valence, ministre de l'Intérieur de 1809 à 1814 et pair de France. Une souscription publique ouverte à la suite de ce vote, produisit 21.000 francs.

1867. — 8 JUIN. — Le Conseil municipal vote une adresse à l'Empereur après l'attentat de Bérézowsky sur l'empereur de Russie, en visite à Paris pendant l'Exposition universelle.

1867. — 5 JUILLET. — Adjudication pour la vente des matériaux provenant de la démolition des anciennes prisons.

1867. — 12 AOUT. — Le Conseil municipal est d'avis d'autoriser les Trinitaires à acheter les immeubles Constant et Segond pour y transférer leur pensionnat de la rue Farnerie, malgré des pétitionnaires qui font remarquer que cet établissement nuirait au développement commercial du quartier.

1867. — OCTOBRE. — Le pensionnat Segond, dont l'immeuble a été acheté par les Trinitaires, est transféré au clos Saint-Victor, sous la direction des dames du Très-Saint-Sacrement.

1867. — 12 OCTOBRE. — La salle d'asile protestante est disjointe de l'école de filles et installée dans la maison Cotte, rue François-Pie.

1867. — 8 NOVEMBRE. — Les travaux de la voûte du tunnel, adjugés à l'entrepreneur Longueville, sont commencés. L'Etat donne 12 000 francs pour refaire le pont Notre-Dame.

1868

1868. — 16 JANVIER. — Les travaux du tunnel sont repris après avoir été interrompus durant les grands froids.

1868. — 2 AVRIL. — On construit les trottoirs du Cagnard pour indiquer exactement l'alignement des boulevards.

1868. — 2 AVRIL. — Décret créant à Valence une succursale de la Banque de France.

1868. — 16 AVRIL. — Acte de vente de l'Etat à la Ville des anciennes prisons. Le Conseil municipal abandonne l'idée d'y construire une halle, vend une partie de l'emplacement et dispose du reste pour la percée des rues Jeu-de-Paume et Général-Farre.

1868. — 12 ET 31 MAI — Le Conseil municipal autorise le Maire à vendre les emplacements restants du boulevard sud, appelé Cagnard.

1868. — 14 JUIN. — Démolition de ce qui reste des vieilles prisons de la Commission, pour la percée de la rue Jeu-de-Paume.

1868. — 2 JUILLET. — Consécration de l'église Saint-Joseph (rue de la Cécile).

1868. — 13 JUILLET. — Décès de l'aquarelliste Tarel Charles-Aristide, né à Valence, le 15 juin 1813.

1868. — 20 JUILLET — Les travaux de la ligne de Livron à Crest sont commencés.

1868. — 25-28 JUILLET. — Convention entre le Maire de Valence et M. Crauk, statuaire, pour couler en bronze la statue de Montalivet, fixant le prix à 20.000 francs. L'inscription est préparée par M. Belat :

A Jean-Pierre Bachasson, comte de Montalivet
1766-1823
Conseiller au Parlement de Grenoble, 1785
Soldat volontaire, 1794
Maire de Valence, 1795-1801
Directeur général des Ponts et Chaussées, 1806
Ministre de l'Intérieur, 1809-1814
Pair de France, 1819

1868. — 12 AOUT. — La voûte du Tun-

nel est terminée et le pont à l'entrée de la rue des Alpes est livré à la circulation.

1868. — 25 SEPTEMBRE. — Le Conseil de l'ordre de Sainte-Marthe demande que la succursale de Valence soit reconnue et que la supérieure soit autorisée à acheter un immeuble de 30.000 francs au quartier d'Athènes qu'elle occupe déjà. L'acte de vente est du 10 octobre 1868.

1868. — OCTOBRE. — L'école pour les filles pauvres protestantes est distraite du pensionnat dirigé par Mme Bourdin et installée dans une sorte de remise attenant à la pension, sous la direction de Mme Laurans.

1868. — 8 NOVEMBRE. — La Ville achète cinq parcelles de terrain pour agrandir le cimetière.

1868. — 8 NOVEMBRE. — Acquisition des terrains Uzel, au sud des remparts, pour élargir l'avenue du Pont.

1868. — 28 NOVEMBRE. — M. Bulot, architecte départemental, est chargé de dresser les plans de la succursale de la Banque de France.

1868. — NOVEMBRE ET DÉCEMBRE. — Plantation des arbres du boulevard d'après les plans de M. Luiset, architecte dessinateur de Lyon.

1868. — 15 DÉCEMBRE. — La caserne d'artillerie n'est pas encore terminée, mais on décide quand même d'y loger 500 militaires. Pour sécher les murs encore trop humides, il est décidé d'installer un poêle dans chaque salle. Le Conseil municipal vote la somme pour l'achat du combustible nécessaire.

1869

1869. — Il est présenté un projet de construction d'un pont en fer sur le Rhône, en face de Pontpéri pour desservir le nord de la ville et abandonner le rachat du pont suspendu.

1869. — 3 JANVIER. — Le Conseil municipal décide qu'à l'expiration du bail pour l'éclairage au gaz, la Ville exploitera elle-même l'usine en régie.

1869. — 15 JANVIER. — Paraît le premier numéro de « l'Indépendant », imprimerie Chaléat, rue Cartelet.

1869. — 7 FÉVRIER. — Le « Courrier de la Drôme » signale un accident de vélocipède à Valence.

1869. — 8 FÉVRIER. — Promulgation de la loi qui autorise l'échange des terrains de la citadelle, 18.000 mètres carrés appartenant à la Ville, contre l'esplanade Saint-Félix, 16.000 mètres carrés appartenant à l'Etat.

1869. — 11 FÉVRIER. — Un arrêté municipal organise le service des voitures de place qui commence deux jours après.

1869. — 19 FÉVRIER. — Décret approbatif désignant l'emplacement du rond-point du Cagnard pour la construction d'une fontaine monumentale.

1869. — 3 MARS. — Le Maire est autorisé à traiter de gré à gré avec l'entrepreneur pour achever la restauration du clocher de Saint-Jean. Il s'agissait de remplacer pierre par pierre le revêtement extérieur pour lui conserver son caractère primitif.

1869. — 12 MARS. — Le 38ᵉ de ligne quitte sa garnison de Valence.

1869. — 16 AVRIL. — Dans l'impossibilité de payer toutes les dépenses qu'il avait faites pour la construction de l'église Notre-Dame, du presbytère et de l'école de garçons, le curé, Didelot, vend les trois immeubles à la Ville qui s'engage à payer toutes les dépenses restantes soit 52.000 francs. C'est ainsi que ces trois immeubles sont devenus biens communaux.

1869. — 18 AVRIL. — Le Conseil municipal décide, sur une pétition des habitants du quartier Saunière, de reconstruire ailleurs l'usine à gaz municipale.

1869. — 18 AVRIL. — Dans la même séance, le Conseil municipal invite le Maire à observer la neutralité dans la consultation du suffrage universel pour les élections législatives du mois de mai suivant, et à ne pas permettre que les agents de police distribuent des bulletins de vote.

1869. — 24 AVRIL — Achat du terrain de la veuve Echallier pour l'agrandissement du cimetière.

1869. — 3 MAI. — Première réunion électorale, à Valence, en faveur de la candidature de Désiré Bancel. La 2ᵉ eut lieu le 6, dans la salle du Grand Casino musical au Champ-de-Mars (établissement Cognard actuel), à 3 heures du soir. La salle sera fermée à 3 heures 1/2.

1869. — 23 MAI. — Elections législatives générales. Résultats à Valence :

Désiré Bancel   2.705 voix.
Lacroix-Saint-Pierre   901

Résultats généraux de la circonscription de Valence :

Désiré Bancel   12.223 voix.
Lacroix-Saint-Pierre   14.866   élu.

Les autres élus du département étaient : Monier de la Sizeranne, 2ᵉ circonscription, et Théodore Morin, pour la 3ᵉ.

1869. — 24 MAI. — On commence à déblayer l'emplacement de la succursale de la Banque de France.

1869. — 25 MAI. — Dans l'après-midi, une colonne considérable d'électeurs a parcouru notre ville et, vers 3 heures, est allée acclamer M. Bancel sous les fenêtres de son appartement. Un silence impressionnant s'est fait dès qu'il a paru à son balcon : « Mais chers concitoyens, a-t-il « dit, je vous remercie de votre accueil « bienveillant..... Retirez-vous paisible- « ment..... et sachez que si je suis l'élu « de Paris et de Lyon mon cœur reste à « Valence..... ».
Le soir, au théâtre, dans les rues, nou-

velles manifestations de sympathies. (D'après « L'Indépendant »).

1869. — 27 MAI. — Une foule considérable accompagne à la gare, le député Bancel qui doit partir par le train de midi. « C'était un adieu fraternel que les habitants de Valence venaient lui adresser ; ils étaient là sept ou huit mille ; des femmes en grand nombre étaient émues jusqu'aux larmes.

« Du haut de l'escalier de la gare, le député de Paris et de Lyon a dit d'une voix forte et vibrante :

« Au nom de nos pères, au nom de nos « aïeux, au nom des principes immortels « de 1789, au nom de la liberté, je vous « remercie !..... Je salue l'avenir de liberté « dont je vois déjà l'aube éblouissante..... « J'ai voué mon cœur, ma vie tout entière « à la liberté, l'égalité, la fraternité, et il « s'agit là non seulement de la liberté de « mon pays, mais encore de la liberté uni- « verselle et de l'union des mondes. »

« Des tonnerres d'applaudissements éclataient à chaque phrase..... Puis le signal du départ a retenti. (D'après « l'Indépendant »).

1869. — 27 MAI. — Pour prévenir désormais toute manifestation, tout rassemblement, le Maire prend le soir même un arrêté interdisant tout attroupement de jour et de nuit.

1869. — 6 JUIN. — Le plan de l'élargissement de l'avenue du Pont prévoit une largeur de 14 mètres de chaussée et des trottoirs de 3 mètres de chaque côté, un mur de soutènement avec parapet et des plantations d'oseraies et d'arbres sur le talus. Devis 19.000 francs.

1869. — 11 JUIN. — La Ville achète les maisons à démolir pour joindre les deux places de Saint-Jean : la première devant l'église, la deuxième au sommet de la côte des Chapeliers.

1869. — 11 JUIN. — Vente du premier lot des emplacements du Cagnard à

M. Viriville (angle sud-est de la place Porte-Neuve).

1869. — 9 JUILLET. — Une inscription romaine est trouvée dans les fondations de la maison Viriville.

1869. — AOUT. — On découvre quatre nouvelles inscriptions romaines dans la démolition de la maison Bret et à la Porte-Neuve.

1869. — 31 AOUT. — Le Conseil général supprime l'asile des vieux soldats de l'Empire et reporte l'allocation annuelle de 250 francs sur l'orphelinat agricole qui devient alors une œuvre départementale, et peut acquérir tous les terrains nécessaires à son fonctionnement.

1869. — AOUT ET SEPTEMBRE. — Elargissement de la rue Saunière.

1869. — 7 SEPTEMBRE. — Acte de vente passé par la Ville et la Banque de France pour l'emplacement de la succursale à construire.

1869. — 18 SEPTEMBRE. — Décret autorisant l'achat de la maison Jouve à démolir pour le dégagement de l'abside de la cathédrale.

1869. — 23 OCTOBRE. — M. Vernhette est nommé préfet de la Drôme.

1869. — 14 NOVEMBRE. — Un conseiller municipal propose en séance la création d'une école mixte au quartier du Calvaire.

1869. — DÉCEMBRE. — Découverte de la voie romaine à l'emplacement de la maison Viriville, à la Porte-Neuve.

1869. — 5 DÉCEMBRE. — La Ville rachète l'usine à gaz, matériel et dépendances, au prix de 175.000 francs.

1869. — 28 DÉCEMBRE. — La concession de l'éclairage au gaz est retirée à la première compagnie et donnée à une compagnie parisienne qui fait de bien meilleures conditions.

1870

1870. — On a trouvé un monument romain dans la démolition des remparts du Cagnard.

1870. — 15 FÉVRIER. — En séance du Conseil municipal, M. Reboul et consorts présentent un vœu tendant : 1° à faire choisir le maire et ses adjoints par le Conseil municipal ; 2° à charger les conseillers municipaux de la vérification des opérations électorales de leur nomination.

1870. — 15 FÉVRIER. — Le Conseil municipal vote un crédit de 27.000 francs pour le concours régional agricole qui aura lieu du 23 avril au 1ᵉʳ mai.

1870. — 27 MARS. — Le Conseil municipal accueille favorablement une pétition des habitants du quartier Saunière, demandant le déplacement de l'usine à gaz. Il vote l'acquisition de l'emplacement de l'usine actuelle et approuve le traité passé avec la compagnie parisienne. Séance tumultueuse à l'issue de laquelle trois conseillers donnent leur démission.

1870. — 23 AVRIL AU 1ᵉʳ MAI. — Concours régional, installé sur le Cagnard, avec cavalcade pour l'ouverture et pour la clôture.

1870. — 8 MAI. — Le suffrage universel est appelé à se prononcer sur la nouvelle constitution impériale, votée par le Sénat le 13 avril dernier A ce plébiscite Valence donne 1.231 oui et 2.634 non.

1870. — 10 MAI. — « L'Indépendant » dit que la veille du plébiscite, des jeunes gens de la ville sont allés porter un bouquet à Bancel, député de Lyon, toujours souffrant et alité.

1870. — 24 MAI. — Proclamation de M. le maire de Menet, aux habitants de Valence, pour les élections municipales complémentaires. 9 conseillers à élire pour démission ou autres causes.

1870. — 25 MAI. — Sur les conseils

de son médecin, Bancel est transporté à Lamastre où l'air pur pourrait avoir une action salutaire sur les voies respiratoires.

1870. — 2 JUIN. — Exécution de Bayon, 27 ans, condamné à mort pour assassinat d'un nommé Lubansky, en chemin de fer, entre Montélimar et Valence. La guillotine avait été montée la veille sur la place du Petit-Saint-Jacques.

1870. — 22 JUIN. — Réunion du Conseil municipal pour l'installation des conseillers démissionnaires réélus. 7 ont de nouveau donné leur démission ou ne se sont pas présentés à la séance. Cette démission était motivée par la question de la régie de la nouvelle usine à gaz, mais aussi pour des raisons politiques.

1870. — 22 JUIN. — Le rapport des experts sur la construction des prisons fait ressortir une dépense de 660.105 francs.

1870. — 29 JUIN. — Accord avec un propriétaire sur la mitoyenneté du mur nord de la condition des soies. Il est décidé que l'impasse à l'est de la condition reste la propriété de la Ville.

1870. — 30 JUIN. — Adjudication de la construction de l'immeuble de la Banque de France sur l'emplacement des remparts vendus par la Ville. Les travaux de déblaiement avaient commencé en mai 1869 La succursale doit être livrée le 31 août 1871.

1870. — 2 JUILLET. — « L'Indépendant » signale que la Fanfare des sapeurs-pompiers de Valence est à la veille de se constituer en société civile sous le titre de : Fanfare de Valence. Son premier concert fut donné le jeudi 14 juillet suivant.

1870. — 6 JUILLET. — A l'école de tir, l'artilleur Aubert, de la 5ᵉ batterie, ayant renversé le tonneau, a été promené triomphalement dans un char de feuillage, précédé de la fanfare du régiment et d'un détachement d'artilleurs à pied. Cette petite manifestation qui avait lieu chaque fois que le tonneau, point de mire de tir, était renversé par l'habile pointeur ne se continua plus après la guerre de 1870-71.

1870. — 17 JUILLET. — La nouvelle de la déclaration de la guerre ne produit aucune émotion à Valence. Le lendemain représentation de « Frou-Frou » au théâtre et le mercredi, 20 juillet, nouvelle représentation d'une troupe de passage.

1870. — 21 JUILLET. — « L'Indépendant » affirme que les mitrailleuses sont arrivées à Valence et que les sabres sont aiguisés, ce qui annonce un prochain départ du 19ᵉ d'artillerie.

1870. — 21 JUILLET. — Soirée d'adieu du 19ᵉ d'artillerie au Cercle du Divan (Valence-Club), de nombreux discours y sont prononcés. Les batteries du 19ᵉ d'artillerie quittent Valence les 30, 31 juillet et 1ᵉʳ août.

1870. — 31 JUILLET. — Il y a eu jusqu'à ce jour 15 engagés volontaires de Valence.

1870. — 4 AOUT. — Proclamation du Maire à ses concitoyens au sujet des élections municipales générales des 6 et 7 août prochain.

1870. — 7 AOUT. — Elections municipales : 3 élus sur 27, dont le maire, M. de Menet. Il y a 24 ballottages. Le scrutin a été bien délaissé ; la population est en proie à la plus vive émotion. Dans les cercles, dans les cafés, sur les places publiques, dans les rues, tout le monde s'aborde et commente les désastreuses nouvelles qui viennent d'arriver : défaites de Wissembourg, de Forbach, invasion du territoire. Après tant d'assurances de succès donnés par les « officiels », ces nouvelles produisent dans la population une véritable stupeur. M. Clerc, notaire et conseiller général, écrit au Préfet : « ..... La nouvelle qui vient d'être publiée « de l'envahissement de la France par les « Prussiens a attéré la population... Sa « première impression a été la stupeur...»

A 5 heures 1/2, 6 ou 700 personnes se portent vers la Préfecture avec une bannière portant ces mots : « Organisa-« tion de la garde nationale... Donnez-« nous des armes, nous défendrons nos « foyers..... »
Le préfet Vernhette répond qu'il ne pouvait autoriser la formation de la garde nationale sans ordre du Ministre de l'Intérieur, mais que de suite il autorisait la formation des compagnies de francs-tireurs volontaires ou sédentaires.

1870. — 9 AOUT. — Arrêté du Préfet prescrivant aux Maires d'organiser la garde nationale dans leur commune, arrêté complété par celui du 12 août suivant.

1870. — 12 AOUT. — Les rues sont parcourues par des groupes de jeunes gens engagés volontaires ou conscrits de la classe 1869 se rendant à leur destination. La population leur fait le plus sympathique accueil. (« Courrier de la Drôme »).

1870. — 14 AOUT. — Le scrutin de ballottage pour l'élection du Conseil municipal a donné 21 élus de la liste démocratique, contre 3 seulement de la liste officielle. Le Conseil municipal compte donc 23 conseillers appartenant à l'opposition et 4 à l'ancien Conseil.

1870. — 14 AOUT. — L'Evêque de Valence met à la disposition du Préfet, le petit séminaire pour être converti au besoin en ambulance.

1870. — 16 AOUT. — La loge maçonnique met son local à la disposition du Préfet pour être transformé en ambulance, ses membres y assureront le service d'infirmiers.

1870. — 18 AOUT. — Les mobiles du 2ᵉ bataillon de la Drôme sont réunis dans la cour de la caserne Saint-Félix, mais ni équipés, ni armés.

1870. — 21 AOUT. — Installation du Conseil municipal par le préfet Vernhette. M. de Menet, maire.

1870. — 25 AOUT. — Il a été reçu aujourd'hui à la mairie 41 enrôlements volontaires.

1870. — 4 SEPTEMBRE. — La République à Valence. — C'est dans la nuit du samedi qu'une délégation du Conseil municipal envoyée à la préfecture reçut communication de la dépêche officielle annonçant le désastre de Sedan : l'Empereur et 40.000 hommes fait prisonniers, le maréchal de Mac-Mahon blessé.

Le dimanche matin, à 6 heures, le public lisait sur tous les murs la triste nouvelle du désastre de notre armée et se demandait avec une impatience fébrile, si on allait bientôt en finir avec un Gouvernement qui, après nous avoir jetés dans une si terrible aventure, ne rompait le silence que pour annoncer des désastres.

9 heures. — Le Conseil municipal entre en séance, en suite de l'indication faite en séance de nuit. M. de Menet, maire, préside, il annonce que le Conseil est en permanence. Sur la proposition de M. Clerc, on nomme deux commissions, l'une visitera l'arsenal et l'autre sera en permanence à la Préfecture.

La première se rend immédiatement à l'arsenal où elle trouve 478 fusils qui sont distribués à la garde nationale.

Midi. — Le bruit se répand que la République a été proclamée à Lyon. Les groupes augmentent sur la place de l'Hôtel-de-Ville.

2 heures. — On s'attend à de graves événements. On se rend à la gare pour avoir des nouvelles de Lyon. Il se confirme que la République a été proclamée, mais aucune nouvelle officielle.

3 heures. — Une manifestation, drapeau en tête parcourt les rues de Valence et se dirige vers la Préfecture en criant : Vive la République ! La cour est envahie. Le préfet, accompagné du général d'Azémar, dit qu'il est tout prêt à se conformer à la volonté nationale et à se retirer dès que le Gouvernement provisoire aura été nommé.

M. Saint-Prix, de Saulce, demande que l'on proclame immédiatement la République. Le cri de : Vive la République ! répond à sa proposition

Sur le champ il est nommé un comité de 10 citoyens et de 10 conseillers municipaux qui prendra la direction des affaires. La foule, sur l'invitation de M. Malens, se retire avec calme en poussant le cri de : Vive la République ! Il est quatre heures.

Le comité s'établit immédiatement en permanence et nomme une commission d'exécution ainsi composée : MM. Malens, président ; Reboul, Duc et Naudin, secrétaire.

4 heures 1/2. — Le Conseil municipal entre de nouveau en séance. M. de Menet préside ; il raconte les événements qui se sont produits à la Préfecture et dit que l'administration municipale a donné sa démission. Les trois premiers conseillers municipaux inscrits au tableau sont installés : M. Bret, comme maire, MM. Bès et Clerc, comme adjoints. Il est alors procédé à la nomination de la commission départementale qui s'installera en permanence à la Préfecture avec les pouvoirs qu'exige la situation. La séance est levée à 5 heures.

9 heures du soir. — Le Conseil municipal rentre en séance pour la 3ᵉ fois de la journée. M. Bret préside. Il est décidé qu'il sera procédé à l'application de la loi républicaine de 1848 pour la nomination du maire et des adjoints, et on vote au scrutin secret : M. Clerc est élu maire par 20 voix sur 23 votants Il prend la présidence pour procéder à l'élection des adjoints. Sont élus : MM. le docteur Reboul 1ᵉʳ adjoint, Joseph Belat 2ᵉ adjoint. Le Conseil s'ajourne au lendemain à 9 heures.

Il est 9 heures 1/2. La dépêche annonçant la proclamation officielle de la République à Paris arrive. M. Belat la lit du balcon de l'Hôtel de Ville. La place regorge de citoyens et la lecture de la dépêche est accueillie par un cri unanime de : Vive la République ! On se serre les mains, on s'embrasse, l'enthousiasme est à son comble.

Pour éviter tout désordre, le nouveau maire, M. Clerc, a averti la police de faire rentrer avant dix heures tous les gens sans aveu et les repris de justice.

Le président du comité exécutif de la Drôme adresse aux citoyens de la Drôme une proclamation où on lit : « Citoyens, « l'Empire a couvert notre malheureux « pays d'assez de ruines ! Il est temps « que la Nation se réveille et demande « à un Gouvernement vraiment libre les « moyens de chasser l'étranger ! Ce que « l'intérêt dynastique a empêché de faire « la République le fera !.. .. »

Signé : Malens.

1870. — 5 septembre. — Dans sa proclamation aux citoyens de Valence, la nouvelle municipalité dit entre autre : « ..... Le Conseil municipal de Valence « a déjà pris une détermination énergi- « que pour vous procurer des armes. Il a « voté hier soir une somme de 30.000 « francs pour l'achat de fusils chassepots « destinés à un prompt armement des « citoyens..... ».

1870. — 6 septembre. — M. Peigné-Crémieux, nommé préfet de la Drôme, part précipitamment de Paris dans son uniforme de la garde nationale.

1870. — 8 septembre. — L'ex-préfet Vernhette quitte Valence.

1870. — 8 septembre. — Le 2ᵉ bataillon de la garde mobile de la Drôme, fort de 800 hommes, quitte Valence pour Paris devant une foule attendrie de parents et d'amis.

1870. — 9 septembre. — Proclamation du préfet, Peigné-Crémieux, aux habitants de la Drôme : « Citoyens de la « Drôme ... Je vous ai vus insultés et « emprisonnés par les complices de « l'homme néfaste qui livre à l'étranger « la France énervée et désarmée..... La « République est le gouvernement de « tous ; l'honneur et le désintéressement « sont toujours au cœur du citoyen ; la

« probité politique s'allie à la morale « privée ; la République c'est l'ordre dans « la liberté..... »

1870. — 10 septembre. — La prison de Valence reçoit une centaine de prisonniers de droit commun évacués de Paris.

1870. — 10 septembre. — Il se forme une compagnie de francs-tireurs valentinois destinés à borner ses opérations entre Valence et Lyon.

1870. — 11 septembre. — Arrêté préfectoral nommant une commission d'armement national composée de 5 membres.

1870. — 15 septembre. — Le Maire de Valence finit par trouver à acheter en Suisse 450 fusils que l'on consent à lui céder au prix de 45 francs l'un.

1870. — 19 septembre. — Arrêté préfectoral prescrivant de placer dans les églises et les temples des tables de marbre ou de bronze pour y inscrire les noms des morts pour la patrie. L'arrêté ne fut suivi d'aucun effet.

1870. — 19 septembre. — Arrêté du Maire supprimant le corps des agents de police et organisant un autre service d'agents sous le nom de gardiens de la paix publique.

1870. — 21 septembre. — La fabrication des cartouches redouble d'activité à l'arsenal. On en fabrique 15.000 par jour.

1870. — 21 septembre. — Proclamation de la municipalité aux électeurs appelés à nommer de nouveaux conseillers municipaux, le dimanche 25 septembre.

1870. — 21 septembre. — Proclamation du Préfet à l'occasion des élections municipales du 25 septembre et celles du 2 octobre pour la nomination d'une Assemblée constituante.

1870. — 24 septembre. — Publication du décret qui suspend toute élection jusqu'à nouvel ordre.

1870. — 29 SEPTEMBRE. — Le curé Didelot s'engage à construire à ses frais la terrasse du presbytère de la cathédrale à Saint-Ruf.

1870. — 30 SEPTEMBRE. — Le Maire vient de faire organiser un atelier pour la transformation des fusils à silex en fusils à percussion.

1870. — 1er OCTOBRE. — A l'avenir, les exercices de la garde nationale de Valence du dimanche, qui se faisaient à 9 heures du matin, auront lieu à 2 heures de l'après-midi. Les exercices des mardis, mercredis et samedis restent fixés comme précédemment.

1870. — 1er OCTOBRE. — M. Belat, 2e adjoint au maire, est nommé procureur de la République à Valence.

1870. — 1er OCTOBRE. — Autorisation est délivrée à M. Castard, entrepreneur, pour la construction de la Banque de France.

1870. — 4 OCTOBRE. — M. Guilhermier a acheté à Perpignan 2.000 fusils à piston rayés, et le Maire 500 carabines anglaises à Saint-Etienne au prix de 60 francs. Ces armes resteront la propriété de la Ville.

1870. — 30 OCTOBRE. — Après la reddition de Metz par Bazaine, le Maire adresse une proclamation aux habitants de la ville pour se rallier au gouvernement installé à Tours, depuis l'investissement de Paris : « .... Que le Midi sauve Paris ! sauve la France !....... »

1870. — 1er NOVEMBRE. — Depuis le 14 septembre, il est passé à la gare de Valence, montant vers le Nord, 370.000 hommes et 49.000 chevaux.

1870. — 2 NOVEMBRE. — Le Préfet adresse une proclamation aux habitants de la Drôme pour dissiper certains malentendus et repousser certaines accusations. « ..... Il faut, conclut-il, que tous les ré-
« publicains se groupent autour du gou-
« vernement de la défense nationale..... »

1870. — 4 NOVEMBRE. — Réunion extraordinaire du Conseil municipal qui s'associe au refus des officiers de la garde nationale de Valence de participer à la répression d'une émeute qui s'est produite à Marseille.

1870. — 4 NOVEMBRE. — Le Conseil municipal entend le rapport des 3 délégués envoyés au gouvernement de Tours pour se concerter avec M Gambetta pour la défense du Midi.

1870. — 11 NOVEMBRE. — Les 3.000 premiers fusils transformés dans l'atelier Pirot sont attribués au département de la Drôme.

1870. — 21 NOVEMBRE. — Le général Garibaldi écrit au Maire pour le prier de lui envoyer des vêtements chauds pour ses troupes. Une souscription est immédiatement ouverte pour y pourvoir.

1870. — 6 DÉCEMBRE. — Poncet, engagé dans les francs-tireurs de l'Ardèche, est tué à l'ennemi d'une balle à la tempe au moment où il venait de faire deux prisonniers. Le Conseil municipal décide que ses funérailles seront faites aux frais de la Ville, qu'il y assistera en corps et qu'un terrain lui sera concédé à perpétuité.

1870. — 20 DÉCEMBRE. — Départ de Valence du 1er bataillon de mobiles de la Drôme, que les autorités accompagnent jusqu'à Pont-de-l'Isère et la garde nationale de Bourg-lès-Valence jusqu'à Tain.

1870. — 27 DÉCEMBRE. — Gambetta passe en chemin de fer à Valence. Dès que la population a eu connaissance de cette nouvelle, elle s'est précipitée vers la gare, malgré le froid et la neige. A 3 heures, le rappel bat dans toute les rues et à 4 heures la garde nationale forme la haie sur les deux quais de la gare. Toutes les autorités, le Conseil municipal et les principaux fonctionnaires y sont venus pour saluer le jeune Ministre de la Guerre qui, de son vagon, prononce une de ces courtes et énergiques allocutions qui remuent les âmes et élèvent les cœurs.

« Citoyens de Valence, je vous remer« cie de votre accueil cordial et républi« cain ....La guerre ne fait que commen« cer..... Ce qu'il nous faut maintenant « pour réussir, c'est de la persévérance, « de la ténacité. Soyons fermes, énergi« ques, décidés à mourir pour la patrie, « et la France et la République seront « sauvées». Des cris enthousiastes accueillent cette patriotique allocution, les fusils et les sabres s'agitent pendant que le train reprend sa marche vers Bordeaux, les cris de : Vive Gambetta ! Vive la République ! retentissent de toutes parts. (D'après « l'Indépendant »).

1870. — 30 DÉCEMBRE. — Depuis deux jours, le froid se maintient entre 10 et 17 degrés au-dessous de zéro.

1871

1871. — 1ᵉʳ JANVIER. — On ouvre une souscription pour l'achat d'une mitrailleuse.

1871. — 1ᵉʳ JANVIER. — La garde nationale accompagne à la gare le 2ᵉ bataillon de mobiles qui part pour Lyon.

1871. — 3 JANVIER. — La température s'abaisse jusqu'à 18 degrés.

1871. — 11 JANVIER. — Le Conseil municipal exprime énergiquement ses regrets de la décision qui remplace M. Belat comme procureur de la République (Décret du 5 janvier.)

1871. — 16 JANVIER. — La Commission d'armement vient d'allouer au Préfet de la Drôme 4.000 Spingfieds et 400.000 cartouches. Ces armes, sont apportées à Valence par M. Lionneton.

1871. — 17 JANVIER. — L'Evêque met à la disposition du Préfet le petit séminaire pour servir d'ambulance et sa voiture et ses chevaux pour le transport des blessés.

1871. — 19 JANVIER. — Adrien Peloux, bâtonnier de l'ordre des avocats de Valence, engagé volontaire est tué à l'attaque de Montretout. Inhumé dans l'Ain.

1871. — 20 JANVIER. — Pendant la semaine, passent à Valence plus de 1.000 blessés dans le plus grand dénuement et mourant de faim.

1871. — 23 JANVIER. — Mort de Désiré Bancel, à Lamastre, où eurent lieu les funérailles.

1871. — 30 JANVIER. — Le préfet Peigné-Crémieux, candidat aux élections de l'Assemblée nationale du 8 février, quitte la Préfecture où il appelle Oscar Vernet, sous-préfet de Tournon, pour remplir l'intérim. M. Vernet était notaire à Bourdeaux.

1871. — 1ᵉʳ FÉVRIER. — Le Conseil municipal vote une adresse à Gambetta, après la signature de l'armistice. (28 janvier.)

1871. — 8 FÉVRIER. — Mercredi. — Elections à l'Assemblée nationale. — Le scrutin a lieu au chef-lieu de canton, et le canton peut être divisé en plusieurs circonscriptions de vote ; sont élus dans la Drôme au scrutin de liste : Thiers, Bérenger, général Chareton, Malens, Chevandier, Lamorte.

1871. — 17 FÉVRIER. — Le Conseil municipal décide qu'il assistera en corps à la messe du lendemain, que l'ordre des avocats et la compagnie des avoués font célébrer à la mémoire d'Adrien Peloux, tué à l'ennemi.

1871. — 28 MARS. — Le journal « L'Ordre et la Liberté » remplace le « Courrier de la Drôme ».

1871. — 1ᵉʳ AVRIL. — En raison des événements, le Maire interdit la promenade du bœuf gras le dimanche des Rameaux.

1871. — 7 AVRIL. — M. André est nommé préfet de la Drôme.

1871. — 20 JUIN. — Le Conseil municipal approuve les plans et devis de la nouvelle usine à gaz à construire dans un vaste terrain situé sur la commune de Bourg-lès-Valence. Les dépenses seront couvertes par un emprunt de 420 000 francs.

1871. — 2 JUILLET. — Elections à l'Assemblée nationale pour remplacer M. Thiers qui s'est désisté. et M. Lamorte invalidé.

Résultats à Valence :

Clerc	3.391	voix
Dupuy, de Nyons	3.214	—
Dubouchage	427	—
Plan	394	—

MM. Clerc, maire de Valence, et Dupuy, chef d'institution à Nyons, sont élus députés de la Drôme.

1871. — 31 AOUT. — La Banque de France ouvre ses guichets au public.

1871. — 25 SEPTEMBRE. — Ouverture au public de la ligne de Livron à Crest.

1871. — 10 OCTOBRE. — Adjudication des terrassements et de la maçonnerie de la nouvelle usine à gaz.

1871. — 24 NOVEMBRE. — Proclamation du Maire pour le désarmement de la garde nationale, en exécution de l'arrêté préfectoral du 16 novembre.

1871. — Pendant l'année il a été procédé à la démolition de l'Hôtel du gouvernement dans la cour de la caserne d'artillerie.

1872

1872. — 16 JANVIER. — Le journal « L'Union républicaine » remplace « L'Indépendant » fondé en 1869.

1872. — 1ᵉʳ FÉVRIER. — Un éboulement dans les fondations de la maison Péméant (Crédit Lyonnais) ensevelit quatre ouvriers à 7 mètres de profondeur.

1872. — 7 MARS. — Le Conseil muni-

cipal prend connaissance d'une lettre du Ministre de la Guerre offrant de créer à Valence une école de sous-officiers.

1872. — 1ᵉʳ AVRIL. — Grande fête avec cavalcade pour la libération du territoire.

1872. — 2 MAI. — A la séance de la Société d'archéologie il est question du « Cippe anépigraphique » trouvé dans les fondations de la maison Meyer.

1872. — 31 MAI. — Les écuries militaires de Saint-Félix sont remises à la Ville qui décide de les faire démolir immédiatement. Toutefois cette démolition n'eut lieu qu'en 1876.

1872. — 31 MAI. — La porte de la citadelle existe encore à cette date, elle est visée dans le règlement de l'octroi,

1872. — 1ᵉʳ JUIN. — Fondation à Valence du premier gymnase civil, populaire et gratuit en France. Il commence ses cours dans une salle de la route de Lyon (maison Jobert).

1872. — 6 JUIN AU 10 JUILLET. — Le pasteur Lasserre est délégué par le consistoire de Valence au Synode général officiel de Paris, qui le charge de rédiger l'adresse aux fidèles de l'Eglise réformée de France.

1872. — 26 JUIN. — Nomination du directeur de l'usine à gaz, Michel François, à 2 500 francs de traitement, logement, chauffage et éclairage.

1872. — 24 AOUT. — Le Conseil municipal décide qu'il assistera en corps à la première séance publique du Gymnase civil. Il y avait déjà 150 élèves inscrits.

1872. — 3 SEPTEMBRE. — Roberti, professeur d'histoire au collège, est nommé conservateur de la Bibliothèque et du Musée en remplacement de Johany, au traitement de 1.000 francs.

1872. — 27 SEPTEMBRE. — Le département achète le Mas de la Palla pour l'emplacement de l'école normale d'insti- tuteurs. (Acte de vente de ce jour).

1872. — 20 OCTOBRE. — Une inscription romaine a été trouvée dans les fondations de la maison qui fait l'angle sud-ouest de la rue de la Banque.

1872. — 28 OCTOBRE. — Arrêté du Maire dotant d'une fanfare la compagnie des sapeurs-pompiers.

1872. — 11 NOVEMBRE. — Testament par lequel M. Prudence Sylvestre lègue à la Ville pour une œuvre de bienfaisance son clos qui borde l'avenue Victor-Hugo.

1872. — 15 NOVEMBRE. — Très activement poursuivis, les travaux de construction de la nouvelle usine à gaz sont terminés un an après l'adjudication. L'ouverture de l'exploitation en régie a lieu immédiatement.

1873

1873. — Les bureaux de la Poste sont installés rue Jonchères, dans la maison Longueville.
En 1848, ils étaient dans la maison David, place de la Mairie, et plus tard dans la rue du Palais.

1873. — Les Rédemptoristes, ordre de prédicateurs, s'établissent à Valence.

1873. — 15 JANVIER. — Création des cartes postales.

1873. — 20 JANVIER. — Le Maire fait part au Conseil municipal du marché qu'il a passé pour l'acquisition de la maison Labourié, rue Roderie, le 20 décembre dernier, au prix de 12.000 francs. Le Conseil approuve.

1873. — 26 JANVIER. — Création du « Journal de Valence », date du N° 1.

1873. — 15 FÉVRIER. — M. Paul Diard est nommé préfet de la Drôme.

1873. — 19 FÉVRIER. — Le Conseil mu-

nicipal prend connaissance de la décision du Ministre de la Guerre qui maintient l'école d'artillerie à Valence avec adjonction du 2ᵉ régiment d'artillerie.

1873. — 26 MARS. — Arrêté du Maire, nommant M. Prothon, directeur de la Condition des soies, en remplacement de M. d'Audemard, décédé. Traitement de 2.000 francs.

1873. — 26 MARS. — Un arrêté du Maire prescrit la constatation de décès par un docteur avant l'inhumation.

1873. — 25 MAI. — A la nouvelle de la démission de M. Thiers, la Municipalité se rend auprès du Préfet qui déclare qu'il n'a pas reçu autre chose que les dépêches publiées.

1873. — 26 MAI. — Décret autorisant la construction du canal de la Bourne avec subvention de l'Etat de 3 millions.
Ce projet avait été étudié par les assemblées départementales et communales depuis 1830, après des pétitions et des délibérations sans nombre.

1873. — 1ᵉʳ JUIN. — Au concours musical de Marseille, la Fanfare de Valence a obtenu, à l'unanimité d'être classée : Concours hors ligne.

1873. — 27 JUIN. — A la séance de la Société d'archéologie, M. Dupré de Loire constate que la porte de la citadelle et la maison où mourut Pie VI viennent d'être complètement rasées.

1873. — 16 OCTOBRE. — M. Amiel Dabeaux est nommé préfet de la Drôme.

1873. — 3 NOVEMBRE. — Le Conseil municipal donne un avis favorable sur la demande d'autorisation légale de l'établissement des Petites-Sœurs des Pauvres à Valence.

1873. — 3 NOVEMBRE. — Il est décidé que le parachèvement des travaux de l'usine à gaz se fera en régie par suite de la faillite d'un des entrepreneurs.

1873. — 4 DÉCEMBRE. — Décret confirmant le maintien de l'école d'artillerie à Valence, comme école du 15ᵉ corps. A cette époque, la Ville avait dépensé 3 millions 900.000 francs pour sa garnison.

1874

1874. — 24 JANVIER. — Le Conseil municipal approuve l'achat des terrains et maisons nécessaires pour la percée du boulevard Vauban et de la rue Belle-Image.

1874. — 10 FÉVRIER. — Arrêté du Maire portant des dénominations nouvelles pour 58 rues ou places, approuvé par le Conseil municipal le 12 février.

1874. — 27 FÉVRIER. — Incident au Conseil municipal relatif au buste de la République qui a été enlevé par ordre du Préfet. Cette délibération a été annulée par ce dernier.

1874. — 5 MARS. — Décret du Président de la République, maréchal de Mac-Mahon, qui dissout le Conseil municipal de Valence. Le maire et les adjoints résignent immédiatement leurs fonctions.

Un autre décret du même jour nomme une Commission municipale avec M. Dupré de Loire, docteur en médecine, comme maire.

1874. — 7 MARS — La Commission municipale est officiellement installée par le Préfet.

1874. — 10 MARS. — Un arrêté du Préfet annule la délibération du 12 février et l'arrêté du 10 relatif à la dénomination de voies publiques comme présentant le caractère d'une manifestation politique.

1874. — 21 MARS. — Séance de la Commission municipale. — Rapport Arbod. —
« Après l'inventaire du mobilier de la mai
« son des Frères (école Saint-Apollinaire)
« la Municipalité en confia la garde au
« citoyen Boyer (Frère Evariste) qui ne
« quitta pas la maison et continua modes-

« tement son œuvre concurremment avec
« plusieurs instituteurs libres du Brian-
« çonnais qui nous étaient arrivés la
« plume sur l'oreille et la férule au côté,
« plus forts sur les Droits de l'homme
« que sur les devoirs du citoyen. »

1874. — 21 MARS. — L'école de la rue du Gallet, dirigée par les Frères, est dans une situation lamentable : un café est au rez-de-chaussée, la Fanfare a sa salle des répétitions au 2ᵉ étage. Dans cette séance, le Conseil municipal commence par supprimer le café.

1874. — 21 MARS. — La Commission municipale décide dans la même séance la création d'une école spéciale des Frères au clos Sylvestre.

A cette date, les Frères avaient dans leurs écoles de la ville, 795 élèves ; l'école d'enseignement mutuel, 45 à 50 élèves ; l'école protestante du Champ-de-Mars, 92.

1874. — 22 AVRIL. — Décret autorisant légalement la succursale des Petites-Sœurs des pauvres à l'achat des immeubles de Jappe-Renard.

1874. — 24 AVRIL. — La Commission municipale décide la percée du boulevard Vauban vers le boulevard d'Alsace. Les travaux sont commencés au mois de novembre suivant.

1874. — 24 AVRIL. — Elle décide aussi qu'un petit jardin circulaire sera établi au rond-point du Cagnard. C'est l'emplacement sur lequel a été élevé la fontaine monumentale.

1874. — 30 AVRIL. — Adjudication des premiers hangars d'artillerie au polygone, sur un devis de 290.000 francs. Ils ont été considérablement agrandis en 1909.

1874. — 11 MAI. — La Commission municipale vote la création du boulevard du Ciré sous la caserne d'artillerie.

1874. — 17 MAI. — Décès du maire, Dupré de Loire, à l'âge de 67 ans.

1874. — 20 MAI. — Décret nommant M. Bonnet Messiphile maire de Valence, en remplacement de M. Dupré de Loire.

1874. — 20 JUIN. — La Ville achète la source Gachet pour 60.000 francs. Les travaux d'amenée sont évalués à 23.000 francs.

1874. — 20 JUIN. — Le rapport sur la construction de la nouvelle usine à gaz fait ressortir une dépense totale de 622.000 francs. La Commission municipale approuve.

1874. — 31 JUILLET. — La grosse tour qui s'élevait au milieu du quartier neuf d'artillerie est démolie par trois mines à la dynamite. C'était le dernier vestige des fortifications de Valence.

1874. — AOUT. — Le Conseil général décide que les N qui décorent la façade du bâtiment des archives seront effacés.

1874. — 30 AOUT. — Mort de Joseph Lisbonne, 32 ans, avocat, rédacteur en chef du journal « L'Union républicaine » de la Drôme. Il était natif de Nyons.

1874. — 7 SEPTEMBRE. — La Commission municipale décide de construire une halle à Saint-Jean et de la concéder à un particulier pour en retirer le produit.

1874. — 19 SEPTEMBRE. — Décret séparant la place de Valence du 15e corps d'armée et la plaçant dans le 14e.

1874. — 1er OCTOBRE. — Transfert de l'école succursale des Frères de Saint-Jean à la rue Roderie, maison Labourier.

1874. — 2 OCTOBRE. — M. Seguin succède à M. Marchand dans la direction de l'établissement scolaire que celui-ci avait fondé rue Bayard.

1874. — 21 OCTOBRE. — L'imprimerie Vacher-Ravet publie un plan de Valence.

1874. — 8 NOVEMBRE. — Election d'un député à l'Assemblée nationale Résultats

à Valence : Madier-Montjau, 2.651 voix élu ; Morin, 570 voix.

1874. — 14 NOVEMBRE. — La Ville vend un emplacement à bâtir, à l'angle sud-ouest des rues Jeu-de-Paume et Général-Farre. (Maison Rochegude.)

1874. — 14 NOVEMBRE. — Achat d'un terrain de 8.217 fr. 50 et approbation de cessions gratuites, pour l'ouverture de la rue des Alpes.

1874. — 14 NOVEMBRE. — Le chapitre fait replacer dans le chœur de la cathédrale le monument de Pie VI.

1874. — 22 NOVEMBRE. — Election du Conseil municipal. Toute la liste républicaine est élue.

1874. — 2 DÉCEMBRE. — M. Bonnet, maire, installe le nouveau Conseil municipal. Il fait un discours qui provoque des incidents au sujet de certains articles de presse.

1874. — 31 DÉCEMBRE. — Le Ministre des Cultes accepte la démission de Mgr Gueulette, évêque de Valence, qui se retire dans le monastère des îles de Lérins d'où il écrit, le 7 janvier suivant, une lettre à ses anciens diocésains.

1875

1875. — 16 JANVIER. — Décret du Président de la République, nommant Charles-Pierre-François Cotton, évêque de Valence.

1875. — 14 MARS. — L'architecte Rondepierre dresse le projet d'une halle place Saint-Jean.

1875. — 27 MARS. — Concession gratuite et perpétuelle d'un terrain au Cimetière pour la sépulture des sœurs gardes-malades.

1875. — 2 AVRIL AU 13 OCTOBRE. — Réfection des fours à l'usine à gaz et réorganisation des services.

1875. — 5 AVRIL. — On apprend que l'école d'artillerie de Valence va être supprimée. Le Conseil municipal se réunit extraordinairement, vote une adresse à Mac-Mahon et nomme une délégatien qui partira le soir même pour la porter à Paris.

1875. — MAI. — Le bureau de recrutement de Valence est transféré à Romans.

1875. — 11 MAI. — Mgr Cotton, évêque de Valence, fait son entrée en ville et est ensuite installé solennellement.

1875. — 17 MAI. — Le Conseil municipal, moins le maire, Bonnet, décide qu'un buste de la République sera placé dans la salle des séances.

1875. — 12 JUIN. — Décret transférant l'école d'artillerie de Valence à Nîmes, pour satisfaire, disait-on alors, le général Chabaud-Latour, candidat dans le Gard et peut sûr d'être élu. Le déplacement de l'école amène celui d'un régiment d'artillerie.

1875. — 19 JUIN. — Lettre du Ministre de la Guerre à M. Clerc, député de la Drôme, lui annonçant qu'un régiment d'artillerie restera à Valence.

1875. — JUILLET. — Les travaux de construction du canal de la Bourne sont commencés sur plusieurs points.

1875. — 12 JUILLET. — Vente des terrains restant sur les boulevards. L'emplacement où est le café Glacier est vendu 40 francs le mètre carré.

1875. — 12 AOUT. — Concession gratuite au cimetière pour recevoir les restes de M. Bonneville, premier directeur de l'école normale d'instituteurs.

1875. — 12 AOUT. — Adjudication des travaux de construction de l'école normale d'instituteurs sur les plans de l'architecte valentinois, Epailly, désigné au concours. Devis de 200.000 francs.

1875. — 4 SEPTEMBRE. — Réception

provisoire de la reconstruction de l'église Notre-Dame, travaux commencés en 1869, sur les plans des architectes Tracol et Bossan.

1875. — 1er OCTOBRE. — L'école des Frères, installée dans une des salles du collège, est transférée rue Roderie.

1875. — 24 OCTOBRE. — Lettre pastorale de Mgr Cotton, ordonnant des prières publiques à l'occasion de la rentrée de l'Assemblée nationale.

1875. — NOVEMBRE. ET DÉCEMBRE. — Longues discussions au Conseil municipal au sujet de l'usine à gaz et de certains crédits demandés par le Maire. Il y a de violents incidents et les séances sont souvent levées dans la plus vive agitation.

1875. — 10 DÉCEMBRE — Arrêté du Maire nommant M. Gromger, directeur de l'usine à gaz.

1876

1876. — 23 JANVIER. — Les délégués sénatoriaux réunis au foyer du théâtre, sous la présidence du général Chareton, sénateur inamovible, désignent comme candidats du parti republicain MM. Malens, député actuel, et Lamorte, député en 1871.

1876. — 30 JANVIER. — Réunion à Valence du collège électoral sénatorial pour les premières élections des sénateurs. Sont élus : MM. Malens et Lamorte.

1876. — 20 FÉVRIER. — Elections législatives générales au scrutin d'arrondissement.
Résultat à Valence : Madier de Montjau, 2.843 voix ; Dugas, 625. Les députés de la Drôme étaient : Madier de Montjau, Servan, Chevandier, Loubet, et le comte d'Aulan élu au ballottage.

1876. — 14 MARS. — Traité avec M. Leroux pour la direction de l'usine à gaz.

1876. — 14 MARS. — On poursuit les pourparlers pour l'achat des immeubles à démolir pour la percée du boulevard Vauban.

1876. — 13 AVRIL. — M. Martial Bayle est nommé préfet de la Drôme.

1876. — 17 MAI. — Le Conseil municipal vote 35.000 francs pour la réfection des fours de l'usine à gaz.

1876. — 17 MAI. — Il vote aussi une somme de 400.000 francs pour la construction d'une caserne destinée au régiment d'artillerie qui a été promis en compensation de la perte de l'école d'artillerie.

1876. — 14 JUIN. — Le Maire est autorisé à traiter avec les propriétaires de l'îlot de maisons de Saint-Jean à démolir, pour y construire un marché couvert.

1876. — 15 JUIN. — Exécution de Courbis, instigateur de l'assassinat de sa femme ; les assassins furent condamnés aux travaux forcés à perpétuité.

1876. — 25 JUIN. — Décret qui relève de ses fonctions le maire, Bonnet Messiphile ; les deux adjoints avaient déjà donné leur démission.

1876. — 14 AOUT. — Décret dotant la garnison de Valence d'un régiment de cavalerie à la place du régiment d'artillerie qui avait été promis.

1876. — 27 AOUT. — Décret nommant M. Bernard Jean-Pierre, maire, en remplacement de M. Bonnet, révoqué (sic), et adjoints, MM. Puzin, pharmacien, et David, restaurateur.

1876. — 9 DÉCEMBRE. — Le Conseil municipal vote la réfection du pavage des rues Neuve et Grand'Rue en pavés de grès de Saint-Paul-trois-Châteaux et de Bourg-Argental (Loire).

1876. — 26 DÉCEMBRE. — Réception définitive des travaux de restauration du clocher Saint-Jean. Les travaux commencés en 1869 avaient été abandonnés en 1870-71-72, puis repris.

1876. — 28 DÉCEMBRE. — Adjudication des travaux du quartier spécial des femmes à l'Hôpital. Le projet avait été plusieurs fois remanié et refusé, puis enfin approuvé par la Commission des bâtiments civils.

1877

1877. — 1er FÉVRIER. — Est décidée la reconstruction du bâtiment de l'hôpital militaire sur le quai et rue Lanterne-Pontpéri.

1877. — 13 FÉVRIER. — Le Conseil municipal vote 140.000 francs pour l'agrandissement de l'usine à gaz, mais ces travaux ne furent exécutés qu'après l'approbation ministérielle (17 février 1880).

1877. — 14 MARS. — Adjudication des travaux de la caserne de cavalerie à construire en bordure de la route de Romans, face au Polygone.

1877. — 11 AVRIL. — Autier, instituteur révoqué de la Haute-Vienne, réintégré dans la Drôme, en exercice à Ponet, tente d'assassiner l'inspecteur d'académie, l'abbé Lausser, puis le préfet Bayle dans la salle du Conseil général en séance. Il est immédiatement arrêté.

1877. — 23 MAI. — Arrêté du Maire, nommant M. Biosse-Duplan Charles, conservateur de la Bibliothèque et du Musée, en remplacement de M. Roberti, démissionnaire, au traitement de 1.000 francs.

1877. — 24 MAI. — M. Lavauden, ancien procureur de la République à Valence, est nommé préfet de la Drôme ; il arrive à Valence le 4 juin.

1877. — 26 MAI AU 4 JUIN. — Concours régional agricole avec fête, cavalcade, feu d'artifice tiré sur les ruines du château de Crussol.

1877. — 2 JUIN. — Premier éclairage à la lumière électrique à Valence partant du 4e étage de la maison Barneron (Société Marseillaise) et projetant ses clartés sur l'ancien Cagnard.

1877. — 6 JUIN. — Le préfet Lavauden reçoit les autorités à la préfecture. Le Maire et les deux adjoints se présentent ; le Préfet demande la raison de l'absence du Conseil municipal ; le maire, très ému, se borne à dire qu'il n'était pas suffisamment autorisé pour expliquer l'absence de son Conseil municipal.

1877. — 17 JUIN. — Le « Journal de Valence » annonce que le journal « L'Union républicaine » interrompt sa publication et que lui-même continue les abonnements.

Par arrêté du Préfet, les colporteurs de « L'Union républicaine » ont été supprimés et son gérant est poursuivi pour injures à M. de Fourtou.

1877. — 12 JUILLET. — L'imprimeur Chaléat, gérant de «L'Union républicaine», poursuivi pour outrages à M. de Fourtou, ministre de l'Intérieur, est condamné à 500 francs d'amende et aux dépens.

1877. — 23 JUILLET. — L'instituteur de Ponet, Autier, est condamné aux travaux forcés à perpétuité.

1877. — 8 AOUT. — Le Conseil municipal décide la création d'une école laïque de filles à construire sur l'emplacement appartenant à la Ville qui fait l'angle Nord et Est de la rue du Gallet et des boulevards.

1877. — 14 AOUT. — Arrivée à Valence du dépôt du 5e chasseurs à cheval, caserné à la Basse-Ville.

1877. — SEPTEMBRE. — La réception provisoire de l'école normale d'instituteurs est refusée à cause de trop nombreuses malfaçons.

1877. — 5 SEPTEMBRE. — A l'annonce de la mort de M. Thiers, le Conseil municipal lève sa séance en signe de deuil après avoir délégué le maire, Bernard, et David, adjoint, à ses funérailles.

1877. — 10 SEPTEMBRE. — Décret autorisant les religieuses de la Nativité à contracter un emprunt de 250 000 francs au Crédit foncier pour établir leur pensionnat.

1877. — 13 SEPTEMBRE. — Dernier concert public, au Champ-de-Mars, de la musique de l'école d'artillerie.

1877. — 2 OCTOBRE. — Le gérant du « Journal de Valence » et celui du « Progrès de Lyon » sont condamnés à 6 jours de prison et 1.000 francs d'amende pour publication « de fausses nouvelles » relatives au passage des réservistes lyonnais à Valence.

1877. — 13 OCTOBRE. — Le Conseil municipal demande de nouveau la démolition des écuries Saint-Félix, mais le génie militaire refuse jusqu'après l'achèvement de la caserne d'artillerie.

1877. — 14 OCTOBRE. — Elections législatives générales après la dissolution de la Chambre des députés. Résultats pour Valence : Madier de Montjau 3.230 voix. Forcheron 676. Les députés de la Drôme furent alors : Madier de Montjau, Christophle, Chevandier, Loubet et le comte d'Aulan.

1877. — 20 OCTOBRE. — Les élèves de l'école normale d'instituteurs prennent possession de leur nouvelle école à la Palla.

1877. — NOVEMBRE. — Deux cloches sont fondues et placées dans le clocher restauré de Saint-Jean. L'une, de 1^m53 de diamètre, eut pour parrain et marraine le préfet Lavauden et sa femme, l'autre, de 1^m20 de diamètre, eut pour parrain, M. Vacher, ancien maire, et pour marraine, Mlle Thomas. Elles ont été fondues par M. Burdin aîné, de Lyon.

1877. — 8 NOVEMBRE. — Agrandissement et nouvel aménagement de la caserne du Petit-Séminaire (quartier Brunet).

1877. — 15 NOVEMBRE. — La porte d'entrée de la caserne Saint-Félix, en face de la rue Roderie, est murée et une autre est ouverte en face de la caserne neuve d'artillerie, dans la rue de la Dragonne.

1877. — 18 DÉCEMBRE. — M. Thomson, est nommé préfet de la Drôme, en remplacement de M. Lavauden qui quitte Valence le 26 et va à Grenoble où il se fait inscrire au barreau de cette ville

1877. — 26 DÉCEMBRE. — Le Conseil municipal approuve le cahier des charges pour la démolition de l'îlot de Saint-Jean et décide de faire commencer les travaux immédiatement.

1877. — 27 DÉCEMBRE. — Les loges maçonniques de France, fermées par ordre du Ministre de l'Intérieur, de Fourtou, doivent se rouvrir le jeudi 27 de ce mois.

1878

1878. — Les écuries militaires, qui occupaient la partie centrale du boulevard d'Alsace actuel, ayant été démolies pendant l'année, les boulevards furent continués jusqu'à la caserne Saint-Félix.

1878. — Toutes les écoles de filles de la Ville sont dirigées par des religieuses, sauf celles qui relèvent de la confession protestante.

1878. — 26 JANVIER. — Adjudication de la vente des matériaux de démolition à provenir de cinq maisons à démolir de l'îlot de Saint-Jean.

1878. — 12 FÉVRIER. — Arrivée du 6e régiment d'artillerie venant de Grenoble pour tenir garnison à Valence. Les autorités, le Conseil municipal, accompagnés de la Fanfare, vont l'attendre hors de la ville.

1878. — 22 FÉVRIER. — Arrêté du Maire interdisant la circulation autour de l'îlot de Saint-Jean, en démolition.

1878. — 16 MARS. — Premiers essais téléphoniques dans Valence.

1878. — 20 MARS. — Le Consistoire

de Valence demande à la Ville d'être autorisé à acheter la sacristie du temple, devenue la propriété de M. Agranier.

1878. — 21 MARS. — Premiers essais téléphoniques entre Valence et Romans.

1878. — 1er JUILLET. — Le Conseil municipal prenant à sa charge l'achat de la sacristie du temple, autorise le Maire à traiter avec M. Agranier au prix de 5.670 francs. L'acte est du 24 août suivant.

1878. — 19 JUILLET. — Le Maire de Valence remercie M. Perrin d'avoir fait don à la Ville des armes de Championnet.

1878. — 17 SEPTEMBRE. — Gambetta à Valence. — Le Conseil municipal, accompagné de la Fanfare, va au devant de Gambetta jusqu'à Andancette, sur le bateau « le Gladiateur ». Au débarcadère, il est reçu par le maire Bernard, entouré de son Conseil municipal. On évalue de 30 à 40.000 le nombre des personnes qui l'acclament sur son passage. Le soir, à 7 heures, banquet de 500 couverts au théâtre (plus de 1.000 personnes avaient demandé leur inscription). Fatigué par le voyage, Gambetta ne put pas y assister et son fauteuil resta vide à côté de celui de Madier de Montjau. Il ne vint qu'à la fin du repas pour prononcer un discours accueilli par les bravos enthousiastes de plus de 2.000 assistants. Il part le lendemain, à 10 heures, pour Romans, accompagné à la gare par une foule considérable qui l'acclame encore.

1878. — 20 SEPTEMBRE. — Première audition du phonographe, dans une séance donnée au foyer du théâtre.

1878. — 1er OCTOBRE. — Les deux écoles protestantes, filles et garçons, se trouvent réunies dans les immeubles contigus, Cotte et Aurelle, rue François-Pie.

1878. — 12 NOVEMBRE. — Le Maire donne lecture au Conseil municipal d'une lettre de MM. Thiébault et Cie, fondeurs à Paris, l'invitant à prendre livraison de la statue de Montalivet qui venait de figurer avec honneur à l'Exposition universelle de Paris.

1879

1879. — Pendant le courant de l'année on construit l'orangerie de l'évêché, aujourd'hui salle de géologie et d'archéologie.

1879. — 7 JANVIER. — Proclamation du maire, Bernard, aux habitants de Valence, annonçant le résultat des élections sénatoriales du 5 janvier. « ..... En témoi- « gnage, dit-il, de reconnaissance envers « les électeurs républicains, les édifices « communaux seront pavoisés et illumi- « nés dimanche prochain, 12 janvier. » Les habitants sont invités à pavoiser et illuminer leurs maisons. La Fanfare donnera un concert au Champ-de-Mars.

1879. — 10 JANVIER. — Le maire, Bernard, convoque les conseillers municipaux à une entrevue dans le but de savoir s'il y a concordance de vue entre eux. Après quelques explications franches et loyales, M. Bernard annonce qu'il donnera sa démission.

1879. — 16 JANVIER. — Les conseillers municipaux se sont réunis pour désigner celui d'entre eux qui, nommé maire, aurait leur appui et leur confiance. Sur 21 votants, M. Belat obtient 13 voix.

1879. — 25 JANVIER. — La Ville accepte de l'Etat le don du tableau de Félix Clément « La mort de César ».

1879. — 31 JANVIER. — Proclamation du Préfet aux habitants de la Drôme : « ..... Un grand événement vient de se « produire. A la suite de dissentiments » survenus entre lui et ses ministres, le « maréchal de Mac-Mahon .. a volontai- « rement quitté le pouvoir.... Les deux » Chambres réunies en Congrès lui ont « désigné comme successeur M. Jules « Grévy qui a été proclamé Président de « la République..... »

1879. — 31 JANVIER. — Adresse à M. Jules Grévy : « Le Conseil municipal « de Valence applaudit au vote de l'As-

« semblée nationale et envoie au nouveau « Président de la République l'expression « des vives et respectueuses sympathies « de la population valentinoise ».

1879. — 31 JANVIER. — Les Sœurs gardes-malades occupent la maison qu'elles ont achetée place des Ormeaux, après avoir vendu celle de la rue des Etables (30 décembre 1878).

1879. — 5 FÉVRIER. — Fondation de la Société du Sou des Ecoles laïques de Valence.

1879. — 5 FÉVRIER. — Acquisition de la maison Parmentier pour le prolongement de la rue Belle-Image jusqu'au boulevard (18.000 francs).

1879. — 15 FÉVRIER. — La statue de Montalivet est arrivée à Valence. En attendant son érection, elle est déposée dans le vestibule de la Bibliothèque.

1879. — MARS. — On commence la construction de la maison Fougeron (Grand Café glacier), sur une partie de l'emplacement des anciennes prisons (1). Les plans de ce bel immeuble sont dus à l'architecte valentinois Tracol.

1879. — 3 MARS. — Décret nommant M. Belat Joseph-Claude, conseiller municipal, maire de la ville de Valence, en remplacement de M. Bernard, démissionnaire.

1879. — 10 MARS. — Installation de M. Belat, maire de Valence. Il prononce un long discours.

1879. — 26 AVRIL. — Nomination de M. Tassin, conservateur de la Bibliothèque et du Musée en remplacement de M. Biosse-Duplan.

1879. — 9 MAI. — L'ouverture, le classement et l'alignement du prolongement

---

(1) Les prisons de la Commission du Conseil ou « Chambre ardente » de Valence avaient été construites par les Fermiers généraux d'avril 1771 à janvier 1773 pour l'incarcération des contrebandiers.

de la rue Belle-Image jusqu'au boulevard sont décidés.

1879. — 10 MAI. — A la suite des vœux émis par le Conseil municipal les 5 novembre 1878 et 17 janvier 1879, et malgré une lettre de protestation du 12 février précédent, un arrêté préfectoral laïcise les écoles de la rue Notre-Dame et de la rue Roderie à partir du 1er juin suivant

1879. — JUIN. — Les Frères louent la maison de M. Bernard, ex-maire, rue des Alpes, pour y ouvrir une école libre.

1879. — 2 JUIN. — Les écoles de la rue Notre-Dame et de la rue Roderie sont ouvertes avec des maîtres laïques.

1879. — 6 JUIN. — Un arrêté du maire, Belat, interdit les processions en dehors des édifices consacrés au culte.

1879. — 21, 22 ET 23 JUIN. — La caserne de l'avenue de Romans étant achevée, le 5e régiment de chasseurs à cheval arrive en 3 colonnes pour occuper sa nouvelle garnison.

1879. — 26 JUIN. — La Ville achète l'immeuble Leclaïr, rue des Vieillards, pour y installer l'école laïque de filles, après avoir vendu l'emplacement du boulevard qui lui était primitivement destiné.

1879. — 26, 27 ET 28 JUIN. — Visite du général Farre, gouverneur militaire de Lyon, né à Valence, le 5 mai 1816. On lui fait une chaleureuse réception.

1879. — 25 JUILLET. — Le Conseil municipal accepte le sol de la rue Marguerite qui lui est offert par le propriétaire du terrain, M. Roux.

1879. — 1er SEPTEMBRE. — Arrêté préfectoral laïcisant l'école de la rue du Gallet à partir du 1er octobre suivant.

1879. — 3 SEPTEMBRE. — M. Najean est nommé préfet de la Drôme, en remplacement de M. Thomson.

1879. — 23 SEPTEMBRE — Le Conseil municipal vote l'installation du gaz dans les classes et, à la rentrée d'octobre, les

instituteurs surveillent les études gratuitement.

1879. — 1er OCTOBRE. — La première école publique laïque de filles est ouverte, rue des Vieillards, sous la direction de Mlle de Berne.

1879. — 1er OCTOBRE. — L'école de la rue du Gallet s'ouvre avec un personnel laïque.

1879. — OCTOBRE. — On s'aperçoit qu'une borne milliaire romaine a été employée dans une des colonnes du déambulatoire de la cathédrale.

1879. — 18 ET 19 OCTOBRE. — Samedi et dimanche, inauguration du Canal de la Bourne par M. Tirard, ministre de l'Agriculture Les travaux ne furent complètement terminés qu'en 1883.

1879. — 1er DÉCEMBRE. — Création de la Chambre de commerce ; vu une pétition de 154 commerçants de la ville de Valence ; vu nombre de délibérations du Conseil général, du Conseil municipal, etc., le Président de la République décrète :

« Il est créé une Chambre de commerce « à Valence. La Chambre consultative « des arts et manufactures est suppri- « mée. »

1880

1880. — Un projet de construction de l'Hôtel de Ville figure dans l'emprunt pour une somme de 260.000 francs. Cette dépense trop élevée le fit rejeter.

1880. — 13 FÉVRIER. — Traité passé avec Mme Farge, maîtresse de pension, rue de l'Equerre, pour instruire gratuitement les filles de la ville.

1880. — 28 FÉVRIER. — Le Conseil municipal décide qu'il y a lieu de construire une école de filles dans l'avenue Victor-Hugo.

1880. — 24 MARS. — Le Conseil municipal émet le vœu que le pont suspendu soit racheté par l'Etat, la Ville promettant de participer à la dépense.

1880. — 14 AVRIL. — Acte de vente du clos Sallier, aux Balives, pour la construction de l'école normale d'institutrices. (50.000 francs.)

1880. — 24 JUIN. — Pendant sa construction, le quartier des femmes à l'hôpital change de destination par un accord intérieur avec le Ministre de la Guerre qui l'accepte comme hôpital militaire.

1880. — 13 JUILLET — Ouverture du Grand Café Glacier, dans la maison Fougeron.

1880. — 14 JUILLET. — On célèbre pour la première fois la Fête nationale du 14 Juillet.

1880. — 25 JUILLET. — Le 6ᵉ d'artillerie et le 5ᵉ chasseurs reçoivent leurs étendards, distribués à Paris, le 14 juillet.

1880. — 7, 8 ET 9 AOUT. — Grand concours international de musique, sous la présidence de M. Laurent de Rillé, en l'absence de M. Gounod, en même temps qu'un même concours avait lieu à Romans et Bourg-de-Péage, sous la présidence de M. Massenet.

1880. — 24 AOUT. — Partis après la signification des décrets du 31 mars dernier, les rédemptoristes reviennent plus nombreux dans leur couvent de la rue de la Cécile.

1880. — 1ᵉʳ SEPTEMBRE. — Un rapport de police propose de ne pas appliquer les décrets du 31 mars aux religieuses de Sainte-Claire, celles-ci étant presque inconnues à Valence.

1880. — 10 SEPTEMBRE. — Arrivée du général Boulanger, comme commandant de la place de Valence.

1880. — 27 SEPTEMBRE. — Le Maire est autorisé à acheter pour la Ville les deux immeubles Carrichon, avenue Victor-Hugo, Nᵒˢ 48 et 50, pour construire sur leur emplacement l'école de filles du

quartier. Par suite de l'exigence du propriétaire, il fallut plus tard recourir à l'expropriation (16 août 1881).

1880. — 31 OCTOBRE. — Le préfet, Najean, fait signifier un arrêté d'expulsion à trois pères rédemptoristes de nationalité étrangère.

1880. — 2 NOVEMBRE. — Les rédemptoristes étrangers informent le Commissaire de police qu'ils quittent Valence.

1880. — 5 NOVEMBRE. — Entre 6 heures et 8 heures 1/2 du matin, on expulse les rédemptoristes restant dans leur couvent. Mgr Cotton, présent à l'opération, marche en tête du cortège qui conduit les expulsés à l'évêché.

1880. — 5 NOVEMBRE. — L'église Saint-Joseph (rue de la Cécile) est fermée au culte en exécution des décrets du 31 mars.

1880. — 2 DÉCEMBRE. — Le « Journal de Valence » est condamné à 100 francs d'amende et 1.000 francs de dommages-intérêts vis-à-vis des plaignants pour un article de presse sur l'expulsion des rédemptoristes.

1880. — 3 DÉCEMBRE. — L'évêque Cotton est traduit devant la 1ʳᵉ chambre de la Cour d'appel de Paris pour répondre d'une lettre jugée outrageante, adressée au Ministre de l'Intérieur ; il est acquitté.

1881

1881. — D'après le dernier recensement, la population totale de Valence est de 24.502 habitants. Celui de 1876 donnait 23.120 habitants.

1881. — Le Conseil municipal décide de remplacer le premier kiosque à musique par un autre mieux aménagé.

1881. — 1ᵉʳ JANVIER. — Les études surveillées dans les écoles primaires sont rétribuées par la Ville.

1881. — 15 JANVIER. — Le journal

« L'Ordre et la Liberté » change de titre et s'appelle : « Le Messager de Valence ».

1881. — FÉVRIER. — En attendant la construction d'une école normale d'institutrices, le Conseil général installe les cours normaux (12 élèves) dans le local de la pension Durand (avenue de Chabeuil) dont il achète le matériel scolaire. Les élèves catholiques étaient jusque là pensionnaires à la Trinité et les élèves protestantes à la pension Bourdin.

1881. — Iᵉʳ FÉVRIER. — Le traité avec Mᵐᵉ Farge, pour l'enseignement gratuit des filles, est mis en application.

1881. — 24 FÉVRIER. — M. Didelot, curé de Saint-Apollinaire, découvre sous un enduit, la porte historiée de l'ancienne entrée sud de la cathédrale.

1881. — 18 JUILLET-8 AOUT. — Le thermomètre marque 41 degrés à l'ombre et 39 degrés le 8 août.

1881. — 26 JUILLET. — Les autorités, accompagnées de la Fanfare, vont à la gare recevoir les artilleurs de la garnison, retour de la campagne de Tunisie.

1881. — 31 JUILLET. — Dans la nuit du 31 juillet au 1ᵉʳ août, incendie de l'usine Pral et de plusieurs maisons environnantes. (400.000 francs de pertes.)

1881. — 16 AOUT. — Expropriation de la maison Carrichon pour la construction de l'école de filles de l'avenue Victor-Hugo.

1881. — 16 AOUT. — Une pétition est présentée au Conseil municipal pour la création d'une école maternelle à la Basse-Ville.

1881. — 21 AOUT. — Elections législatives générales. Valence donne 2.630 voix à Madier-Montjau, sans concurrent. Députés de la Drôme : Madier-Montjau, Bizarelli, Loubet, Richard et Chevandier.

1881. — 30 SEPTEMBRE. — La Ville loue la maison Crouzet, rue du Pont-du-Gât, pour y installer une classe, l'école de

la rue Notre-Dame étant devenue insuffisante.

1882

1882. — La réception des travaux de construction de l'hôpital militaire se fait dans le courant de l'année.

1882. — 17 JANVIER. — Le général Boulanger, envoyé en mission aux Etats-Unis, est de retour à Valence.

1882. — 8 FÉVRIER. — Le Conseil municipal supprime le traitement des vicaires.

1882. — 18 AVRIL. — Nommé directeur de l'infanterie au Ministère de la Guerre, le général Boulanger fait ses adieux au Maire avant de quitter Valence.

1882. — 6 MAI. — Adjudication des travaux de construction de l'école normale d'institutrices, sur les plans et devis de M. Pompée, architecte parisien. Dépense prévue 412.000 francs.

1882. — 13 MAI. — Dans une lettre au Préfet, le Ministre dit que, d'après un rapport de l'Inspecteur général, il y a nécessité de créer une école de filles dans le quartier du Pont-du-Gât, « école dont la « construction servirait de modèle pour « les établissements de ce genre ».

1882. — 23 MAI. — Le Conseil municipal décide d'acheter l'établissement de bains Tominy et Delaye, rue du Pont-du-Gât, pour y installer l'école primaire supérieure de filles.

1882. — 23 MAI. — Il approuve les plans de l'école de filles à construire dans l'avenue Victor-Hugo.

1882. — Iᵉʳ JUILLET. — Le Maire fait signifier à l'administration militaire d'interrompre les travaux de construction du manège d'artillerie jusqu'à ce que soit tranchée la question de propriété d'une partie de l'emplacement. Le commandant du génie lui répond qu'il ne peut pas arrêter les travaux sans des ordres formels du Ministre.

1882. — 7 JUILLET. — Un arrêté préfectoral autorise la création de la « Société d'études militaires », dite « Ecole de Mars ».

1882. — 17 JUILLET. — Le Conseil municipal vote l'amélioration de l'avenue du Pont et son élargissement.

1882. — 1er AOUT. — La Caisse d'épargne transporte ses services place de la Préfecture.

1882. — 13, 14 ET 15 AOUT. — La Fanfare de Valence, direction Ferdinand Marie, remporte au concours international de musique de Genève, les 3 premiers prix de « concours à vue, exécution et concours d'honneur ». Programme : Fanniska, Tannhäuser et Obéron. Grand enthousiasme à Valence.

1882. — 17 AOUT. — Le Conseil municipal décide la création d'une école supérieure de garçons et achète à cet effet la maison Marchand, dans la rue Bayard. 28.000 francs.

1882. — 1er OCTOBRE. — L'école supérieure de filles est ouverte, rue des Vieillards, dans une salle de l'école primaire de filles, en attendant l'aménagement de l'immeuble Tominy.

1882. — 1er OCTOBRE. — Ouverture de l'école supérieure de garçons dans la rue Bayard.

1882. — 14 NOVEMBRE. — Le Conseil municipal décide que la partie de la rue Citadelle, au-delà de la rue Quatorze-Cantons, sera dénommée rue de la Bibliothèque.

1882. — 14 NOVEMBRE. — Une proposition de création d'un lycée à Valence est faite au Conseil municipal.

1882. — 30 DÉCEMBRE. — Le projet d'amélioration de l'avenue du Pont est présenté au Conseil municipal. Il com-

prend : 1° l'élargissement de l'avenue par le recul du mur de soutènement de la place Championnet ; 2° abaissement de la place et de la sommité de l'avenue ; 3° exhaussement de l'avenue vers le milieu de sa longueur ; 4° construction d'un mur de soutènement avec parapet.

1883

1883. — La construction du manège d'artillerie et du mur de clôture du quartier Championnet est terminée dans le courant de l'année,

1883. — 3 JANVIER. — La crue du Rhône atteint 5m50 au-dessus de l'étiage ; les barques circulent dans la rue Pêcherie.

1883. — 3 JANVIER — Dans une réunion publique, tenue au foyer du Théâtre, MM. Fayard et David ont été délégués pour assister aux funérailles de Gambetta. Une quête, pour couvrir les frais, est faite dans la salle.

1883. — 4 JANVIER. — De son côté, le Conseil municipal délègue l'adjoint Puzin pour y représenter officiellement la Ville.

1883. — 6 JANVIER. — L'architecte-voyer, Fontanille, est chargé de préparer un projet de construction d'un lycée.

1883. — 6 JANVIER. — Le Conseil municipal approuve le projet de construction d'un grand égout collecteur.

1883. — 6 JANVIER. — Il décide que l'ancien faubourg Saunière et l'avenue du Calvaire porteront le nom d'avenue Victor-Hugo, de la place de la République à la limite de l'octroi.

1883. — 19 FÉVRIER. — Instruction du Ministre au sujet de la construction du lycée : Local pour 500 élèves dont 250 pensionnaires. Surface totale, cours et constructions, 25.000 mètres carrés. Dépense à prévoir 1.800.000 à 2 millions. L'Etat prend la moitié à sa charge.

1883. — MARS. — L'armée du Salut

commence ses réunions à Valence dans l'ancien casino, au Champ-de-Mars. (Etablissement Cognard.)

1883. — 23 AVRIL. — Décret déclarant comme d'abus le mandement de Mgr Cotton, sur l'enseignement laïque.

1883. — 23 JUIN. — Le Conseil municipal adopte le projet d'organisation des études surveillées dans les écoles primaires.

1883. — 2 JUILLET. — Sarah Bernhart donne, au théâtre, une seule représentation de *Fédora*, de Sardou.

1883. — 11 JUILLET. — Adjudication du grand égout collecteur à l'entrepreneur Ageron sur un devis de 250.000 francs.

1883. — 29 JUILLET. — Grève des ouvriers travaillant au grand égout collecteur.

1883. — 31 AOUT. — Adjudication des travaux de construction de l'école de filles de l'avenue Victor-Hugo.

1883. — 1er OCTOBRE. — L'école supérieure de filles ouvre ses cours dans l'ancien établissement de bains de la rue du Pont-du-Gât.

1883. — 31 DÉCEMBRE. — Remise officielle à M. l'Inspecteur d'académie des locaux de la nouvelle école normale d'institutrices aux Balives. Dépenses pour l'école normale proprement dite : 350.000 francs, pour l'école annexe : 150.000 francs.

1884

1884. — Le dernier emplacement restant sur les boulevards est vendu à M Guérin qui y fait construire la maison faisant l'angle nord de la rue Général-Farre.

1884. — 2 JANVIER. — Après les vacances de Noël, les élèves font la rentrée dans la nouvelle école normale aux Balives.

1884. — 11 FÉVRIER. — Le Conseil

municipal vote une somme de 200.000 francs pour le rachat du pont suspendu à la condition qu'il soit livré à la libre circulation, le 1er février 1885. Il ouvre en même temps une souscription publique qui produit la somme de 50.000 francs.

1884. — 12 FÉVRIER. — Les députés Floquet et Lockroy font au Théâtre une conférence politique publique.

1884. — 9 MARS. — Adjudication des travaux de l'avenue du Pont à l'entrepreneur Meunier, sur un devis de 79.000 francs. Les travaux sont commencés dans le courant du mois.

1884 — 15 MARS. — L'eau de la Bourne sert d'appoint pour l'alimentation de la Ville.

1884. — 29 MARS. — Le Conseil municipal vote l'achat de l'immeuble Morel, à la Basse-Ville, pour la construction de l'école maternelle. (18.000 francs).

1884. — 29 MARS. — Sur une lettre du Recteur, le Conseil municipal vote le principe de la création des cours secondaires de jeunes filles.

1884. — 6 AVRIL. — Création des bataillons scolaires à Valence. Tous les enfants des écoles laïques, au-dessus de 10 ans, se réunissent au Champ-de-Mars, une fois par semaine, pour y faire l'exercice.

1884. — 29 MAI. — La Ville achète une partie des terrains Royer (Parc Jouvet actuel) pour l'élargissement de l'avenue du Pont.

1884. — 31 JUILLET. — Par suite de l'épidémie de choléra, sévissant dans le Midi et dans la Drôme, le Conseil municipal choisit aux Beaumes un emplacement pour un lazaret. Valence n'eut pas trop à souffrir du fléau.

1884. — 10 AOUT. — Fête donnée au Champ-de-Mars pour les victimes du choléra.

1884. — 22 AOUT. — Réception définitive des travaux du grand égout collecteur.

1884. — 5 OCTOBRE. — M. Monier est nommé préfet de la Drôme, en remplacement de M. Najean

1884. — 16 OCTOBRE. — Arrêté du Maire rapportant celui du 15 juin 1852 qui avait autorisé les religieuses du Refuge à avoir un cimetière dans leur couvent.

1884. — 14 DÉCEMBRE. — En application d'une loi récente, due à l'initiative de M. Loubet, stipulant que les ponts qui reliaient deux routes nationales devaient être rachetés, un décret du 14 décembre prononce le rachat du pont suspendu de Valence.

1884. — 20 DÉCEMBRE — Le Conseil municipal vote l'abaissement de la place Championnet et la sommité de l'avenue Gambetta ; la construction d'un grand escalier à l'angle ouest de la place, un petit escalier à l'angle sud-ouest du Champ-de-Mars ; la suppression des latrines, de la glacière et des bornes qui limitaient la place Championnet à l'est.

1884. — 24 DÉCEMBRE. — Au décompte de tous les travaux exécutés jusqu'à ce jour à la nouvelle usine à gaz, il résulte une dépense totale de 877.000 francs.

1884. — 26 DÉCEMBRE. — Un autre décret classe l'avenue du Pont et la traversée de la place de la République comme annexes de la route nationale N° 7. Toutefois la remise à l'Etat ne fut faite que le 14 janvier 1888.

1884. — 28 DÉCEMBRE. — Fondation de la Société musicale La Philharmonique.

1885

1885. — 9 JANVIER. — La Mairie est informée du premier divorce prononcé à Valence.

1885. — 19 JANVIER — Traité passé entre l'Etat et les concessionnaires du pont suspendu par lequel ceux-ci aban-

donnent la concession, moyennant une indemnité de 420.000 francs.

1885. — 25 JANVIER. — Pour la 2ᵉ fois, le collège sénatorial se réunit à Valence. Sénateurs de la Drôme : MM. Loubet, député, et Fayard, conseiller général de Chabeuil.

1885. — 28 JANVIER. — Avis du Préfet, annonçant que le passage du pont suspendu sera libre à partir du 1ᵉʳ février, à minuit.

1885. — 31 JANVIER. — Malgré une journée pluvieuse, une foule considérable se réunit dans l'avenue du Pont pour assister à la fin du péage. Au premier coup de minuit, on fait éclater une boîte à poudre qui annonce que le passage du pont est libre. La foule applaudit et grand nombre de personnes traversent le pont comme pour prendre possession de ce nouveau domaine public.

1885. — 1ᵉʳ FÉVRIER. — Grande fête du rachat du pont suspendu. Malgré une pluie fine, mais continue, depuis le matin du dimanche jusqu'à midi, on dresse un arc de triomphe devant le café de France, des sapins verts décorent l'entrée du pont qui reçoit lui-même de nombreux oriflammes. A une heure et demie, part de la place de la Liberté, le cortège officiel composé du Conseil municipal précédé des pompiers, des Fanfares des Sapeurs-Pompiers et de Valence, de l'Union chorale, du Gymnase civil, de La Patriote, et de l'Ecole de Mars, pour aller au-devant des délégués de l'Ardèche à l'entrée du pont, rive droite. De là, le cortège, dans une foule qu'il a peine à traverser, se rend au foyer du Théâtre où est servi un punch d'honneur. De nombreux discours y sont prononcés.

Dans l'après-midi et le soir, la foule, évaluée à plus de 20.000 personnes, est tout à la joie au passage de la retraite aux flambeaux, devant les feux d'artifice tirés dans les principaux quartiers de la Ville.

1885. — 12 FÉVRIER. — Le Conseil municipal accepte le projet de la balustrade de la place Championnet et du grand escalier en pierre de Brouzet.

Une large emprise est faite à la place Championnet pour l'élargissement de l'avenue Gambetta.

1885. — 23 mars. — Le Conseil municipal décide que les cours secondaires de jeunes filles seront installés au 2ᵉ étage de la Condition des soies, place du Champ-de-Mars.

1885. — 11 mai. — Adjudication des travaux d'agrandissement de l'école normale d'instituteurs.

1885. — 16 au 25 mai. — Concours régional agricole, clôturé par la visite de M. Hervé-Mangon, ministre de l'Agriculture.

1885. — 17 mai. — A l'occasion de l'ouverture du Concours régional, on fait une grande cavalcade pendant laquelle a lieu, sur la place de la République, la première bataille de fleurs à Valence.

1885. — 25 mai. — Le Cercle républicain de Paris fait déposer une couronne au pied de la statue de Championnet.

1885. — 28 mai. — Passage du torpilleur n° 68 se rendant par eau de Cherbourg à Toulon.

1885. — 1ᵉʳ juin. — Funérailles de Victor Hugo auxquelles assistent deux délégués du Conseil municipal, MM. Belat, maire, et David, adjoint.

1885. — juin. — Le Ministre autorise l'installation d'un réseau téléphonique à Valence.

1885. — 8 juin. — Passage du Ministre des Travaux publics Demôle, descendant le Rhône.

1885. — 12 juin. — La Mairie de Valence s'abonne au téléphone.

1885. — 28 juin. — Premier concours de tir aux pigeons à Valence.

1885. — 10 août. — Arrêté du Maire autorisant Falgairolle et Prat à pénétrer

dans les propriétés privées pour l'établissement du plan général de la Ville.

1885. — septembre. — La ville de Valence propose au Conseil général d'acheter l'école normale d'institutrices pour y installer le lycée de garçons. Le Conseil général repousse la proposition.

1885. — septembre. — Les travaux de l'avenue Gambetta sont terminés ; l'avenue est tout entière livrée à la circulation.

1885. — 1ᵉʳ septembre. — Inauguration de la section du chemin de fer de Crest à Die.

1885. — 11 septembre. — Le Conseil municipal vote le principe de la construction d'une fontaine monumentale au rond-point des boulevards Bancel et Maurice-Clerc.

1885. — 11 septembre. — Le Conseil municipal décide que la statue de Montalivet sera érigée au boulevard d'Alsace. Il ne fut donné aucune suite à cette décision.

1885. — 11 septembre. — Il vote la construction de la salle qui sert d'atelier à l'école supérieure de filles en bordure de la rue Brunet.

1885. — 22 septembre. — Sarah Bernhart donne une représentation de *Frou-Frou* au théâtre de Valence.

1885. — 2 octobre. — Ouverture de l'école de filles de l'avenue Victor-Hugo dans son local nouvellement construit.

1885. — 4 octobre. — Elections législatives générales au scrutin de liste. Résultats à Valence : Madier-Montjau 2.789 voix ; Bizarelli 2.808 ; Richard 2.819 ; Maurice Faure 2.856 et Chevandier 2.828, tous élus au premier tour. Autres candidats : Dumont, ingénieur, 892 ; Laurens, de Die, 828 ; Nugues, de Romans, 846 ; Messié 844 et d'Aulan 850.

1885. — 29 octobre. — Adjudication du 1ᵉʳ lot de la voie ferrée de Die à Aspres.

1885. — 4 novembre. — Le Conseil municipal vote le déplacement vers les casernes de la bascule de la place Saint-Félix et la construction de celle du Champ-de-Mars.

1885. — 8 NOVEMBRE. — Procès-verbal de la réception provisoire des travaux de l'avenue Gambetta. Dépense 135.000 fr.

1885. — 3 DÉCEMBRE. — Jacques Inaudi, le fameux calculateur, donne une séance au Grand Café Glacier.

1885. — 12 DÉCEMBRE. — Le Conseil municipal envoie une adresse aux députés de la Drôme, protestant contre l'union d'une partie de la gauche avec la droite de la Chambre, et demandant l'occupation du Tonkin et de l'Annam pour la sécurité de nos possessions d'Indo-Chine et de nos intérêts commerciaux.

1885. — 20 DÉCEMBRE. — Formation de l'Association républicaine de la Drôme, pour le centenaire de la Révolution de 1789.

1885. — 23 DÉCEMBRE. — Le Conseil municipal rejette la demande formulée par la dame Tendil d'établir un kiosque-buvette sur le boulevard Bancel.

1885. — 23 DÉCEMBRE. — A l'expiration du traité passé avec Mme Farge, la Ville décide de créer une école publique de filles dans le quartier Saint-Jean.

1885. — 29 DÉCEMBRE. — Le Conseil municipal réitère le vœu pour la création d'un lycée et vote les fonds nécessaires, c'est-à-dire 21 centimes additionnels donnant de 900 mille à 1 million d'impôts en plus.

1886

1886. — Pendant les années 1885-1886 est construite la partie nord des bâtiments des Nouvelles Galeries, devenue la proie des flammes le 22 février 1916.

1886. — Par décision du général Boulanger, ministre de la Guerre, les casernes de Valence sont ainsi dénommées :

Quartier A. — Championnet (anciennement Saint-Félix).
Quartier B. — Chareton (anciennement Citadelle).
Quartier F. — Brunet (anciennement Séminaire.)
Quartier K. — Latour-Maubourg (anciennement Saint-Jacques).

1886. — 1er FÉVRIER. — Ouverture de l'école laïque de filles dans le local qu'abandonne Mme Farge, rue de l'Equerre, et que la Ville a loué à M. Serre, propriétaire.

1886. — 1er FÉVRIER. — Le Maire demande à la Cie P. L. M. l'autorisation d'établir une passerelle sur la voie pour relier le quartier de Jappe-Renard au quartier Saunière.

1886. — 12 FÉVRIER. — M. Demangeat est nommé préfet de la Drôme, en remplacement de M. Monier.

1886. — 15 MARS. — Adjudication des pavillons des bascules du Champ-de-Mars et du boulevard d'Alsace.

1886. — 22 MARS. — Le Maire fait connaître au Conseil municipal le refus du P. L. M. pour la construction de la passerelle de Jappe-Renard.

1886. — 5 AVRIL. — Décret fixant la population officielle de Valence d'après le dernier recensement :

Population agglomérée . . .	19.525
— éparse . . . ,	2.309
— à part.	2.952
Total	24.777

1886. — 24 AVRIL. — Adjudication des travaux de réparation au Théâtre, extérieur et intérieur. — Evaluées à 80.000 francs les dépenses s'élevèrent à 147.878 francs.

1886. — 23 JUIN. — Le Conseil municipal décide que l'école maternelle de la rue Saint-Victor sera transférée à la Basse-Ville (maison Morel), à la rentrée d'octobre.

1886. — 27 JUIN. — Ouverture du

Grand Hôtel de la Croix-d'Or, entièrement reconstruit d'après les plans de l'architecte Tracol, sur l'emplacement de l'auberge de la Croix-d'Or — qui datait du XVIIIᵉ siècle — et de quelques autres maisons qui lui étaient contiguës au couchant.

1886. — 27, 28 et 29 juin — Deuxième concours fédéral de gymnastique du Sud-Est, sous la présidence effective du général Boulanger, ministre de la Guerre, accompagné de M. Granet, ministre des Postes et Télégraphes.

1886. — 1ᵉʳ octobre. — Depuis sa création, la Condition des soies avait été gérée par un directeur nommé et rétribué par la Ville. A cette date, elle fut affermée à M. Mathieu qui n'eut pas de successeur. A sa mort (1917), l'établissement fut définitivement fermé.

1886. — 4 octobre. — Inauguration, par le Recteur, des cours secondaires de jeunes filles ouverts au 2ᵉ étage de la Condition des soies — 37 élèves fréquentent les cours pendant l'année scolaire.

1886. — 11 novembre. — La crue du Rhône atteint 5ᵐ75 au-dessus de l'étiage, la Basse-Ville est inondée, on ne peut pénétrer qu'en barque dans la rue Pêcherie.

1886. — 4 décembre. — Ouverture de la salle de spectacle dans la maison Dussargue (angle est des rues Chevandier et Poncet) pendant les réparations du Théâtre.

1886. — 20 décembre, — Réception définitive de l'école normale d'institutrices dont la dépense : achat de terrain, construction, etc. s'éleva à plus de 700.000 francs.

1887

1887. — 25 janvier. — Adjudication des travaux d'extension de la canalisation des eaux d'alimentation sur un devis de 128.000 francs.

1887. — 5 février. — Le Conseil municipal approuve le traité passé, le 26 janvier précédent, entre le Maire et M. Poitoux, architecte, pour la construction de la Fontaine monumentale, au prix de 25.000 francs. Le projet de M. Poitoux avait été adopté à la suite d'un concours.

1887. — 15 mars. — Sur les conseils du recteur Zévort et de l'architecte Vaudremer, de Paris, le Conseil municipal choisit l'emplacement du lycée dans le terrain Dupont, avenue Victor-Hugo en face de la rue de la Cécile.

1887. — 31 mars. — M. Bresson, directeur de l'usine à gaz, adresse au Maire une lettre de démission.

1887. — mai. — Etablissement des marquises abritant les trottoirs du boulevard.

1887. — 3 mai. — Les comptes des travaux de l'avenue du Pont présentés au Conseil municipal, font ressortir une dépense de 135.000 francs.

1887. — 20 mai. — La direction de l'usine à gaz est confiée à la maison Limousin et Descours, de Lyon, avec effet rétroactif pour les comptes à partir du 1ᵉʳ janvier précédent.

1887. — 29 mai. — Premières courses de chevaux à Valence, sur l'hippodrome du Polygone.

1887. — 30 mai. — Première course de bicyclettes et bicycles à Valence, organisée au boulevard d'Alsace.

1887. — 22 juin. — Le Conseil municipal vote la création d'une école maternelle à ouvrir dans la maison Mossan, n° 75, de la des Alpes, qu'il vient de louer à cet effet.

1887. — 10 août. — Le Conseil municipal vote le principe de la laïcisation de l'école des Sœurs-Grises de la rue Madier-Montjau, puis sursoit à l'exécution, à cause de la question d'attribution de propriété de l'immeuble.

1887. — 11 AOUT. — Inauguration des grandes orgues de l'église Notre-Dame, comprenant 10 jeux avec 2 claviers à mains et 1 clavier pédalier, de 25 motifs expressifs.

1887. — 17 AOUT. — Sur le rapport de l'Inspecteur d'académie, le Préfet demande à la Ville la suppression de l'école de la rue du Gallet. Le Conseil municipal vote la suppression à partir du 1er octobre suivant.

1887. — 30 AOUT ET 22 SEPTEMBRE. — Dans ces deux séances, le Conseil municipal émet le vœu que la salle d'asile, dirigée par les Trinitaires, soit supprimée comme établissement communal, ainsi que l'école supérieure des Frères, au clos Sylvestre.

1887. — 1er SEPTEMBRE. — Ouverture de l'école maternelle de la rue des Alpes, maison Mossan.

1887. — 4 SEPTEMBRE. — Grand festival aérostatique, au Champ-de-Mars, clôturé avec des toiles de 7m de hauteur. L'aérostat « Le Zéphir » est monté par Mme G. Landreau. Plusieurs clowns et gymnastes donnent un intermède pendant le gonflement du ballon qui n'est achevé qu'à 6 heures du soir.

1887. — 8 SEPTEMBRE. — Arrêté préfectoral prononçant la laïcisation de l'école des Frères de Saint-Appolinaire.

1887. — 18 SEPTEMBRE. — Course de bicyclettes, bicycles et vélocipèdes dans les allées du Champ-de-Mars.

1887. — 1er OCTOBRE. — L'école de Saint-Apollinaire laïcisée s'ouvre avec le personnel de l'école de la rue du Gallet supprimée. Les Frères occupent encore le rez-de-chaussée et une partie du 1er étage de l'immeuble.

1887. — 1er OCTOBRE. — Les cours secondaires sont transférés dans la maison Clément (ancienne pension Bourdin). Bail du 18 juin 1887.

1887. — 1er NOVEMBRE. — Réouverture

du théâtre complètement restauré, avec, au programme, *Le Bossu*. Le café du Théâtre est supprimé et le foyer transformé en salle de réunions.

1887. — 3 DÉCEMBRE. — Les Frères de la Doctrine chrétienne quittent définitivement le local de l'école Saint-Apollinaire où ils avaient enseigné pendant 156 ans.

1887. — 6 DÉCEMBRE. — Les travaux de la Fontaine monumentale sont terminés ; ils avaient été commencés le 4 mars précédent. Haute de 13 mètres, la fontaine est en pierre de Chomérac jusqu'au piédestal (bassin et vasques) ; le piédestal et les griffons en pierre d'Echaillon, la colonne en marbre rose de Crussol ; le chapiteau en pierre de Brouzet. Le génie est dû au statuaire Frison, de Crest, et la partie sculpturale à M. Clair, de Valence.

1887. — 26 DÉCEMBRE. — Le Conseil municipal décide de transférer immédiament l'école maternelle de la Basse-Ville au rez-de-chaussée de l'école Saint-Apollinaire, parce qu'elle se trouve, dit le rapport, « dans une maison malsaine, sans « solidité, malgré les nombreux étais qui « y ont été placés pour empêcher sa « chute. »

1888

1888. — JANVIER-FÉVRIER. — Création des deux allées centrales des boulevards, bordées de marronniers.

1888. — 14 JANVIER. — Remise officielle à l'Etat de l'avenue du Pont et de la traversée de la place de la République comme annexe de la route nationale N° 7.

1888. — FÉVRIER. — Fondation à Valence de la section du Club alpin de la Drôme.

1888. — 19 MARS. — Création d'un grand marché, le premier lundi de chaque mois.

1888. — 24 MARS. — M. Dornois est

nommé préfet de la Drôme, en remplacement de M. Demangeat.

1888. — 28 MARS. — La Commission administrative du Bureau de bienfaisance cède à la Ville les locaux nécessaires pour une école de filles, avec entrée par l'impasse des Sœurs-Grises.

1888. — 8 AVRIL. — M. Paul Fournier est nommé préfet de la Drôme en remplacement de M. Dornois.

1888. — 12 AVRIL. — Le Conseil municipal vote la laïcisation de l'école de filles dirigée par les religieuses de Saint-Vincent-de-Paul, dans la rue Madier-Montjau. L'école s'ouvrira à la rentrée de Pâques.

1888. — 12 AVRIL. — Le Conseil général vote le principe du réseau de chemins de fer départementaux de la Drôme.

1888. — 6 MAI. — Elections municipales. La lutte entre les partisans de plusieur listes est fort vive, de nombreuses réunions ont lieu dans les divers quartiers de la ville. Au premier tour de scrutin 5 conseillers seulement sont élus. Au 2e tour la liste de M. Clerc, ancien maire, bat la liste de M. Belat, formée du Conseil sortant, qui n'a que 2 ou 3 élus. M. Belat, ayant eu très peu de voix au 1er tour, ne se présenta pas au 2e.

1888. — 19 MAI. — Installation du nouveau Conseil municipal : M. Clerc, maire, MM. Chalamet et Allingry, adjoints.

1888. — 7 JUILLET. — A l'occasion de l'inauguration d'un monument à Gambetta, élevé à Paris, le Conseil municipal décide que l'avenue du Pont sera appelée avenue Gambetta.

1888. — 22 JUILLET. — A 4 heures du soir, arrivée de Sadi-Carnot, président de la République, accompagné de Le Royer, président du Sénat, de Floquet, président du Conseil et d'autres Ministres, venant de Chambéry et de Romans où ils ont assisté aux fêtes du Centenaire des

Etats de Romans, prélude de la Révolution de 1789. Il est reçu à la gare par le Maire, entouré de son Conseil municipal, et par toutes les autorités de Valence et des départements voisins. Au milieu d'une foule enthousiaste, le cortège officiel se dirige vers la préfecture. Un banquet de 430 couverts est servi au manège d'artillerie. Après le banquet, le cortège se rend à Championnet où est tiré un feu d'artifice ; les porteurs de torches font la haie sur tout le parcours. Le Président de la République prend place avec tous les invités de la Ville sur une estrade, en face de Championnet. Le feu tiré, un grand bal a été organisé au Champ-de-Mars et la foule se répand dans les rues pour admirer les illuminations.

Le lendemain, le Président de la République part pour Paris, à 8 heures 30; il laisse 2.000 francs pour le Bureau de bienfaisance.

Dans une proclamation aux habitants de Valence, le Maire loue l'accueil enthousiaste fait au Président de la République et aux membres du Gouvernement. « Je « suis heureux, ajoute-t-il, d'avoir à vous « transmettre les remerciements des hôtes « illustres qui viennent de nous quitter ».

1888. — 19 AOUT. — La « Gaieté Valentinoise », société lyrique et chorégraphique, donne sa première soirée de famille au Gymnase civil.

1888. — 24 AOUT. — Le Conseil général approuve la convention passée avec M. Empain pour la construction du réseau de tramways sur route, avec raccordement de celui de Chabeuil au P. L. M.

1888. — 30 AOUT. — Arrêté municipal réglementant le tarif des voitures de place :

De jour : Voiture à 2 chevaux, 1 fr. 25 la course ; 2 francs l'heure.

De nuit : après 10 heures du soir, 2 fr. la course; 3 francs l'heure.

Voiture à 1 cheval, 1 franc la course ; 1 fr. 50 l'heure.

De nuit : 2 francs la course ; 2 fr. 25 l'heure

1888. — 6 OCTOBRE. — Le Conseil municipal approuve le choix de l'emplacement du nouvel abattoir à la Maladière et vote l'acquisition des terrains Chareyron, au prix de 12.000 francs.

1888. — 13 OCTOBRE. — M. Belat, ancien maire, est nommé président de Chambre à la Cour de Poitiers.

1888. — 1er DÉCEMBRE. — M. Charles Strauss est nommé préfet de la Drôme.

1888. — 22 DÉCEMBRE. — Le « Journal de Valence » annonce que Mme Clément, veuve du peintre distingué, vient de léguer au Musée de Valence les tableaux, esquisses, médailles, diplômes, laurier d'or et le prix de Rome de son mari, ainsi que son habitation, dite « Château de Donzère », sous la condition que le produit de la vente de cet immeuble sera placé en rentes 3 %. et que les arrérages serviront à installer et entretenir au Musée de Valence une salle où seront exposées les œuvres de M. Clément et qui portera son nom.

1889

1889. — 3 JANVIER. — Les marronniers des boulevards n'ayant pas réussi, le Conseil municipal décide de les remplacer par des platanes.

1889. — 3 JANVIER. — Achat de la maison Pelsel, rue Bayard, pour l'agrandissement de l'école supérieure de garçons. M. Pelsel donne sa bibliothèque (244 volumes) à l'école supérieure.

1889. — 12 JANVIER. — La Loge maçonnique de Valence décide, à l'unanimité des membres présents, de s'associer au mouvement anti-boulangiste qui se produit à Paris, à l'occasion de l'élection législative du 27 janvier où le général Boulanger est candidat.

1889. — 13 JANVIER. — Sur l'initiative de M. Duvernet, secrétaire général de la Préfecture, un comité est formé pour l'érection d'une statue à Désiré Bancel,

avocat et représentant du peuple. Aucune suite ne fut donnée à ce mouvement.

1889. — 15 JANVIER. — Il est donné connaissance au Comité d'achat de la Bibliothèque que M. Holstaine, conservateur, est appelé à une autre situation. Le Comité propose pour le remplacer M. Rochas, ancien fonctionnaire des archives à Paris.

1889. — 4 FÉVRIER. — Ouverture du deuxième grand marché de chaque mois, fixé au 3e lundi.

1889. — MAI. — Installation des horloges électriques sur les lampadaires des boulevards et de Championnet.

1889. — 5 MAI. — Fête nationale du Centenaire de la réunion des Etats Généraux à Versailles avec le programme de toutes les fêtes nationales : La veille, retraite aux flambeaux ; le lendemain, salves d'artillerie, concours de tir, séance du Gymnase civil, illuminations, concert, feu d'artifice, bals publics.

1889. — 31 MAI. — M. Huguenel présente son rapport au Conseil municipal sur la question de l'Hôtel de Ville. Il conclut que la construction devra se faire sur l'emplacement de l'ancienne mairie et des maisons qui lui sont contiguës. On vote l'impression de ce rapport. Dans cette séance, il est proposé d'installer la Bibliothèque et le Musée au nord du boulevard d'Alsace, dans un monument terminant dignement les beaux boulevards de Valence.

1889. — 3 JUILLET. — Le Conseil général met en adjudication la construction du tramway de Chabeuil et trois autres lignes. L'adjudication ne donne pas de résultat.

1889. — 12 JUILLET. — Lecture est donnée au Conseil municipal d'une lettre informant le Maire que la musique de la 14e brigade d'artillerie sera transférée de Grenoble à Valence C'est grâce aux instances du maire, M. Clerc, que cette satisfaction était donnée à la Ville.

1889. — 25 JUILLET. — Arrivée à Valence de la musique d'artillerie qui donne son premier concert trois jours après, au Champ-de-Mars.

1889. — 12 AOUT. — Mort de M. Roman, pasteur en retraite de l'Eglise réforformée de Valence.

1889. — 22 SEPTEMBRE. — Elections législatives générales, au scrutin d'arrondissement :

Résultats à Valence : Maurice Faure 3.293 voix ; Soleil 15 voix, conservateur ; Rudigoz, socialiste, 10 voix.

Elus : Maurice Faure ; Bizarelli ; Madier-Montjau, à Montélimar ; Chevandier ; Boissy-d'Anglas est élu au ballottage.

1889. — 30 SEPTEMBRE. — Le Conseil municipal émet le vœu que le pont suspendu soit amélioré et consolidé.

1889. — 19 OCTOBRE. — Mort de M. Adolphe Rochas, conservateur de la Bibliothèque et du Musée de Valence.

1889. — 23 OCTOBRE. — M. Chirol, professeur du collège en retraite, est nommé conservateur du Musée et de la Bibliothèque.

1889. — 25 OCTOBRE. — Mort d'Emile Augier à Paris. Il était né à Valence le 17 novembre 1820.

1889. — 12 NOVEMBRE. — Le Conseil municipal donne acte à M. le Maire de la communication de l'affaire Faubrujon et Clément, au sujet du legs fait au Musée par Mᵐᵉ Clément. Il n'accepte pas le legs à cause des charges qu'il comporte.

1889. — 12 NOVEMBRE. — Le Conseil municipal abandonne l'emplacement Dupont (avenue Victor-Hugo) pour le lycée et fixe son choix sur le clos Doyon, au sud du Champ-de-Mars.

1890

1890. — JANVIER. — Dans la première quinzaine de janvier, l'influenza ou grippe fait 66 victimes à Valence.

1890. — 10 JANVIER. — Le Ministre de l'Instruction publique décide que la transformation du collège en lycée aura lieu après la construction des bâtiments nécessaires ; mais sur la protestation des Parlementaires de l'Ardèche, il est encore sursis à toute transformation.

1890. — 14 JANVIER. — Le Conseil municipal décide que la rue Neuve portera désormais le nom de rue Emile-Augier.

1890. — 18 JANVIER. — Un arrêté du Maire porte que les horloges publiques marqueront l'heure de Paris à partir du 1ᵉʳ février.

1890. — 14 MARS. — Le jury du concours pour la construction du kiosque à musique décerne le premier prix à l'architecte Poitoux.

1890. — 10 AVRIL. — Un conseiller municipal propose de louer au département l'école annexe de l'école normale d'institutrices pour y installer l'école de garçons du quartier sud. Cette proposition n'eut aucun succès.

1890. — 19 AVRIL. — Après une première adjudication sans résultat (3 juillet 1889), le Conseil général concède à MM. Caze et Empain la construction de quatre lignes de tramway du réseau départemental, y compris celle de Chabeuil.

1890. — 24 AVRIL. — Adjudication des travaux de construction de l'égout de la rue des Alpes à M. Jaffeux, entrepreneur.

1890. — 30 AVRIL. — Clôture du concours pour la construction de l'Hôtel de Ville. Le projet Bertch-Proust-Bischoff, architectes parisiens, est classé le premier parmi 76 concurrents.

1890. — 7 MAI. — Le Conseil municipal approuve le bail de la location de la maison Charbonnier pour l'agrandissement de l'école de la rue Roderie.

1890. — 7 MAI. — Le Conseil municipal prend à sa charge la réparation urgente de la toiture du temple protestant,

« attendu que le Consistoire manque de
« ressources pour l'exécution de ces tra-
« vaux. »

1890. — 11 JUIN. — Traité passé entre
le Maire et M. Poitoux, architecte, pour
la reconstruction du kiosque à musique.
Les travaux commencent immédiatement
après.

1890. — 14 JUILLET. — Outre le programme habituel de la fête nationale, a
lieu une grande cavalcade excentrique au
profit des pauvres.
Ordre du cortège : Peloton de hussards
à cheval, Hérauts d'armes, Trompettes à
cheval (costumes gardes Louis XIII et
dragons d'Alcala), Soldats de la grande
armée (Ecole de Mars), Char des saltim-
banques (Gymnase civil), Noce de légumes (groupe), Char des pompiers excen-
triques (Fanfare de Valence), La Mare
aux grenouilles (Vélo-Club valentinois),
Char de la Caisse, Malborough s'en va-
t-en guerre (groupe), Char des pierrots,
arlequins et diables (Union chorale), Ménagerie savante (Gaieté valentinoise),
Char des gendarmes anglais (Philharmonique), Char du charlatan, Charges,
excentricités, groupes divers, quêteurs à
pied et à cheval.

1890. — 21 AOUT. — Le Conseil général
retire la concession des quatre lignes de
tramway à MM. Empain et Caze et la
donne à M. Marchand, ingénieur à Paris.

1890. — 27 AOUT. — Arrêté du Maire
créant un marché aux vendanges au
Champ-de-Mars.

1890. — 5 SEPTEMBRE. — Le Conseil
municipal renouvelle son vœu relatif à la
consolidation du pont suspendu.

1890. — 23 SEPTEMBRE. — Une trombe
d'eau s'abat sur Valence, Saint-Péray,
Beauchastel et quantité d'autres localités
de l'Ardèche, causant des ravages consi-
dérables. A Vallon, la crue de l'Ardèche
s'est élevée à 17 mètres 60 au-dessus de

l'étiage, cote qui n'avait jamais été
atteinte.

1890. — 19 OCTOBRE. — Inauguration
du kiosque à musique à l'occasion de la
fête en faveur des inondés de l'Ardèche.

1890. — 14 NOVEMBRE. — La souscription, ouverte à Valence en faveur des
inondés de l'Ardèche, a produit à ce jour
la somme de 9.497 fr. 40.

1890. — 5 DÉCEMBRE. — Le Conseil
municipal approuve le traité passé entre
le Maire et M. Martin qui donne gratuitement et à perpétuité 40 hectolitres d'eau
par 24 heures pour le service du cimetière,
moyennant une somme de 800 francs pour
établir la conduite d'amenée.

1891

1891. — Recensement : Valence a 3.306
maisons, 7.120 ménages et 25.279 habitants.

1891. — Est mis en vente « Journal
d'un bourgeois de Valence », par Ad. Rochas. OEuvre posthume, mise en ordre et
publiée par un vieux bibliophile dauphi-
nois (M. Chaper).

1891. — 28 JANVIER. — Le Conseil municipal avait demandé que le pont suspendu consolidé puisse supporter le passage d'un tramway. Les ingénieurs répon-
dent que la consolidation ne peut pas
permettre le passage d'un tramway et
concluent à la construction d'un pont métallique sur l'emplacement du pont actuel.
C'était proclamer la déchéance de l'œuvre
de Seguin et sa disparition prochaine.

1891. — 18 MARS. — Acquisition des
immeubles Finand et Bruchon, pour compléter l'emplacement de l'Hôtel de Ville.

1891. — 25 MARS. — Le Conseil municipal émet le vœu que la Caisse d'épargne
ait un local qui soit sa propriété.

1891. — 4 AVRIL — Célébration du

dernier mariage dans l'ancien Hôtel de Ville.

1891. — 6 AVRIL. — Les services municipaux sont transférés dans la maison Madier (cour Saint-Ruf) pendant la construction de l'Hôtel de Ville. Le Conseil municipal tient ses séances au foyer du Théâtre.

1891. — 21 AVRIL. — Lettre du Ministre de l'Instruction publique au Maire de Valence, l'informant que la Commission du budget avait décidé « qu'il ne sera « plus créé de lycée de garçons » et proposant à la Ville de « construire son « collège sur l'emplacement choisi en « réservant l'avenir ».

1891. — 8 JUIN. — Le premier coup de pioche est donné pour la démolition de tout l'îlot de maisons dont le sol doit servir d'emplacement à l'Hôtel de Ville.

1891. — 12 JUIN. — Arrêté préfectoral supprimant l'école supérieure des frères au clos Sylvestre, à partir du 1er octobre suivant.

1891. — 8 AOUT. — Première visite des félibres et cigaliers se rendant à Antibes pour l'inauguration du buste de Championnet. Venus par le bateau à midi, ils repartaient à midi et demi : un vin d'honneur leur était offert à Championnet, moitié par la Ville et moitié par le Syndicat des vins.

1891. — 18 AOUT. — Décret déclarant d'utilité publique les lignes de tramways Valence à Chabeuil, Montélimar-Dieulefit, Tain-Romans, Saint-Vallier-Grand-Serre.

1891. — 20 AOUT. — Adjudication, en quatre lots, des travaux des nouveaux abattoirs sur les plans et devis de M. Marius Villard, architecte-voyer de la Ville.

1891. — 25 AOUT. — Adjudication des travaux de construction de l'Hôtel de Ville

à l'entrepreneur Clavel, sur un devis de 431.000 francs.

1891. — 30 SEPTEMBRE. — La construction du chalet de nécessité de Champ-de-Mars est complètement achevée. C'était le premier à Valence.

1891. — 2 OCTOBRE. — Adjudication des travaux de construction de la Caisse d'épargne, d'après les plans de l'architecte Johanny Rey, et sur un devis de 140.000 francs. Les deux sujets qui décorent le fronton de la façade : Le Travail-La Paix sont dus au sculpteur Emile Millefaud.

1891. — 13 OCTOBRE. — Grève des ouvriers de l'abattoir à cause des ouvriers italiens embauchés.

1891. — 16 OCTOBRE. — Mort de M. Boisse, directeur en exercice de l'école primaire de la rue Notre-Dame.

1891. — 26 OCTOBRE. — Lundi, on commence la coulée de béton dans le premier puits des fondations de l'Hôtel de Ville. M. Allingry, adjoint au Maire, offre, aux frais de la Ville, du vin aux ouvriers du chantier.

1891. — 29 OCTOBRE. — Le Conseil municipal approuve les plans et devis de construction du caveau communal au cimetière.

1891. — 31 OCTOBRE. — Les sœurs de l'Espérance prennent possession du couvent qu'elles ont fait construire aux Balives. Mgr Cotton bénit leur maison et leur chapelle.

1891. — 1er NOVEMBRE. — Paraît la chanson satirique « A Saint-Ruf », par Alexandre Ollagnier, contre le Conseil municipal.

1891. — 10 NOVEMBRE. — Pose des fils téléphoniques du réseau de la ville de Valence.

1891. — 19 DÉCEMBRE — Adjudication des travaux d'aménagement de la salle du rez-de-chaussée des archives à la Préfecture pour en faire la salle des séances du Conseil général.

1891. — 24 DÉCEMBRE. — Réception des travaux exécutés à l'hôpital, comprenant une salle pour la maternité et une salle des isolés.

1892

1892. — Nomination du Directeur, chargé d'administrer l'usine à gaz au nom de la Ville.

1892. — JANVIER. — On fait d'importantes réparations à l'hôtel de la Préfecture, tant dans les appartements du Préfet que dans les bureaux. Le monogramme de Jacques de Tardivon, dernier abbé de Saint-Ruf, est sculpté sur la porte d'entrée.

1892. — 5 FÉVRIER. — Mort de M. Maurice Clerc, maire de Valence ; il était né à La Sône (Isère), en 1818.

1892. — 9 FÉVRIER. — Pose de la première pierre de l'hôtel de la Caisse d'épargne, en présence des administrateurs seulement, sans cérémonie, à cause du décès récent du Maire.

1892. — 10 FÉVRIER. — On commence la démolition de la façade de la maison de Pampelonne, Grand'Rue, pour la mettre au reculement.

1892. — 11 FÉVRIER. — Adjudication des travaux du caveau communal au cimetière, sur un devis de 5.430 francs. Travaux terminés le 16 décembre suivant.

1892. — 20 FÉVRIER. — Le Conseil municipal décide que le buste de M. Clerc sera placé dans l'escalier du nouvel Hôtel de Ville et que le boulevard de l'Est sera dénommé : « Boulevard Maurice Clerc ».

1892. — 5 AVRIL. — MM. Gilibert et Tézier commencent la démolition de leur moulin de l'avenue Gambetta pour l'emplacement de leur grand moulin et de leur maison sur l'avenue.

1892. — MAI. — On pose les nouvelles verrières de la nef de la cathédrale.

1892. — 1er MAI. — Elections municipales : La lutte est vive entre la liste du Conseil sortant et la liste dite démocratique ; 8 conseillers élus de la première et 4 de la deuxième.

1892. — 8 MAI. — Le scrutin de ballottage est favorable à la liste démocratique qui obtient la majorité du Conseil municipal. Après que le résultat du scrutin est connu, des groupes parcourent rues et boulevards, chantant « A Saint-Ruf », la chanson satirique d'Ollagnier, dit « Le Savant ».

1892. — 15 MAI. — Installation du nouveau Conseil municipal : Maire M. David, adjoints, MM. Malizard et Ollagnier.

Dans l'après-midi, la Fanfare de Valence, la Philharmonique et la Chorale vont donner une sérénade au nouveau Maire de Valence.

1892. — 27 MAI. — Mort de Madier-Montjau, ancien député de la 1re circonscription de Valence.

1892. — 2 JUIN. — Les travaux de construction de l'Hôtel de Ville sont arrêtés pendant 20 jours par ordre de la nouvelle municipalité pour permettre de faire un référendum sur le déplacement de l'Hôtel au boulevard d'Alsace.

1892. — 4 JUIN. — Séance du Conseil municipal sur le déplacement de l'Hôtel de Ville, orageuse ; public nombreux qui applaudit. M. Chalamet, interpelle le Maire, et se mêle bruyamment à la discussion. La Municipalité propose d'appeler immédiatement les électeurs à se prononcer sur la question par un référendum. M. Chalamet s'y oppose et propose la publication du rapport de la Commission des travaux. Le Conseil l'approuve par 15 voix contre 8 ; échec de la Municipalité. Une polémique très vive a lieu dans la presse et par pétitions entre les partisans du maintien de l'Hôtel de Ville où la construction est commencée, et les partisans de l'utilisation de l'emplacement pour une halle, et le transfert de la Mairie au boulevard d'Alsace.

1892. — 25 JUIN. — Séance du Conseil municipal encore très mouvementée, public encore plus nombreux qu'à la précédente. M. Genest, rapporteur, conclut au transfert de l'Hôtel de Ville, boulevard d'Alsace, avec cette condition qu'un marché couvert le remplacerait, place de la Liberté. M. Chambaud, au nom de la minorité, lit son contre-projet. Chacun reste sur ses positions ; mais sur la question du référendum la minorité devient la majorité, et le public ne sera pas consulté.

Une vive discussion s'engage sur les termes de l'ordre du jour suivant : « Le Conseil, malgré les regrets profonds qu'il éprouve de voir s'élever notre Hôtel de Ville dans des conditions aussi déplorables ; en présence de la situation budgétaire qui se révèle ; laissant à ceux qui l'ont voté, la pleine et entière responsabilité de leur projet, invite la municipalité à ordonner, dès lundi, la reprise des travaux ».

La discussion s'échauffe à propos de la partie de phrase « en présence de la situation budgétaire qui se révèle ». MM. Chambaud et Chalamet demandent des explications que la majorité ne peut donner ; le public prend partie dans la discussion. « Ce que vous voulez, dit M. « Chalamet, d'une voix vibrante, je vais « vous le dire : Devant la manifestation « de l'opinion publique qui vous est con- « traire, vous voulez faire une retraite en « bon ordre et vous ne seriez pas fâchés « d'envoyer un coup de pied à vos « collègues, membres de l'ancien Con- « seil, en mettant en suspicion leur ges- « tion financière. Votre retraite n'est « qu'une reculade ». (Bravos frénétiques dans l'auditoire).

Finalement, M. Chambaud déclare que les membres de la minorité ayant toujours assumé la responsabilité pleine et entière de leurs actes, acceptent l'ordre du jour proposé, sauf la partie de phrase qui fait

l'objet de la discussion. L'ordre du jour, ainsi modifié, est adopté à l'unanimité moins quatre voix.

1892. — 3 JUILLET. — Le service de cars-riperts, autorisé par le Conseil municipal dans sa séance du 25 juin, est mis en exploitation avec l'itinéraire suivant : Départ de la Table-Ronde, avenue de Romans, rue des Alpes, boulevard Bancel et avenue Victor-Hugo jusqu'à l'Abattoir. La concession, qui avait été donnée pour 10 ans à M. Duc, prit fin au mois de septembre, faute de voyageurs.

1892. — 4 JUILLET. — On pose la toiture du bâtiment central du grand moulin Senne, sur le quai du Rhône.

1892. — 5 JUILLET. — A quatre heures du matin, devant la prison, est exécuté le nommé Hartelt, qui avait assassiné un moine d'Aiguebelle.

1892. — 10 JUILLET. — Proclamation du maire David pour la Fête nationale du 14 juillet. « ... La prospérité sans limite d'un grand peuple se manifeste par le taux de la rente au-dessus du pair... »

1892. — 12 JUILLET. — Mort du colonel Trumelet, ancien conseiller municipal. auteur d'un grand nombre d'ouvrages sur l'Algérie où il avait fait la plus grande partie de sa carrière militaire.

1892. — 31 JUILLET. — Paraît le premier N° du journal local « L'Avenir social », rédacteur en chef, J. Mombounoux, distribué gratuitement jusqu'au 29 janvier, date à laquelle de mensuel il devient hebdomadaire.

1892 — 21 AOUT. — Le collège électoral sénatorial se réunit à Valence pour élire un 3e sénateur échu au département par le tirage au sort, à la mort d'un sénateur inamovible. Trois candidats sont en présence : Chevandier et Maurice Faure, députés, et Laurens, à Nyons ; Chevandier est élu au 2e tour.

1892. — 27 SEPTEMBRE. — L'Orphelinat de l'hospice de l'enfance entre dans le clos Sylvestre après d'importantes réparations.

1892. — 22 OCTOBRE. — Dans une réunion spéciale, le Conseil municipal décide l'érection d'un monument à Emile-Augier et nomme une délégation composée de MM. David, maire, Genest, Ollagnier, Mirabel-Chambaud pour se rendre à Paris rechercher les concours nécessaires à la réalisation du projet.

1892. — 22 OCTOBRE. — Le Conseil municipal décide que la rue et la place Saint-Félix seront dénommées rue et place Madier-de-Montjau.

1892. — 22 OCTOBRE. — Sur les réclamations de la famille de Montalivet et des souscripteurs au monument, il est décidé que la statue de Montalivet sera érigée au boulevard d'Alsace, en bordure nord de la place Saint-Félix ; mais la pose de la 1ʳᵉ pierre n'eut lieu que deux ans plus tard.

1892. — 6 DÉCEMBRE. — Réception provisoire du caveau communal au cimetière.

1892. — 29 DÉCEMBRE. — Arrêté du Maire, avec effet à partir du 1ᵉʳ janvier 1893, organisant les marchés d'approvisionnement des lundis et jeudis. Les marchands de fruits et légumes, les femmes au panier doivent se mettre dans leurs endroits respectifs de la place des Clercs. Les bouchers, charcutiers et marchands de poissons, à la halle. Ce fut la désertion complète du marché tenu jusqu'alors sur la place de la Pierre.

1893

1893. — Pendant le courant de l'année, le clocher de Saint-Jean est débarrassé des deux petites constructions adossées à sa base, au nord et au midi.

1893. — 2 JANVIER. — La Caisse d'épargne ouvre ses guichets au public dans son nouvel hôtel, place du Champ-de-Mars.

1893. — 15 JANVIER. — Le baron Berge, gouverneur militaire de Lyon, vient, par un temps affreux de neige, inaugurer le cercle militaire dont la façade a été refaite, rue du Tunnel.

1893. — 28 JANVIER. — MM. Millefaud, sculpteur, et Rey, architecte, font enlever l'échafaudage de la Caisse d'épargne qui cachait le fronton de l'hôtel, avec ses deux sujets : La Paix et le Travail.

1893. — 5 FÉVRIER. — L'abbé Kneipp arrive à Valence pour fonder, d'après sa méthode, un établissement d'hydrothérapie.

1893. — 16 FÉVRIER. — Les communications téléphoniques sont établies entre Valence-Paris-Lyon-Marseille.

1893. — 28 FÉVRIER. — Nombreuse réunion publique au foyer du théâtre, sous le patronage de la municipalité, au sujet de la traversée de Valence par le tramway de Chabeuil. Il y est décidé d'empêcher, par tous les moyens, l'établissement de la voie dans les avenues de Chabeuil et de la Gare.

1893. — 5 MARS — Départ pour Paris de la deuxième délégation municipale composée de MM. David, maire, Colombat, adjoint, et Genest avec mission de s'occuper du monument Emile-Augier et du tramway à vapeur.

1893. — 23 MARS. — Le Conseil municipal envoie une adresse de condoléance à Mᵐᵉ Jules Ferry, à la mort de Jules Ferry, président du Sénat, décédé le 17 mars.

1893. — 23 MARS. — La décoration picturale de l'Hôtel de Ville est confiée à M. Malleval, peintre valentinois, pour la somme de 16.000 francs. Travaux reçus le 31 juillet 1894.

1893. — 28 MARS. — Le Père Monsabré prêche à la cathédrale. Dans plusieurs de ses sermons, il s'élève contre l'école laïque.

1893. — 12 AVRIL. — Le Conseil général vote une somme de 2.000 francs pour l'érection d'une statue de Madier-de-Montjau à Valence et 1.000 francs pour le monument Emile-Augier.

1893. — 15 MAI. — Adjudication des travaux de démolition de la maison Milhan, place des Clercs, acquise par l'Etat, pour dégager l'abside de la cathédrale. C'était la maison de Championnet, que sa mère, Mme Grand, habita jusqu'à son départ pour Alixan où elle mourut.

1893. — 12 JUIN. — Louis Gallet fait don à la ville de Valence du buste de Championnet, maquette du monument d'Antibes. Ce buste est à l'Hôtel de Ville.

1893. — 23 JUIN. — La veille des fêtes données par le Comité E. Augier, à 11 heures 40 du matin, un épouvantable cyclone renverse, culbute, enlève les baraques, les mâts, la clôture du Champ-de-Mars. Le portique d'entrée est mis en pièces, un tilleul de forte taille est fauché comme un brin d'herbe.

1893. — 25 JUIN. — Entre la Ville et l'abbé Didelot, est passé l'acte de vente de la maison Epailly, en face du tribunal, qui doit servir à compléter l'emplacement d'une future école primaire publique.

1893. — 25 et 26 JUIN. — Grande kermesse au profit du Comité pour l'érection d'un monument à Emile Augier. Nombreuses attractions : grand théâtre avec le concours de la Gaieté valentinoise, les familles du Fils d'Hercule, grandes arènes athlétiques, à la Belle Fathma, concert tunisien, production de la divine Aïcha, salon des arts incohérents, grande ménagerie fin de siècle, le grand cirque étranger (120 personnes, 60 chevaux), pêche miraculeuse, salons de tir, jeux de petits chevaux, charlatans, massacres, carabasses, etc., fête de nuit.

Pendant le banquet, qui est servi au Champ-de-Mars, a lieu un concert donné par toutes les sociétés musicales de la Ville.

Le Préfet de la Drôme offre l'entrée à

la kermesse à 500 élèves des écoles communales.

1893. — 29 JUIN. — Réunion du jury pour le concours du monument à élever à Emile Augier, dont faisaient partie les artistes Mercier et Falguière. Le projet de la duchesse d'Uzès est classé le premier, deuxième ex-œquo, celui de Lamotte et Poitoux, et celui de Millefaut et Rey, artistes valentinois.

1893. — 4 JUILLET. — Le Conseil municipal décide de restaurer et améliorer la halle de la place de la Pierre.

1893. — 3 et 4 AOUT. — Nouvelles fêtes en faveur du monument d'Emile Augier. Le 3, cantate exécutée par l'Association artistique et l'Orphéon, dirigés par Vincent d'Indy, au théâtre. Ensuite, conférence sur Emile Augier par M. Louis Gallet. Le soir, fête de nuit au Champ-de-Mars.

Le vendredi 4, la Comédie Française joue au théâtre : « Le Gendre de M. Poirier ». Couronnement du buste d'Emile Augier.

1893. — 8 AOUT. — Le Conseil municipal vote le principe de la construction d'un hôtel des postes.

1893. — 20 AOUT. — Elections législatives générales. — Résultats à Valence : Maurice-Faure 2 426 voix, Garçon 695. — Elus : Maurice Faure, Bizarelli, Louis Blanc, Boissy-d'Anglas. — Au 2e tour : Gras, à Montélimar, remplaçant Aymé-Martin qui avait été élu à la mort de Madier-de-Montjau.

1893. — 10 SEPTEMBRE. — Première course de bicyclettes au vélodrome des Beaumes, nouvellement construit par un groupe d'actionnaires.

1893. — 21 SEPTEMBRE. — Le tramway passant par l'avenue de Chabeuil, malgré pétitions et protestations, le Conseil municipal autorise la construction de la gare provisoire du tramway au boulevard d'Alsace, en attendant que soit décidé l'emplacement de la gare définitive.

1893. — 21 SEPTEMBRE. — Le Conseil municipal décide par 13 voix contre 8 que l'hôtel des postes sera construit au boulevard d'Alsace.

1893. — 2 OCTOBRE. — Une adjudication est donnée pour la construction de 2.109 mètres d'égouts. Dépense 80.000 francs.

1893. — 16 ET 17 OCTOBRE. — Manifestation de sympathie en faveur de la Russie, à l'occasion des marins russes débarqués à Toulon et se rendant à Paris. Retraite aux flambeaux, concert de la Fanfare au Champ-de-Mars, Hymne russe; grand enthousiasme.

1893. — 17 NOVEMBRE. — Le « Journal de Valence » parle de la recherche d'un trésor enfoui autrefois dans le puits d'une maison de l'avenue Gambetta. Les recherches, poursuivies pendant quelque temps, ont été tout à fait infructueuses, du moins à la connaissance du public.

1893. — 26 DÉCEMBRE. — Séance mouvementée au Conseil municipal. M. Genest, qui avait donné sa démission de conseiller depuis la dernière réunion, est prié de la retirer. L'adjoint, M. Colombat, est mis en cause et le Conseil municipal vote un ordre du jour de blâme, constatant qu'il a manqué à la correction administrative en favorisant les membres de sa famille.

1894

1894. — 20 JANVIER. — Le Conseil municipal autorise l'établissement de la gare provisoire du tramway au boulevard d'Alsace, pour une durée de six mois seulement.

1894. — 3 FÉVRIER. — M. Ollagnier est élu adjoint au maire, en remplacement de M. Colombat, démissionnaire.
Assiste à la séance M. Aressy, secrétaire général de la Mairie, successeur de M. Ducros, révoqué pour avoir expliqué

en séance les raisons du blâme adressé à M. Colombat.

1894. — 3 FÉVRIER. — Le Conseil municipal décide que le transfert des services municipaux dans le nouvel Hôtel de Ville aura lieu le 1er mai. Ce fut seulement dans les premiers jours de juin que ce transfert s'opéra.

1894. — 28 FÉVRIER. — Procès-verbal de réception de la ligne de tramway de Valence-Chabeuil.

1894. — 1er MARS. — Ouverture au public de la ligne de tramway Valence-Chabeuil.

1894. — 8 MARS. — Premier concours de boules entre les joueurs de Valence, au café Valentin Vogt, faubourg Saint-Jacques. — Le « Lyon-Républicain » en avait organisé un le mois précédent.

1894. — 28 AVRIL. — Réunion des joueurs de boules au foyer du théâtre pour la fondation d'une société à Valence.

1894. — 4 MAI. — Isaac Boisson, peintre valentinois, a deux toiles reçues au Salon des Champs-Elysées.

1894. — 17 MAI. — Constitution définitive de la première société de joueurs de boules de Valence.

1894. — 30 MAI. — Le Conseil municipal assigne les emplacements des monuments Emile-Augier et Montalivet aux endroits qu'ils occupent aujourd'hui.

1894. — 31 MAI. — Adjudication de la fourniture et de la pose de l'horloge de l'Hôtel de Ville, donnée à M. Malizard, fils du Maire, au prix de 9.200 francs.

1894. — 2 JUIN. — Les services de la police prennent possession de la partie du nouvel Hôtel de Ville qui leur est réservée.

1894. — 4 JUIN. — Du « Journal de Valence » : « Le public est prévenu que l'entrée des bureaux de la Mairie est provisoirement rue Madier-de-Montjau, porte

centrale, et que les bureaux sont au
1ᵉʳ étage ».

1894. — 24 JUIN. — Assassinat du
président Carnot à Lyon pendant sa visite
à l'exposition de cette ville.

1894. — 24 JUIN. — Pendant la journée de ce dimanche une somme de 68.000
francs a été volée à la succursale du Crédit Lyonnais.

1894. — 25 JUIN. — A 11 heures du
matin, le Conseil municipal se réunit extraordinairement en apprenant l'assassinat du Président de la République. Se
faisant l'interprète des sentiments de toute
la population valentinoise, il envoie à
Mᵐᵉ Carnot l'expression de douloureuse
sympathie ; décide qu'un registre sera
déposé dans le vestibule de l'Hôtel de Ville
pour recevoir la signature des habitants
et être ensuite envoyé à Mᵐᵉ Carnot ; que
la route de Lyon sera appelée : Avenue
Sadi-Carnot et qu'une délégation, composée de MM. Malizard, Joulie et Mirabel-
Chambaud, se rendra aux obsèques.
L'émotion est intense en ville, le crime
fait l'objet de toutes les conversations.

1894 — 29 JUIN. — D'Jelmako, le célèbre métis canadien, marche avec des
lames de couteau attachées à ses pieds sur
un câble placé à 20 mètres de hauteur à
Championnet, y tire un feu d'artifice, y
fait de la cuisine, etc. Il répète pendant
plusieurs séances de nuit les mêmes exercices.

1894. — 30 JUIN. — L'adjoint au Maire
invite les habitants de Valence à pavoiser
leurs maisons avec des drapeaux mis en
berne et recouverts de crêpes pendant les
obsèques du Président de la République,
qui auront lieu le 1ᵉʳ juillet.

1894. — 1ᵉʳ JUILLET. — Par arrêté municipal, toutes réjouissances publiques
sont suspendues, le dimanche 1ᵉʳ juillet,
jour des obsèques de Sadi-Carnot.

1894. — 10 JUILLET. — Un cyclone
d'une violence inouïe s'abat sur Valence

à 9 heures 1/2 du soir ; arbres renversés,
baraques du 14 Juillet disloquées, toitures
enlevées. Pendant 2 heures, il est tombé
21 litres d'eau par mètre carré.

1894. — 14 JUILLET. — En raison du
deuil national, la fête du 14 Juillet est
supprimée. Les drapeaux seuls, voilés de
crêpes, flottent dans les rues.

1894. — 1ᵉʳ AOUT. — Le Conseil municipal décide d'acquérir la maquette de
la statue de Championnet, œuvre du statuaire Sappey, de Grenoble.

1894. — 6 AOUT. — Le « Journal de
Valence » signale que M. Régis Pral, notre compatriote, a été fait prisonnier par
des bandits, en Sardaigne, où il s'était
rendu pour des achats de bois de noyer.
Il fut libéré avec son compagnon sarde,
le 9 août, sur une promesse d'une rançon
de 15.000 francs.

1894. — 10 AOUT. — Fêtes cigalières
et félibréennes. Descente du Rhône, de
Lyon à Avignon, par une troupe nombreuse de notabilités littéraires. Arrivée à
Valence, à 1 heure, au milieu d'une
grande affluence de curieux. Inauguration
d'une plaque commémorative sur la façade
de la maison natale de Championnet,
avenue Victor-Hugo. Allocution. Pose de
la première pierre du monument Emile
Augier. Discours de M Claretie, adminis-
trateur de la Comédie-Française ; pièce
de vers. Pose de la première pierre du monument Montalivet. Discours de M. Ollagnier. Vin d'honnour à l'Hôtel de Ville,
tout pimpant neuf. Improvisation bril-
lante de M. Lockroy. Inauguration de la
plaque commémorative d'Emile Augier,
sur sa maison natale, en face du côté Est
de la Mairie A 3 heures, départ de la ca-
ravane par le bateau.

1894. — 11, 12 et 13 AOUT. — Grande
kermesse au Champ-de-Mars au bénéfice
du monument Emile-Augier. Première
course de taureaux à Valence ; 7 taureaux
camarguais. Promenade en ville des toréa-
dors et farandoleurs provençaux costu-

més. Fêtes de nuit, concert, bal, confettis, etc.

1894. — 22 AOUT. — Décret autorisant l'érection du buste de feu Maurice Clerc, ancien maire, ancien député, à l'Hôtel de Ville au sommet de l'escalier d'honneur.

1894. — 28 AOUT. — Une conférence avait été annoncée où devaient prendre la parole Jules Guesde, Jean Jaurès, Carnaud, député de Marseille, et Chauvin, député. En apprenant que Carnaud seul était présent, un formidable boucan éclate, coups de sifflets, huées. Carnaud termine sa conférence par le cri de : Vive la Révolution sociale ! Un contradicteur résume, dit-il, les impressions de l'immense majorité du public, par ces mots : « les socialistes c'est des fumistes. » (D'après le « Journal de Valence ».)

1894. — 30 AOUT. — Réception provisoire des travaux effectués à la halle de la place de la Pierre.

1894. — 16 SEPTEMBRE. — Mort de André Bouffier, typographe et chansonnier, auteur de la chanson « Les Enfants de Bacchus », qui a fait, peut-on dire, le tour du monde, de 24 autres œuvres dont une opérette. Aveugle, accablé de malheurs de toute sorte, il s'éteignit, après une longue et affreuse maladie, oublié même de ses compatriotes qu'il avait tant charmé. Il était né à Valence en 1821.

1894. — 19 OCTOBRE. — Mort à Lyon, de M. David, maire de Valence, de la cruelle maladie qui, depuis plusieurs mois le tenait éloigné des affaires. Ses obsèques eurent lieu à Valence, le dimanche 21 octobre.

1894. — 28 OCTOBRE. — Premier concours régional de boules de bois au Champ-de-Mars.

1894. — 31 OCTOBRE. — Réception des travaux du tramway dans la traversée de Valence.

1894. — 13 NOVEMBRE — A la mort

du Czar Alexandre III, le 1er novembre, l'Association professionnelle des Journalistes valentinois, au nombre de 23 signataires, envoie une adresse de condoléances à l'ambassadeur de Russie, à Paris.

1894. — 18 NOVEMBRE — Elections municipales complémentaires. Elu au 2e tour, Valet, républicain, 1.448 voix, contre Ferlay, socialiste, 520 voix.

1894. — 23 NOVEMBRE. — M. Malizard est élu maire en remplacement de M. David, décédé ; M. Barthélemy Roux, 2e adjoint.

1894. — 15 DÉCEMBRE. — Première réunion pour la fondation du Syndicat d'initiative de Valence.

1894. — 16 DÉCEMBRE. — Inauguration solennelle de l'Hôtel de Ville. Le cortège officiel se forme au boulevard Bancel. Une délégation municipale va prendre le Préfet en son Hôtel. Discours du Maire. Inauguration du buste en bronze de Maurice Clerc, œuvre du statuaire Dampt. Discours de M. Chalamet. Vin d'honneur offert aux invités dans la salle de la Justice de Paix.

Pendant que le Saint-Péray pétille dans les coupes, la Fanfare et la Philharmonique donnent un concert sur la place de la Liberté. A 5 heures, le public est admis à visiter les salles de l'Hôtel de Ville.

1894. — 17 DÉCEMBRE. — Le docteur Kneip écrit qu'il installe au Valentin un établissement hydrothérapique pour l'application de sa méthode.

1894. — 19 DÉCEMBRE. — L'horloge de l'Hôtel de Ville « La Malibasse » commence à fonctionner à partir de midi. (« L'Avenir social ».)

1895

1895. — JANVIER. — Un phonographe se fait entendre pour la première fois à Valence à la brasserie George.

1895. — 1ᵉʳ JANVIER. — La gare du tramway de Valence à Chabeuil est construite sur l'emplacement de la rue Papin, qui est déplacée vers le couchant. La gare provisoire du boulevard d'Alsace est supprimée.

1895. — 9 JANVIER. — Concours pour la construction de l'école du Palais et de l'école maternelle de la Basse-Ville.

1895. — 18 JANVIER. — La Chambre de commerce envoie une adresse de félicitations à M. Félix Faure, élu Président de la République, le 17 janvier 1895, en remplacement de M. Casimir Périer, démissionnaire.

1895. — 31 JANVIER. — Le thermomètre marque 10°5 au-dessous de zéro. Le Rhône charrie des glaçons énormes

1895. — 1ᵉʳ FÉVRIER. — Lettre de l'ambassadeur de Russie aux membres de l'Association professionnelle des Journalistes valentinois, pour les remercier de leur adresse de condoléances à l'occasion de la mort du Czar.

1895. — 4 FÉVRIER. — Un arrêté municipal prescrit de marquer avec un tampon le nom de l'espèce d'animal abattu à l'abattoir. Le tampon doit être apposé sur les huit parties principales de l'animal.

1895. — 5 FÉVRIER. — Arrivée à Valence de l'abbé Kneip et de ses collaborateurs venant fonder le « Valentin-Kneip ». Il donne une conférence publique à l'Hôtel de la Poste, au prix d'entrée de 1 franc.

1895. — 5 FÉVRIER. — Félix Faure, Président de la République, exprime ses vifs remerciements à la Chambre de commerce de Valence.

1895. — 16 FÉVRIER. — Conférence publique au théâtre pour la création à Valence d'un syndicat ouvrier.

1895. — 17 FÉVRIER. — Audition phonographique à la brasserie George, au bénéfice des Fourneaux économiques établis à Valence pendant cet hiver rigoureux.

1895. — 4 MARS. — Don de l'Etat des quatre moulages suivants pour la décoration de l'escalier d'honneur de l'Hôtel de Ville : Antinoüs, Faune au repos, Polymnie Borghèse, La Pudicité.

1895. — 13 MARS. — Le Conseil municipal décide que la rue du Gaz sera dénommée rue Chevandier. Le décret approbatif est du 30 mars suivant.

1895. — 15 MARS. — Le jury des constructions scolaires attribue le 1ᵉʳ prix aux architectes Poitoux et Tracol pour le projet des écoles du Palais et de la Basse-Ville.

1895. — 22 MARS. — Adjudication d'une extension de canalisation d'eau en ville, sur un devis de 73.000 francs.

1895. — 25 MARS. — Le général Duchesne passe la revue des troupes réunies à Valence pour l'expédition de Madagascar.

1895. — 27 MARS. — Séance du Conseil municipal consacrée à la question des marchés. Les uns proposent de ramener les jardiniers place de la Pierre, les autres veulent les laisser place des Clercs. « Deux heures durant, la salle des séances paraît transformée en une succursale de la cour du roi Pétaud. Ouf ! quelle séance , Messeigneurs !... « (« Journal de Valence »).

1895. — 1ᵉʳ AVRIL. — Ouverture officielle de la Halle, place de la Pierre, après les travaux de restauration.

1895. — 15, 18 AVRIL ET 1ᵉʳ MAI. — Le départ des troupes de la garnison pour Madagascar provoque des manifestations sympathiques de la part de la population. Etablissements publics pavoisés et illuminés, flammes de bengale, foule considérable sur tout le parcours jusqu'à la gare, où le Préfet, le Maire, le Colonel du 6ᵉ d'artillerie font les plus vifs souhaits de bon retour. Le train s'ébranle pendant que la musique d'artillerie joue le « Chant du départ ».

1895. — 27 AVRIL. — Le « Journal de Valence » signale que M. Louis Ageron, de Valence, a eu plusieurs de ses œuvres admises au Salon des Champs-Elysées, section de dessin.

1895. — 1ᵉʳ MAI. — Séance du Conseil municipal où il est requestion des marchés. « Séance épique », dit l' « Annaliste valentinois ».

1895. — 4 MAI. — Arrêté municipal réglementant les marchés d'approvisionnement et annulant l'arrêté du 24 décembre 1892 :

1° Place de la Pierre : Volaille vivante, lapins, marchands dit coquetiers.
2° Place des Clercs : Côté nord, marchandes au panier. — Côté sud, primeurs, graines, fleurs.
3° Place des Ormeaux : Pommes de terre, raves en sac, châtaignes, grains.
4° Place de l'Université : Jardiniers et revendeurs.

1895. — MAI ET JUIN. — Les ouvriers de diverses corporations demandent la journée de 10 heures sans diminution de salaire et s'organisent en syndicats. Quelques grèves.

1895. — 22 MAI. — On commence à poser les tuiles sur la toiture de la grande maison Gilibert, avenue Gambetta.

1895. — 26 JUIN. — Le Conseil municipal autorise la Cⁱᵉ P. L. M. à refaire, pour la consolider, la partie sud du Tunnel.

1895. — 4 JUILLET. — Arrêté du Maire établissant le règlement des nouveaux abattoirs.

1895. — 14 JUILLET. — Inauguration des bustes de Madier de Montjau et Bancel à l'Hôtel de Ville, œuvre du sculpteur Jules Jau et don de By Roux.

1895. — 15 JUILLET. — Ouverture aux bouchers des nouveaux abattoirs, à la Maladière.

1895. — 11 AOUT. — Inauguration d'une exposition nationale au Champ-de-Mars.

1895. — 30 AOUT. — Mort de M. Victor, professeur de musique, ancien conseiller municipal, propriétaire de la Tour qui porte son nom, côte des Chapeliers.

1895. — 25 SEPTEMBRE. — A 10 heures du matin, la statue Montalivet, haute de 3ᵐ02 et du poids de 1.800 kilos, est mise en place sur son piédestal, haut de 7ᵐ50, œuvre des architectes Gisors, de Paris, et Tracol, de Valence ; sculpteur, Clair ; entrepreneur, Sagne.

1895. — 12 OCTOBRE. — Samedi : La statue de Montalivet est solennellement inaugurée par le maire Malizard, en présence de la famille, de toutes les autorités et des élèves des écoles. De grandes fêtes de charité. données sur les boulevards et le Champ-de-Mars, suivirent cette inauguration.

1895. — 21 OCTOBRE. — M. Lardin de Musset est nommé préfet de la Drôme.

1895. — NOVEMBRE. — L'Association polytechnique installe ses cours à l'école de la place de l'Université.

1895. — 21 NOVEMBRE. — Jugés peu décents, les quatre premiers moulages qui décoraient l'escalier d'honneur de l'Hôtel de Ville sont remplacés par les suivants : Vénus génétrix, Diane de Gabies, La Pudicité, Julie en Cérès.

1895. — 6 DÉCEMBRE. — Premiers essais de touage sur le Rhône.

1895. — 27 DÉCEMBRE. — L'idée d'élever un monument à Bancel, ayant été reprise pendant que le comité Emile Augier cherchait des concours financiers, lecture est donnée au Conseil municipal d'une lettre du Ministre des Beaux-Arts qui promet une subvention de 10.000 francs pour l'érection d'une statue à l'ancien représentant du peuple. D'enthousiasme, le Conseil municipal se forme immédiatement en comité pour trouver les 15,000 francs qu'il fallait encore pour cette érection.

1896

1896. — 17 JANVIER. — Mort de M. Bouroulet, curé de Notre-Dame.

1896. — 23 JANVIER. — Le Conseil municipal vote une adresse de félicitations à M. Loubet, sénateur de la Drôme, élu président du Sénat, le 16 janvier précédent.

1896. — 23 JANVIER. — Il adopte toutes les modifications demandées par l'Administration postale pour la construction de l'Hôtel des Postes au boulevard d'Alsace.

1896. — 8 MARS — Passage de Félix Faure, président de la République, venant de Toulon. Il s'arrête 40 minutes à la gare, à 9 heures du soir, où il reçoit les autorités et les corps constitués de Valence et de Grenoble.

1896. — 21 MARS. — Inauguration, par un concert spirituel, des orgues du temple protestant, sorties des ateliers de la maison Mercklein et Cie, de Paris.

1896. — 29 MARS. — Le recensement de ce jour donna les résultats suivants :

    A Valence : Maisons 3.298
                Ménages. . . .   7.433
                Habitants . . .   26.272

1896. — 30 MARS. — A la suite d'un vote du Conseil municipal sur la question des eaux, M Ollagnier, 2e adjoint, donne sa démission et sort de la salle.

1896. — 10 AVRIL. — La statue d'Emile Augier est hissée sur son piédestal, œuvre de M. Parent, architecte parisien, Clair et Sagne, entrepreneurs et chargés de la partie sculpturale, sous la direction de M. Tracol, architecte.

1896. — 11 AVRIL. — Les électeurs républicains se réunissent dans les 10 sections de la ville, pour désigner leurs délé-

gués au comité formé en vue des élections municipales.

1896. — 22 AVRIL. — Le Maire est autorisé à traiter avec le sculpteur Amy pour l'érection de la statue de Bancel, au prix forfaitaire de 25.000 francs.

1896. — 22 AVRIL. — Le Comité Bancel choisit comme emplacement de la statue, le refuge qui se trouve devant la gare, en souvenir des adieux émouvants que Bancel fit, en 1869, à la grande affluence de citoyens qui l'avaient accompagné à la gare lorsqu'il se rendit à Paris comme député.

1896. — 3 MAI. — Elections municipales. — La liste du Comité d'union républicaine est élue toute entière, elle comprenait 17 conseillers sortants.

1896. — 10 MAI. — Election de la Municipalité. Après une entente préalable, plus ou moins laborieuse, il fut décidé que M. Malizard serait élu maire, qu'il donnerait immédiatement sa démission et qu'on voterait après pour M. Chalamet. M. Malizard fut, en effet, élu maire à l'unanimité ; mais en donnant sa démission de maire il y ajouta celle de conseiller municipal, et alors l'élection du maire ne pouvait plus avoir lieu. Après un instant d'intense émotion, tout s'arrangea, M. Malizard retira sa seconde démission et M. Chalamet fut élu maire par 26 voix sur 27.

1896. — 15 MAI. — A la séance du Conseil municipal, lecture est donnée d'une lettre de M. Malizard informant le Conseil qu'il a adressé sa démission de conseiller municipal au Préfet, dès le 11 mai dernier.

1896. — 26 MAI. — Le Conseil municipal vote une adresse au Czar Nicolas II, à l'occasion de son couronnement qui a lieu ce jour même. Les établissements publics sont pavoisés et illuminés, ainsi qu'un grand nombre de maisons particulières. Les écoles et les administrations sont en congé pour la journée.

1896. — 26 MAI. — Le Conseil municipal autorise le sculpteur Prat à placer une plaque commémorative sur la façade de la maison n° 8, rue Vernoux, qu'a habitée Marie Teyssonnier, dite Marie de Valence, 1580-1648. La plaque fut mise en place au mois d'août suivant.

1896. — 23 JUIN. — Le Conseil municipal vote la création d'une Bourse du travail qu'il installe dans la maison Epailly (école du Palais), avec une subvention de 750 francs.

1896. — 1er JUILLET. — Fondation de la Bourse du travail dans la maison Epailly, place du Palais.

1896. — 17 JUILLET. — Mort de M. Philippe Bouvier, artiste peintre valentinois.

1896. — 15 AOUT. — Aux fêtes organisées par le Comité E. Augier, fonctionne pour la première fois à Valence un cinématographe Lumière, installé dans une baraque à Championnet.

1896. — 8 SEPTEMBRE. — Sacre de Mgr Colomb, évêque d'Evreux, natif de Valence. Assistaient à la cérémonie, les archevêques d'Avignon et de Chambéry, les évêques de Valence, Viviers, Montauban, Montpellier, les abbés mîtrés de Chambarand, d'Aiguebelle, les Dombes, le R. P. Supérieur des Jésuites du Valentin, etc., etc.

1896. — 6 OCTOBRE. — Le Conseil municipal donne un avis favorable pour le retrait du décret qui sanctionnait la reconnaissance légale de la maison du Saint-Sacrement de Valence établie au clos Saint-Victor.

1896. — 31 OCTOBRE. — La crue du Rhône atteint 6m11 au-dessus de l'étiage.

1896. — 18 NOVEMBRE. — Le Conseil municipal accepte les conditions de vente de l'immeuble Clément où sont installés les cours secondaires de jeunes filles.

1896. — DÉCEMBRE. — Le Grand Café Glacier s'éclaire à l'électricité au moyen d'un moteur à gaz et d'une machine électrique Siemens, à courant alternatif, alimentant 66 lampes Edison de 8 bougies. C'était le premier établissement en France qui employât la lumière électrique. Malheureusement pour l'expérience, les locataires de l'immeuble se plaignirent bientôt du bruit du moteur et le propriétaire obligea le gérant du café à supprimer cet éclairage.

Vers la même époque, l'imprimerie Céas introduisit ce mode d'éclairage dans ses ateliers de la rue Sévigné.

1896. — 7 DÉCEMBRE. — Arrêté municipal modifiant les emplacements des marchés d'approvisionnement :

1° Place de la Pierre : Jardiniers et marchands de légumes.

2° Place des Clercs : Marchands des 4 saisons en bordure de la place ; à l'intérieur, marchandes au panier.

3° Place des Ormeaux : Sans changement.

4e Place de l'Ancien-Tribunal : Marchands coquetiers, fromages, tomes.

Le samedi, marché sur la partie sud du boulevard Bancel, et les jours autres que les lundi, jeudi, samedi et jours de foire, le marché est à Saint-Jean.

1896. — 13 DÉCEMBRE. — Le Conseil municipal approuve la convention passée avec l'État, pour la construction de l'Hôtel des Postes, d'après les plans des architectes Tracol et Poitoux, sur un devis de 204.000 francs.

1896. — 22 DÉCEMBRE. — Il est signalé au Conseil municipal que l'ingénieur électricien Missotin se propose d'éclairer à l'électricité l'îlot de maisons limité par l'avenue Victor-Hugo et les places de la République, de Championnet et du Champ-de-Mars.

1896. — 28 DÉCEMBRE. — M. Tacussel, propriétaire voisin de la pyramide du bac à traille à la Basse-Ville, en demande la démolition qui s'est faite petit à petit.

1897

1897. — La Compagnie de Jésus achète le Valentin à la famille de Siéyès, pour y établir un de ses séminaires.

1897. — 3 ET 4 MARS, — La Mairie reçoit pour l'ornementation de la salle des mariages : trois vases, dont un de Chine, offert par M. Frandon, et deux de Sèvres d'une valeur de 2.600 francs chacun.

1897. — 11 MARS. — Devant les difficultés de construction de l'Hôtel des Postes et les dépenses imprévues pour la consolidation de l'emplacement, le Conseil municipal refuse de suivre l'Administration dans ses demandes. Il est à prévoir que cette construction n'aura pas lieu.

1897. — 14 MARS. — Le clocher de l'église Notre-Dame en reconstruction est débarrassé de ses échafaudages.

1897. — 17 MARS. — Le Conseil municipal vote 3.000 francs pour la construction du trottoir artistique du monument Emile-Augier, et 3.500 francs pour racheter au comité E. Augier la clôture en planches du Champ-de-Mars.

1897. — 21 MARS. — Dépôt au Musée du drapeau du 2e bataillon des mobiles de la Drôme. Remise aux mobiles d'une médaille commémorative portant à l'avers : Siège de Paris 1870-71, et au revers : Souvenir de la remise du drapeau du bataillon au Musée de Valence 21 mars 1897. Nombreux discours.
Le détenteur du drapeau L. de Beugny d'Hagerue, de Nantes, qui l'avait restitué aux mobiles de la Drôme, annonça par lettre du 16 mars qu'il n'assisterait pas à la cérémonie parce que le programme ne comportait pas de service religieux.

1897. — 22 MARS. — Réapposition des scellés sur les portes de l'église Saint-Joseph, rue de la Cécile. Les premiers scellés avaient été brisés par les Pères Rédemptoristes dispersés et de nouveau revenus.

1897. — 29 MARS. — Le Conseil municipal achète l'emplacement du Gymnase civil pour y construire l'école de garçons de la rue Notre-Dame. 37.000 francs.

1897. — 29 MARS. — Nouvel arrêté modifiant l'emplacement des marchés d'approvisionnement.

1897. — 29 AVRIL. — Un arrêté ministériel ordonne la démolition de la pyramide du bac à traille, quai du Rhône, pour établir sur son emplacement un magasin pour le service du Rhône.

1897. — 3 MAI. — Echauffourée sur la place des Clercs entre la police et les jardiniers qui ne veulent pas aller s'installer sur la place de la Pierre, conformément à l'arrêté du 29 mars dernier.

1897. — 5 MAI. — Séance du Conseil municipal au sujet des événements du lundi précédent. La Municipalité obtient un vote d'approbation pour sa conduite avec les jardiniers.

1897. — 6 MAI. — Le comité Emile-Augier envoie une adresse de félicitations à la duchesse d'Uzès « pour avoir échappé « miraculeusement à l'épouvantable catas-« trophe d'hier ». Il s'agit de l'incendie du Bazar de la Charité à Paris, qui fit 117 victimes.

1897. — 8 MAI. — Les fêtes du concours régional agricole et hippique commencent par un festival musical qui réunit de nombreuses sociétés.

1897. — 15 MAI, samedi. — M. Méline, président du Conseil, arrive à Valence pour la clôture du Concours régional. Il reçoit à la Préfecture les autorités et les fonctionnaires.

1897. — 16 MAI, dimanche. — M. Méline visite l'exposition, préside à 5 heures du soir un grand banquet populaire au Gymnase et se rend après au Théâtre où l'opéra « Guillaume Tell » est joué en représentation de gala.

1897. — 19 MAI. — Le « Journal de

Valence » publie la requête que les jardiniers de Valence ont adressé à M. Méline, se plaignant des tracasseries dont ils souffrent au sujet des marchés, et le priant d'intervenir, en leur faveur, auprès de l'Administration qui a l'honneur de le recevoir.

1897. — 31 MAI. — Le marbrier Sagne, entrepreneur, commence les travaux d'érection de la statue de Bancel en face de la gare.

1897. — JUIN. — Création, à Valence, d'une revue littéraire mensuelle ayant pour titre « L'Œuvre ». Imprimeur Vaison. Principaux collaborateurs : Paul Adam, Gustave Geffroy, André Gide, François Lattard, Jean Lumine, Alexandre Malizard, Maurice Magre, Jules Nadi, Charles Vellay, Jean Violis, etc. La collection composée de 10 numéros, presque introuvables aujourd'hui, est ornée d'un frontispice signé : Ollier, et de deux portraits hors texte signés : Ageron et Audra, artistes valentinois.

1897. — 6 JUIN. — Au Concours musical de Marseille, la Fanfare de Valence et la Chorale remportent les trois premiers prix : 1º de lecture à vue, 2ᵉ d'exécution, 3º du concours d'honneur.

1897. — 27 JUIN. — La Société des joueurs de boules inaugure, par un concours amical, le boulodrome qu'elle a fait construire au clos Payat. Outre de nombreux terrains de jeux, une habitation confortable avec restaurant et café y avait été construite. Tout a disparu dans l'aménagement du Parc Jouvet.

1897. — 9 JUILLET. — Adjudication de galeries à construire dans la plaine de Chabeuil, pour capter les eaux souterraines destinées à l'alimentation de la Ville. Devis de 200.000 francs.

1897. — 14 JUILLET. — Incident à la revue des troupes de la garnison au Polygone. Le colonel du 6ᵉ d'artillerie ordonne au porte-drapeau des sapeurs-pompiers de se retirer au moment de la

remise des décorations. Grand émoi sur l'estrade.

1897. — 21 JUILLET. — La statue de Bancel est mise en place sur son piédestal.

1897. — 31 JUILLET, samedi. — Fêtes félibréennes à l'occasion de la visite de Félix Faure, président de la République. 1º Grande kermesse rhodanienne au Champ-de-Mars ; 2ᵇ Théâtre : « Lou Nouananto-nou », comédie en dialecte de Crest. La Nuit d'octobre, etc.

1897. — 1ᵉʳ AOUT, dimanche. — Grand concours-festival de musique, présidé par Vincent d'Indy.

A 9 heures. — Réception de M. Félix Faure, à la gare.

A 3 heures. — Inauguration du monument Bancel. Discours de MM. Chalamet, maire ; Maurice Faure et Albert Tournier. — Ode à Bancel, par Fabre des Essarts.

A 4 heures. — Inauguration du monument Emile-Augier. Discours de Genest, du Maire, de Jules Claretie, de Benjamin Constant, président des Cigaliers.

A 7 heures. — Grand banquet, au manège du 1ᵉʳ hussards.

A 9 heures. — Feu d'artifice à Championnet. L'estrade présidentielle est dressée dans le jardin du Grand-Hôtel (Hôtel des Postes), d'où le Président met le feu à la première pièce en allumant une cigarette.

Au Théâtre. — « L'Aventurière », comédie d'Emile Augier, jouée par la Comédie-Française. — Couronnement du buste du Maître.

1897. — 2 AOUT, lundi. — A 8 heures du matin, départ du Président pour Orange, par le Rhône. Continuation de la fête au Champ-de-Mars.

Le monument Emile-Augier a été presque complètement érigé aux frais de la duchesse d'Uzès, présente à l'inauguration et au banquet.

Il comprend trois statues et deux groupes : 1º Le Maître adossé à sa table de travail ; 2º A la face Nord, la Comédie, représentant Célimène se démasquant, sous les traits de la grande artiste Madeleine Brohan ; 3° Face au Midi, la Poésie, s'abritant d'un voile, sous les traits d'une jeune fille qui ne serait autre que la duchesse de Luynes, fille de la duchesse d'Uzès ; 4° A la face Est, le groupe du Rhône et de la Drôme ; 5° Enfin à l'Ouest, la ville de Valence, au geste invitatif, ayant à côté d'elle deux enfants déroulant un diplôme aux armes de la Ville.

1897. — 31 AOUT. — Le Maire invite la population à pavoiser et illuminer ses habitations à l'occasion du retour de Russie du Président de la République. Grande retraite aux flambeaux, concert public, bals de quartier.

1897. — 11 SEPTEMBRE. — Le puits Chabrier s'effondre, après les trente premières heures de pompage ; il avait 14 mètres de profondeur et 5 mètres de côté ; les travaux de réparation commencent aussitôt.

1897. — 13 SEPTEMBRE. — M. Lardin de Musset, qui avait succédé à M. Strauss comme préfet de la Drôme, est nommé préfet du Gard. M. Lombard, sous-préfet de Bergerac, est nommé préfet de la Drôme.

1897. — 14 NOVEMBRE. — Après 35 ans d'existence, le clocher de Notre-Dame est démoli et reconstruit sur les plans de l'architecte Johanny Rey, avec la participation financière de la Ville (4.000 francs). Les travaux terminés, a lieu la bénédiction des quatre cloches qui vont prendre place dans le nouveau clocher.

1897. — 24 DÉCEMBRE. — Léon Bourgeois, Lockroy et Mesureur, députés, font une conférence publique au Théâtre.

1898

1898. — 3 JANVIER. — Le « Journal de Valence » signale que le Ministre de la Guerre prescrit que les drapeaux des sapeurs-pompiers, des douaniers et des forestiers, sont admis aux cérémonies mi-

litaires avec les troupes régulières. (Conséquence de l'incident du 14 juillet 1897.)

1898. — 3 JANVIER. — Un militaire de la garnison est en sommeil léthargique depuis 40 jours, à l'hôpital de Valence.

1898. — 8 JANVIER. — Le Conseil municipal approuve le principe de la construction de la halle de Saint-Jean.

1898. — 8 JANVIER. — Il vote le programme d'augmentation du volume d'eau de consommation : 1° Adduction d'eau souterraine à capter dans la plaine de Chabeuil ; 2° Construction d'un nouveau réservoir et d'un bassin de décantation ; 3° Raccordement avec le réseau déjà existant.

1898. — 10 JANVIER. — Le Conseil municipal vote une nouvelle réglementation des marchés :
Marchands de primeurs à la place des Clercs ;
Jardiniers, place de l'Université ;
Marchandes au panier, place des Clercs en payant 5 centimes par panier ou gratuitement place de la Pierre. La halle est gratuite pour les marchandises auxquelles elle est affectée.
L'arrêté pris après le vote du Conseil municipal, est appliqué à partir du 1er février suivant.

1898. — 1er FÉVRIER. — Le militaire en sommeil léthargique est réformé après son réveil. Il n'a parlé que le 15 février, jour de son départ.

1898. — 9 FÉVRIER. — Mort de Mgr Colomb, évêque d'Evreux, natif de Valence.

1898. — 26 FÉVRIER. — Inauguration du train Scott de Valence à Montmeyran. Voiture automotrice à vapeur.

1898. — 1er MARS. — Le Conseil municipal décide la construction d'un étage sur toute la partie centrale, face au Rhône, de l'hôpital général, étage qui comprendra, entre autres salles, une maternité et une salle d'opérations chirurgicales.

1898. — 1ᵉʳ MARS. — Le Conseil municipal vote un crédit de 6.000 francs pour la construction d'une grille monumentale fermant le parvis de la cathédrale. La question de principe avait été votée en 1885.

1898. — 28 AVRIL. — Le train spécial de la reine d'Angleterre, venant de Nice, s'arrête pendant une heure à la gare pour le dîner de la souveraine et de sa fille, la princesse Béatrix. Le dîner est servi par le buffet, dans le vagon ; tandis que toute la suite, et elle était nombreuse, a pris son repas dans la grande salle du buffet. Il paraît que la reine Victoria tenait en grande estime la cuisine du buffet de Valence.

1898. — 4 MAI. — Un concours est ouvert pour la construction de la halle de Saint-Jean.

1898. — 8 MAI. — Elections législatives générales. Résultats :
1ʳᵉ circonscription Valence, Maurice Faure élu.
2ᵉ Valence, Bizarelli élu.
Die, Louis Blanc élu au 1ᵉʳ tour.
Montélimar, ballottage, 2ᵉ tour, Gras élu.
Nyons, ballottage, 2ᵉ tour, le comte d'Aulan élu.

1898. — 10 MAI. — Le Conseil municipal approuve le projet de restauration et de transformation de l'immeuble Clément, au Champ-de-Mars, pour les cours secondaires de jeunes filles.

1898. — 18 MAI. — Le jury classe premier le projet de halle à Saint-Jean présenté par M. Poitoux.

1898. — 22 MAI. — Incident au concours hippique. Le président, M. de Monteynard, refuse l'entrée à M. Rabot et à sa femme, née Lepic, de Saint-Péray. D'où

procès. M de Monteynard est condamné aux dépens et à 300 francs de dommages-intérêts.

1898. — 14 JUIN. — Le Conseil municipal adopte le projet de halle de M. Poitoux, sur un devis de 27.000 francs.

1898. — 15 AU 20 JUIN. — Les becs Auer sont substitués aux becs papillons dans l'éclairage des rues.

1898. — 26 JUIN. — L'Académie delphinale visite Valence sous la direction de MM. Ludovic Vallentin, président de la Société d'archéologie de la Drôme, et d'André Lacroix, archiviste.

1898. — 20 JUILLET. — Après les réparations, le pompage est repris au puits Chabrier.

1898 — 21 JUILLET. — Manifestation de sympathie des instituteurs de la circonscription de Valence, dans la salle des examens, rue Marguerite, en faveur de leur inspecteur primaire, M. Cénac, admis à la retraite. Banquet de 140 couverts à l'hôtel de la Poste.

1898. — 29 JUILLET. — Mᵉ Millerand plaide pour Mᵉ Joulie, avocat, qui avait giflé M. Vellay, rédacteur au « Petit Provençal », pour un article qu'il avait jugé injurieux, lors du procès de l'affaire du concours hippique.

1898. — 8 AOUT. — M. Belat est réélu, au second tour de scrutin, conseiller général du canton de Valence.

1898. — 3 ET 4 SEPTEMBRE. — Le 2ᵉ concours interdépartemental de boules, organisé par la Société des joueurs de boules de Valence, sur la place Championnet, attire près de 200 joueurs. La quadrette de Toulon est victorieuse de la quadrette Morand, de Valence, par 12 points à 9.

1898. — 15 OCTOBRE. — Mort à Paris de Louis Gallet, librettiste, né à Valence le 14 février 1833, n° 15, rue Jeu-de-Paume.

1898. — NOVEMBRE. — La fièvre ty-phoïde sévit avec intensité dans les trou-pes de la garnison. Des mesures excep-tionnelles sont prises par les autorités militaires et municipales.

1898. — 15 DÉCEMBRE. — Inaugura-tion du train Scott entre Valence et Crest.

1898. — 16 DÉCEMBRE. — On procède à des sondages en vue de la reconstruc-tion du pont sur le Rhône.

1899

1899. — 10 JANVIER. — Le Maire com-munique à la presse le résultat de l'ana-lyse bactériologique des eaux d'alimenta-tion de Valence, faite par la Faculté de Grenoble ; aucun des échantillons pris aux divers endroits de la Ville n'a révélé l'exis-tence du bacille de la fièvre typhoïde.

1899. — 13 JANVIER. — Le Conseil mu-nicipal autorise le Maire à acheter les ter-rains Lacour et Martin, au prix de 33.000 francs, pour y construire l'école de la rue Mésangère.

1899. — 31 JANVIER. — Dans une suite de séances de lutte au Casino de Paris, Peyrouse, dit le Lion de Valence, se fait remarquer par sa force herculéenne.

1899. — 17 FÉVRIER. — Le Conseil mu-nicipal, réuni extraordinairement, vote une adresse de condoléances à Mme Félix Faure, à l'occasion de la mort du Prési-dent de la République, frappé d'une atta-que d'apoplexie foudroyante le soir du 16 février. « Cette adresse sera transcrite « sur un registre où les citoyens seront « invités à apposer leur signature. »

1899. — 19 FÉVRIER. — Le Conseil mu-nicipal, réuni extraordinairement, vote une adresse de félicitations à M. Loubet pour son élection à la Présidence de la République, le 18 février courant.

1899. — 27 FÉVRIER. — Les trains Scott commencent leur service entre Valence et

Montmeyran. Ils attendaient ici depuis le jour de leur inauguration, en 1898. Ces trains sur route sans rail, se composent d'une voiture motrice de 25 chevaux pe-sant 6.000 kilos et d'une remorque du poids de 1.500 kilos. Les deux voitures peuvent contenir de 20 à 25 personnes. Deux départs par jour.

1899. — 27 FÉVRIER. — Adjudication des travaux de construction d'une mater-nité à l'hôpital, sur un devis de 80.947 francs.

1899. — 10 MARS. — 1° Adjudication de la construction de l'école de garçons de la rue Notre-Dame, d'après le projet Poitoux-Ageron, classé le 1er au concours. Devis de 119.000 francs ;
2° De l'école maternelle de la rue Pê-cherie. Devis 47.000 francs ;
3° De l'école de garçons de la place du Palais-de-Justice ;
4° Adjudication des travaux d'agran-dissement et de réparations à exécuter aux cours secondaires, rue du Champ-de-Mars.

1899. — 20 MARS. — Lettre de MM. Co-lomb et Genest au Maire, demandant à la Ville la concession d'un emplacement dans le square sud du Champ-de-Mars pour y élever un monument à Louis Gallet.

1899. — 24 MARS. — Le Conseil mu-nicipal donne l'autorisation demandée par MM. Colomb et Genest à la condition qu'il ne sera pas fait appel au concours financier de la Ville.

1899. — 25 MARS. — Le train Scott commence son service entre Valence et Crest, d'abord avec un seul départ puis avec deux.

1899. — 5 AVRIL. — D'après un arrêté du Maire, la rue de la Gare s'appellera à l'avenir : avenue Félix-Faure.

1899. — 6 AVRIL. — M. Loubet, pré-sident de la République, s'arrête à Va-lence, de 8 h. 25 à 9 heures, se rendant à

Montélimar. Il reçoit les autorités, les fonctionnaires et les sociétés locales dans la cour de la gare.

1899. — 9 AVRIL. — Le collège électoral se réunit à Valence pour l'élection d'un sénateur en remplacement de M. Loubet, il élit M. Bizarelli, député, par 666 voix.

1899. — 26 AVRIL. — Le Conseil municipal autorise l'expropriation des immeubles Rulat et autres, pour la construction du pont et l'élargissement de l'avenue Gambetta.

1899. — 26 AVRIL. — Le Conseil municipal propose de donner le nom de Louis Gallet à la rue Jardin-du-Roi.

1899. — 1ᵉʳ MAI. — Découverte d'une superbe mosaïque romaine dans la démolition de la maison Epailly, place du Palais-de-Justice.

1899. — 2 MAI. — Le train spécial de la reine d'Angleterre, venant de Nice, s'arrête en gare pendant une heure, pour le dîner de la souveraine, servi par le buffet. A titre de curiosité, voici le menu :

Potage crème de riz.
Truites frites. — Pommes nouvelles.
Langue de bœuf à l'écarlate.
Pain de volaille à l'essence.
Bœuf braisé. — Pommes château.
Poulets de grain rôtis.
Asperges sauce hollandaise.
Charlotte russe au chocolat.
Glace au citron.
Petits fours. — Fruits frais.
Fraises. — Cerises.
Vins :
Sauternes, Hermitage 1865, Saint-Julien,
Champagne.

1899. — MAI. — La Bourse du Travail est transférée dans un petit réduit de la place de l'Université aujourd'hui disparu.

1899. — 26 MAI. — Approbation ministérielle du projet de M. Clerc, ingénieur en chef, présenté le 28 juillet 1898, pour l'augmentation du volume d'eau de con-

sommation. Dépense prévue 375.000 francs.

1899. — 31 MAI. — Le commandant Marchand, retour d'Afrique, Haut-Nil, Fashoda, est de passage en gare de Valence. Il descend de vagon, aux acclamations du public, pour s'entretenir quelques instants avec le Maire et le représentant du Préfet. Des bouquets magnifiques lui sont offerts.

1899. — 6 JUIN. — La Municipalité envoie une adresse de sympathie à M. Loubet, après « l'inqualifiable manifestation d'Auteuil » (courses du 4 juin).

1899. — 24 JUIN. — Constitution de la section valentinoise de la Ligue des droits de l'Homme.

1899. — 30 JUIN. — Réception provisoire de la halle de Saint-Jean, dont les travaux avaient été commencés le 6 février précédent.

1899. — 30 JUIN. — Le Maire demande au Préfet de proposer, au Conseil général, de vendre à la Ville l'école normale d'institutrices. Le Conseil refuse d'étudier la question.

1899. — 1ᵉʳ JUILLET. — Organisation de l'assistance par le travail. L'atelier est situé rue Jonchères.

1899. — 2 JUILLET. — La halle de Saint-Jean est inaugurée par un banquet populaire. Nombreux toasts et concert de la Fanfare et de la Chorale.

1899. — 14 JUILLET. — La revue des troupes sur le boulevard Bancel est l'occasion de manifestations politiques provoquées par l'état d'esprit créé par la revision du procès Dreyfus devant le Conseil de guerre de Rennes.

1899. — 8 AOUT. — Le Conseil municipal vote la transformation de l'école de dessin en école d'arts décoratifs et industriels.

1899. — 14 AOUT. — Grand émoi à

Valence au sujet du triple assassinat, par un Valentinois, de la rue Mazard, à Lyon, dans la nuit du 7 au 8 août.

1899. — 27-28 AOUT. — Fêtes du centenaire de la mort du pape Pie VI à Valence.

Treize prélats : archevêques, évêques ou abbés mîtrés assistent aux cérémonies de la cathédrale. Un banquet exclusivement ecclésiastique a lieu au séminaire.

1899. — 10 SEPTEMBRE. — Les six associations républicaines de Valence envoient une adresse de sympathie à Mme Alfred Dreyfus à l'issue du procès de Rennes.

1899. — 18 SEPTEMBRE. — Adjudication · des travaux d'agrandissement et d'aménagement : 1º de l'école supérieure de filles, rue du Pont-du-Gât ; 2º de l'école Saint-Apollinaire.

1899. — 22 SEPTEMBRE. — Après de nombreuses démarches, demandes et réclamations de la part des autorités municipales et parlementaires, les régiments de hussards et d'artillerie réintègrent leur garnison. Ils en avaient été éloignés pendant 128 jours sous prétexte de cas de fièvre typhoïde parmi les troupes.

1899. — 26 SEPTEMBRE. — Adjudication des travaux de construction du nouveau réservoir, sur la route de Montélier, et de la conduite d'amenée. Projet Clerc. Dépense prévue 225.000 francs.

1899. — 9 OCTOBRE. — Les cours de l'école d'arts décoratifs et industriels s'ouvrent dans les salles de dessin à l'ancien collège.

1899. — 21 OCTOBRE. — Paraît le 1er numéro du nouveau journal « L'Action », rédacteur en chef Charles Vellay, à Valence.

1899. — 30 OCTOBRE. — Jean Jaurès donne une conférence publique au Théâtre.

1899. — 19 DÉCEMBRE. — Inauguration

des grandes orgues de la cathédrale, réparées par les soins de M. Didelot, curé de la cathédrale. Le concert spirituel a été très goûté.

1899. — 19 DÉCEMBRE. — L'adjudication de la construction du pont métallique sur le Rhône, à deux travées de 100 à 120 mètres de portée, ne donne pas de résultat à cause de la hausse du prix du fer, provoquée, dit-on, par les constructions de l'Exposition universelle de 1900 à Paris.

1900

1900. — 20 JANVIER. — Mort à Valence de Charles-Joseph Didelot, curé-archiprêtre de la cathédrale, né à Valence, le 9 avril 1826, auteur de nombreuses études archéologiques.

1900. — 31 JANVIER. — Notification faite à Mgr Cotton, évêque de Valence, de la suppression de son traitement pour la protestation qu'il a élevée contre les poursuites dont les R. P. de l'Assomption ont été l'objet.

1900. — 10 MARS. — M. Royer, propriétaire du clos qui est devenu le parc Jouvet, promet de ne vendre sa propriété, en totalité ou en partie, sans que préférence en soit donnée à la Ville.

1900. — 27 MARS. — Première retraite aux flambeaux par les musiques et trompettes du 1er hussards et du 6e d'artillerie, à raison de deux par mois.

1900. — 5 AVRIL. — « La Gaieté valentinoise » annonce que les exigences de la Société des auteurs l'obligent à se dissoudre.

1900. — 6 AVRIL. — Approbation ministérielle du projet de construction d'un pont en pierre sur le Rhône, en aval du pont suspendu, celui-ci devant continuer d'assurer les communications pendant la construction.

1900. — 14 AVRIL. — A l'occasion de l'inauguration de l'Exposition universelle, le Maire adresse une proclamation aux habitants pour les inviter à pavoiser et illuminer leurs habitations. Le soir, concert au Champ-de-Mars par les trois sociétés musicales de la ville. Congé à tous les fonctionnaires.

1900. — 17 AVRIL. — La Presse annonce qu'une Société de courses de chevaux est constituée à Valence.

1900. — 21 AVRIL. — Les électeurs valentinois sont convoqués, dans leurs sept quartiers respectifs, en vue de former un comité pour les élections municipales.

1900. — 6 MAI. — Elections municipales. Deux listes en présence : Liste Chalamet ou d'Union républicaine. Liste Malizard ou du Comité central. 11 conseillers élus de la première et 4 de la deuxième, dont M. Malizard. M. Chalamet est en ballottage.

1900. — 13 MAI. — Scrutin de ballottage. 8 conseillers élus de la liste d'Union républicaine dont M. Chalamet et 4 de la liste du Comité central.

1900. — 20 MAI. — Election de la municipalité. M. Chalamet, maire ; MM. By Roux et Huguenel, 1er et 2e adjoints.

1900. — 21 JUIN. — Lettre du Maire au Préfet pour réclamer l'intervention du Ministre en faveur de la construction de la passerelle de Jappe-Renard.

1900. — 14 JUILLET. — 33 amazones dahoméennes de la troupe des Folies-Bergères, depuis quelques jours à Valence, assistent en corps à la revue et provoquent un vif mouvement de curiosité.

1900. — 15 JUILLET. — Les premières courses de chevaux, organisées par la Société des courses de Valence, ont lieu à l'hippodrome de Saint-Ruff.

1900. — 27 JUILLET. — Le thermo-

mètre marque à Valence 34 degrés au-dessus de zéro. Il y a de nombreux accidents causés par la chaleur.

1900. — 15 SEPTEMBRE. — Une délégation ouvrière, composée de 15 représentants de diverses corporations, se rend à l'Exposition universelle aux frais de la Ville.

1900. — 26 SEPTEMBRE. — Mort de M. Mirabel-Chambaud, tanneur, ancien adjoint au maire de Valence.

1900. — 10 OCTOBRE. — Accompagné de M. Maurice Faure, M. Deschanel, président de la Chambre des députés, arrive à Valence, revenant de la forêt de Lente, et descend à la Préfecture. Il repart. le lendemain matin, pour les gorges d'Omblèze.

1900. — 14 OCTOBRE. — Visite de M. Baudin, ministre des travaux publics. Le Maire invite la population à pavoiser sur le parcours du cortège.

1900. — 21 OCTOBRE. — M. Boirac, recteur de l'Académie de Grenoble, vient inaugurer les nouveaux locaux des cours secondaires, où les élèves sont entrées le 2 octobre.

1900. — 23 OCTOBRE. — Ouverture dans le jardin du Grand-Hôtel (Hôtel des Postes actuel), du village noir sénégalais composé de 100 personnes, hommes, femmes et enfants, se livrant à leurs travaux habituels et exécutant des danses guerrières. Retour de l'Exposition.

1900. — 22 NOVEMBRE. — Kruger, président de la République Boër, chassé de ses Etats par les Anglais (guerre du Transwaal), se rend en Hollande. Il est salué à la gare par le Maire et diverses sociétés, au milieu d'une belle manifestation de sympathie.

1900. — DÉCEMBRE. — Les travaux de l'Hôpital, maternité, salle de chirurgie, promenoir, bains, etc., sont terminés.

1900. — 13 DÉCEMBRE. — Les élèves du collège sont licenciés jusqu'au 5 janvier pour faire, aux bâtiments en ruines, les réparations nécessaires de consolidation.

1900. — 14 DÉCEMBRE. — L'Ecole des arts décoratifs est déménagé à la hâte du collège et installé à l'école primaire, place de l'Université, dans le local de l'Association polytechnique, ce qui provoque quelques incidents au Conseil municipal.

1900. — 20 DÉCEMBRE. — Un projet d'acquisition du clos Royer, mi-partie par la Ville, mi-partie par une société immobilière, est présenté au Conseil municipal.

1900. — 26 DÉCEMBRE. — On pose le 2e caisson en ciment armé pour la fondation du nouveau quai en prévision de la construction du pont sur le Rhône.

1900. — DÉCEMBRE. — Dans le courant de l'année la façade du Palais de Justice est complètement restaurée.

1900. — 29 DÉCEMBRE. — Le docteur Chalvet est l'objet d'une tentative d'assassinat, de la part de la fille de sa seconde femme, qui le blesse peu grièvement de deux balles de revolver. Les deux époux étaient en instance de divorce.

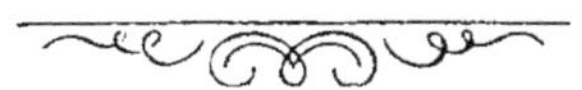

══ SUPPLÉMENT ══

1901

1901. — 9 JANVIER. — L'Association polytechnique, cédant son local de l'école de l'Université à l'Ecole des arts décoratifs, ouvre ses cours au n° 6 de la rue Cartelet, puis, au mois de novembre, à l'école de la rue Bouffier.

1901. — 1ᵉʳ FÉVRIER. — La neige qui tombe de 8 heures du matin à 5 heures du soir, forme une couche de 0ᵐ50 qui détermine l'effondrement du toit du quai G à la gare. La chute des deux murs longitudinaux cause la mort de 3 personnes.

1901. — 28 MARS. — Dans la séance du 23 avril, le Maire donne connaissance au Conseil municipal d'un accord intervenu, le 28 mars, entre l'Administration des Postes et M. Pral, pour la construction de l'Hôtel des Postes, place Championnet. L'Hôtel devra être livré le 1ᵉʳ février 1902.

1901. — 13 AVRIL. — Les instituteurs de la Drôme et de la région, au nombre de plus de 250, offrent un banquet à M. Maurice Faure, rapporteur du budget de l'Instruction publique. Y assistaient aussi : MM. Lombard, préfet ; Fayard, sénateur ; Charles Chabert et Louis Blanc, députés ; Jombert, inspecteur d'académie. Pendant cette manifestation de reconnaissance, M. Lamourère, directeur du journal « L'Ecole laïque », de Toulouse, remet à M. Maurice Faure un bronze d'art commémoratif, acquis avec le produit d'une souscription ouverte parmi les lecteurs du journal.

1901. — 23 AVRIL. — Le Conseil municipal donne un avis favorable à la construction de l'Hôtel des Postes, place Championnet, à la condition que le bureau auxiliaire de l'avenue Victor-Hugo serait rapproché de la place Madier-Montjau.

1901. — 30 AVRIL. — Le Conseil municipal approuve le plan et l'alignement de l'avenue Gambetta et offre à l'Etat les terrains nécessaires au prix de 35.000 francs.

1901. — 12 MAI — Les pharmacies de Valence sont fermées le dimanche, de midi à 9 heures du soir. Deux d'entre elles assureront le service pharmaceutique à tour de rôle.

1901. — 13 MAI. — A 8 heures 20, sept ou huit oscillations de tremblement de terre se font sentir à Valence et dans les environs.

1901. — 23 MAI. — Réception provisoire des bâtiments de l'école de garçons de la place du Palais-de-Justice.

1901. — 29 MAI. — L'école de la rue Bouffier est fusionnée avec celle de la place de l'Université dans l'école neuve de la place du Palais. Les classes y sont ouvertes le mardi de la Pentecôte, alors que les travaux n'étaient pas complètement achevés.

1901. — 30 MAI. — Passage, en gare de Valence, de Ranavalo, l'ex-reine de Madagascar, se rendant à Paris.

1901. — 1ᵉʳ JUIN. — La Ville achète le clos Doyon pour la construction du collège au prix de 350.000 francs.

1901. — 30 JUIN. — Elections municipales complémentaires. Les 9 conseillers suivants : Chovet Emile, Chauvet Jean-Louis, Dragon, Frionnet, Gastoud, Malizard, Merle, Tracol et Vignat, qui avaient donné leur démission à cause du choix du clos Doyon pour le collège, sont réélus sans concurrents.

1901. — 1ᵉʳ AU 14 JUILLET. — Le monument Louis Gallet, œuvre du sculpteur Injalbert, est élevé au Champ-de-Mars sur un socle de rocaille d'où jaillit un filet d'eau. Il se compose du buste du Maître en pierre sur une stèle smiliée et d'une faunesse en bronze.

1901. — 20 JUILLET. — Par 15 voix contre 11, le Conseil municipal maintient son choix pour le clos Doyon, comme emplacement du collège. Après le vote, les 9 conseillers nouvellement réélus sortent de la salle.

1901. — 2 AOUT. — Le Maire communique au Conseil municipal le projet de la passerelle de Jappe-Renard, dressé par la Compagnie du P. L. M.

1901. — 7 AOUT. — Un décret approuve les plans et devis des travaux de l'avenue Gambetta ainsi que la vente, à l'Etat, des terrains nécessaires à son élargissement, au prix de 35.000 francs. Ces travaux s'exécutèrent avec ceux du pont et du parc.

1901. — 7 AOUT. — Le projet du pont en pierre sur le Rhône, dressé par l'ingénieur Auric, sous la direction de M. Clerc, ingénieur en chef, est approuvé par le Ministre, sur un devis de 1.265.000 francs, avec les caractéristiques suivantes : longueur totale 227 mètres répartie entre 4 arches de 50 mètres et 27 mètres pour 2 culées et 3 piles ; largeur 9 mètres 20, décomposée en 5 mètre 60 de chaussée, 3 mètres de trottoirs et 0ᵐ60 de parapet.

1901. — 31 AOUT. — Fondation du Cercle démocratique dont le siège est au Café de Paris, salle du rez-de-chaussée.

1901. — 29 SEPTEMBRE. — Inauguration du monument Louis Gallet. Discours de MM. Camille Saint-Saëns, Chalamet, maire, Maurice Faure, Roujon, directeur des Beaux-Arts, et Genest. Le soir, concert au Champ-de-Mars. Feu d'artifice, bataille de confetti. Entrée 0 fr. 25.

1901. — 1ᵉʳ OCTOBRE. — Après six déplacements, depuis sa création, l'école maternelle du quartier Sud s'installe définitivement dans la nouvelle école construite rue Pêcherie, dont les travaux se sont élevés à 52.000 francs.

1901. — 7 OCTOBRE. — Adjudication des travaux du pont sur le Rhône, donnée à l'entrepreneur Fayolle, de Grenoble. Devis rectifié de 1.165.000 francs.

1901. — 8 OCTOBRE. — Les travaux de construction de l'école de garçons de la rue Mésangère sont donnés en adjudication.

1901. — 28 OCTOBRE. — Le Maire donne lecture au Conseil municipal des intentions de M. Théodore Jouvet d'acheter le clos Royer tout entier pour l'établissement d'un parc public.

1901. — 12 NOVEMBRE. — Ouverture du Foyer du Soldat dans le local de l'ancienne école de la rue Bouffier.

1901. — 15 NOVEMBRE. — La Compagnie P. L. M. fait connaître à la Ville que le devis de la passerelle de Jappe-Renard s'élève à 49.000 francs.

1901. — 24 NOVEMBRE. — Réception provisoire des galeries d'adduction d'eau, du nouveau réservoir et du bassin de décantation. Le nouveau réservoir contient 2.500 mètres cubes d'eau répartis en plusieurs compartiments. La dépense s'est élevée à 400.000 francs.

1902

1902. — 14 JANVIER. — Lettre de démission au Préfet de 7 conseillers déjà démissionnaires une première fois.

1902. — 8 FÉVRIER. — Par 7 voix contre 5 et 4 abstentions, le Conseil municipal refuse de donner un avis favorable à la demande d'autorisation formée par les Rédemptoristes, les Clarisses et les Dames de l'Espérance.

1902. — 16 FÉVRIER. — M. Louis Blanc, député, est élu sénateur par 535 voix contre 183 à M. Mossant, qui n'était pas candidat. Il s'agissait de remplacer M. Laurent, décédé.

1902. — 12 MARS. — Le Conseil municipal vote un supplément de 2.000 francs pour achever la grille monumentale du parvis de la cathédrale. -

1902. — 17 MARS. — Une première foire aux vins est tenue au Foyer du Théâtre où elle réunit 85 exposants et 600 échantillons.

1902. — 1er AVRIL. — Une crue du Rhône de 5 mètres emporte une partie de la passerelle qui relie le pilotage du pont en construction.

1902. — 4 AVRIL. — Deux officiers boërs font une conférence au Théâtre sur la guerre du Transwaal encore en cours. Ils s'excusent de ne pouvoir parler que la langue de leurs ennemis. M. Etienne Causse leur sert d'interprète.

1902. — 8 AVRIL. — Mort de M. Célestin Chaix, conseiller municipal.

1902. — 11 AVRIL. — Arrivée par train spécial du célèbre cirque Barnum qui, à cause du terrain détrempé par les pluies, ne peut fixer son établissement au polygone et repart au grand désappointement des curieux venus des environs par plusieurs trains spéciaux.

1902. — 17 AVRIL. — Mort de M. Adolphe Combier, ancien libraire à Valence, vice-président du Sou des écoles, décédé dans sa propriété de Bertville, en Algérie.

1902. — 19 AVRIL. — Assassinat, à Nyons, de M. Ageron, architecte à Valence, par l'entrepreneur d'une maison d'école, dont il avait la direction des travaux.

1902. — 27 AVRIL. — Elections législatives générales :
1re Circonscription de Valence :
MM. Maurice Faure, 13.428 voix. Elu.
Billiet, 6.568
2e Circonscription : M. Ch. Chabert, élu.
Die : Ballottage entre MM. Long, Ferrier, Evesque. Au 2e tour, M. Ferrier élu.
Montélimar : M. Gras, élu.
Nyons : Ballottage entre MM. le comte d'Aulan, Lucien Bertrand et Bertrand-Vigne. Au 2e tour, M. Lucien Bertrand, élu.

1902. — AVRIL. — Le Conseil général vote la construction de la ligne de tramway de Valence à Crest.

1902. — 1er MAI. — Les préparatifs pour la construction du pont sont terminés On procède au fonçage, par l'air comprimé, du caisson de la rive droite, puis de la pile ouest, ensuite de la pile centrale pour laquelle on descend jusqu'à 16 mètres au-dessous du niveau des eaux pour trouver la marne dure.

1902. — 4 MAI. — Le docteur Chalvet est trouvé mort, frappé d'une congestion.

1902. — 8 MAI. — L'éruption du volcan du Mont Pelet, dans l'île de la Martinique, détruit la ville de Saint-Pierre et fait plus de 30.000 victimes. Des souscriptions sont immédiatement ouvertes dans toute la France.

1902. — 15 MAI. — Le jury du concours pour l'aménagement du Parc Jouvet, décerne le premier prix ex-æquo au projet de M. Jules Vacherot, de Billancourt

(Seine), et à celui de M. Edouard Redon, de Reims, parmi les 14 projets qui ont été présentés. Une exposition générale de ces projets est organisée au Foyer du Théâtre.

1902. — 16 MAI. — Tous les services postaux, télégraphiques et téléphoniques, précédemment installés rue Jonchères, fonctionnent à partir de ce jour dans le nouvel Hôtel des Postes, place Championnet. La recette auxiliaire de l'avenue Victor-Hugo est transférée rue du Tunnel.

1902. — 8 et 9 JUIN. — Grande fête avec kermesse rhodanienne, organisée au Champ-de-Mars au bénéfice des sinistrés de la Martinique.

1902. — 13 JUIN. — Le Conseil municipal vote un secours de 1.100 francs pour les sinistrés de la Martinique.

1902. — 18 JUIN. — Mort de M. Bizarelli, sénateur de la Drôme.

1902. — 2 JUILLET. — Fondation de l'Association des anciens élèves du collège.

1902. — 21 JUILLET. — Les sœurs de Sainte-Marthe quittent leur couvent après avoir renvoyé leurs élèves externes et internes.

1902. — 30 JUILLET. — Après l'analyse bactériologique de l'eau de la fontaine de la place St-Estève, le Conseil municipal, sur l'avis du Conseil d'hygiène, décide que la fontaine sera à tout jamais fermée.

1902. — 30 JUILLET. — Le Conseil municipal vote une adresse de félicitations au ministère présidé par M. Combes.

1902. — 11 AOUT. — Le cirque Barnum et Bailey revenu à Valence dans son train spécial, comptant 75 vagons, donne deux représentations au polygone devant une foule immense répartie dans deux amphithéâtres avec deux pistes pour des exercices distincts ou simultanés. La foule se pressait également dans la galerie des phénomènes et de la ménagerie.

1902. — 13 AOUT. — Départ de la première colonie scolaire des enfants à la montagne, au nombre de 46, organisée par la Société du Sou des écoles. Répartis dans les fermes de Saint-Apollinaire-de-Rias et de Champis, ces enfants y restèrent jusqu'au 13 septembre.

1902. — 14 SEPTEMBRE. — M. Maurice Faure, député de Valence, est élu sénateur, en remplacement de M. Bizarelli, décédé.

1902. — 25 SEPTEMBRE. — Le géant Hugot, âgé de 23 ans, se montre en public. Voici quelques-unes de ses caractéristiques : Taille 2 mètres 29, poids 201 kilos. Sa bague annulaire donne librement passage à une pièce de 10 centimes. Avec sa main il atteint la hauteur de 3 mètres. Son soulier a une pointure de 59. Tour de mollet 54 centimètres. Tour du poignet 26 centimètres. Il faut 7 mètres 50 de drap pour l'habiller.

1902. — 1ᵉʳ OCTOBRE. — La rentrée de l'école de garçons de la rue Notre-Dame se fait dans son nouveau local.

1902. — 12 OCTOBRE. — Visite de M. Loubet, Président de la République. Programme :

9 heures du matin, arrivée du Président à la gare ; réception des autorités à la Préfecture.

11 heures, visite de l'Hôpital.

11 h. 3/4, inauguration de l'école de la rue Notre-Dame.

Midi, banquet de la Chambre de commerce.

3 heures, visite de l'emplacement du collège, clos Doyon.

3 h. 1/2, présentation des sociétés de la Ville dans les allées du Champ-de-Mars.

4 heures, cérémonie de la pose de la première pierre de la culée, rive gauche, du pont sur le Rhône.

5 heures, visite à l'Hôtel de Ville

6 heures, banquet offert par la Ville dans le manège de l'avenue de Romans.

7 h. 50, départ du Président pour Montélimar.

1902. — 15 OCTOBRE. — Adjudication des travaux de construction du collège sur les plans de M Proust-Bichoff, architecte de l'Hôtel de Ville de Valence.

1902. — 19 OCTOBRE. — Sous les auspices de la Fédération sociale de la Drôme et de l'Ardèche, René Viviani fait, au théâtre, une conférence publique sur le sujet : « La République sociale ». Après la conférence, l'orateur fait une causerie familière aux personnes qui l'ont accompagné au Café de la Bourse, avant son départ pour Paris.

1902. — 23 OCTOBRE. — M. Royer-Vallut passe l'acte de vente de sa propriété de la Robine avec M. Jouvet, au prix de 240.000 francs.

1902. — 23 OCTOBRE. — Apposition des scellés sur le château du Valentin, propriété de la Compagnie de Jésus.

1902. — 24 OCTOBRE. — Il est signalé que M. Joseph Corcelle, ancien quincaillier à Valence, a institué l'Hospice son héritier et légataire universel pour sa succession qui s'élève à 80.000 francs.

1902. — 1er DÉCEMBRE. — Fondation du Cercle républicain, 4, place de la République. Président, M. Lelièvre.

1903

1903. — 4 JANVIER. — Elections générales sénatoriales : MM. Maurice Faure, élu au 1er tour par 576 voix ; Louis Blanc, par 469 voix. Au 2e tour, Fayard, 652 voix.

1903. — 5 JANVIER. — Une forte crue du Rhône oblige les entrepreneurs du pont à noyer le caisson métallique de la pile du levant, la plus exposée au courant.

1903. — 4 FÉVRIER. — Pendant une réunion électorale — il s'agissait de don-

ner un successeur à M. Maurice Faure élu sénateur — le plancher du fond de la scène du théâtre s'est effondré entraînant une cinquantaine de citoyens qui n'ont eu que des contusions sans gravité.

1903. — 5 FÉVRIER. — Le Conseil municipal approuve le projet de restauration et d'agrandissement de l'école de filles de la rue des Vieillards. Dépense évaluée à 30.000 francs.
Il vote le principe du transfert de l'école de filles de la rue de l'Equerre dans un quartier à l'est de la ville ; le transfert de l'école maternelle de la rue des Alpes dans les anciens locaux aménagés de l'école de garçons, rue Notre-Dame.

1903. — 8 FÉVRIER. — Election législative partielle pour remplacer M. Maurice Faure, élu sénateur : 1er tour, MM. Paul Faure, 7.662 voix ; Malizard, 4.454 ; Ollagnier, 2.689, etc. Ballottage.

1903. — 22 FÉVRIER. — Scrutin de ballottage : MM. Malizard, 9.976 voix, élu ; Paul Faure, 7.712.

1903. — 5 MARS. — Une nouvelle crue du Rhône emporte le pilotage de la pile Est du pont, renverse les échafaudages et coule le caisson à fond ; ce qui nécessita de longs et pénibles travaux pour renflouer le lourd caisson chargé de maçonnerie et pour rétablir le pilotage.

1903. — 7 AVRIL. — Pour l'inauguration de la section valentinoise de la Ligue pour la paix, une conférence de M. Lucien Le Foyer a lieu au théâtre, sous la présidence de M. Emile Arnaud, président pour l'Europe de la Ligue pour la paix.

1903. — 1er MAI — Le Conseil municipal décide de transférer la Bourse du travail à la Halle de la place de la Pierre et vote pour l'aménagement un crédit de 10.000 francs.

1903. — 2 MAI. — Constitution de la section départementale du Comité républicain du commerce et de l'industrie.

Etait présent, M. Mascuraud, président du Comité central de Paris.

1903. — 15 MAI. — Expulsion des six pères rédemptoristes encore dans leur couvent de la rue de la Cécile. Des manifestations en sens divers ont lieu au moment où la voiture cellulaire quitte la cour de la gendarmerie pour la maison d'arrêt.

1903. — 27 MAI. — Le Conseil municipal adopte les plans et devis de la construction de la passerelle de Jappe-Renard, dressés par la Compagnie P. L. M., qui est chargée d'en faire exécuter tous les travaux. Il demande qu'il soit passé à l'exécution le plus tôt possible.

1903. — 31 MAI. — Inauguration de l'exposition nationale au Champ-de-Mars, qu'elle occupe presque complètement. Pendant les trois mois qu'elle a été ouverte, il y a eu chaque dimanche des fêtes, des concerts, des concours auxquels ont participé les sociétés locales et étrangères.

1903. — 25 JUIN. — Adjudication des travaux du Parc à M. Nivet, de Limoges, d'après les plans de M. Clerc, ingénieur en chef, qui a dû s'inspirer des projets primés au concours. Devis de 120.000 francs.

1903. — 20 JUILLET. — La Fanfare de Valence, désignée par le Ministre pour représenter les musiques françaises en Espagne, part pour le concours musical de Valence (Espagne) où elle obtient un brillant succès avec le programme suivant : « Thannhauser », morceau de choix, « Chevauchée de la Valkyrie », morceau imposé.

1903. — 28 JUILLET. — M. Verne est nommé préfet de la Drôme, en remplacement de M. Lombard, nommé trésorier payeur de la Savoie.

1903. — 12 AOUT. — Le Conseil municipal approuve les travaux de l'école de la rue Mésangère qui s'élèvent à 81.000 francs, emplacement compris.

1903. — 12 AOUT. — Il vote la désaffectation de la Halle de la place de la Pierre.

1903. — 30 AOUT. — Distribution solennelle des récompenses à l'exposition nationale et clôture.

1903. — 31 AOUT. — Le Conseil municipal approuve la convention passée avec la Société générale du gaz et d'électricité formée par G. Besse, Chabalier et Cie, avec effet du 1er janvier 1904, pour une durée de 30 ans, moyennant une redevance annuelle de 60.000 francs et la gratuité de l'éclairage public.

1903. — 22 SEPTEMBRE. — L'explosion d'une chaudière à la fabrique de bourrons fait de graves dégâts à l'usine. Parmi les 150 ouvriers qui y travaillaient au moment de l'explosion une vingtaine seulement ont été blessés, mais sans gravité. L'accident risque de provoquer un chômage de plusieurs mois.

1903. — 28 SEPTEMBRE. — L'école de garçons du Champ-de-Mars, sise rue François-Pie, est fermée et les élèves font la rentrée dans la nouvelle école rue Mésangère (2 octobre).

1903. — 2 OCTOBRE. — L'école maternelle de la rue des Alpes est transférée rue Notre-Dame, dans l'ancien local de l'école de garçons, après d'importants travaux d'aménagement.

1903. — 21 OCTOBRE. — Le Conseil municipal vote la construction de la fontaine-abreuvoir du Champ-de-Mars, ainsi que l'aménagement, avec plantation d'arbres, de la place de la Pierre.

1903. — 6 NOVEMBRE. — On commence les travaux de la passerelle de Jappe-Renard.

1903. — 16 NOVEMBRE. — M. Adrien Didier est nommé conservateur-adjoint de la Bibliothèque et du Musée de Valence.

1903. — 23 NOVEMBRE. — Le train spécial des souverains italiens venant de Cherbourg, s'arrête de 1 h. 17 à 1 h. 20. Les abords de la gare sont gardés militairement et un service d'ordre est organisé à l'intérieur.

1903. — 28 NOVEMBRE — Première conférence de M. Léon Denis, dans la grande salle de l'hôtel de la Poste sur ce sujet : « Le spiritisme devant la science ».

1903. — 15 DÉCEMBRE. — Pendant les travaux de voirie, exécutés place de la Pierre, a été mise à jour la pierre tombale de Jehan Gerod, père de Hugut Gerod, 1525. (« Journal de Valence ».)

1904

1904. — Réfection d'une partie de la voûte et du tablier du pont du tunnel.

1904. — JANVIER. — Décret abrogeant celui du 11 décembre 1813, qui autorisait les religieuses de la Trinité. à Valence.

1904. — 10 JANVIER. — Les grands magasins de Valence sont fermés pendant toute les matinées du dimanche.

1904. — 15 JANVIER. — Constitution de la Société des cantines scolaires de Valence.

1904. — 24 JANVIER. — Parution de l'ouvrage « Histoire véridique des aventures extraordinaires du maire de Valence, Aimé David », par Casimir Genest, dessins d'Henriot. Edité par l'Imprimerie valentinoise.

1904. — 29 JANVIER. — Dans une réunion générale des commerçants valentinois, il est décidé que les magasins continueront d'être fermés le dimanche matin.

1904. — 1er FÉVRIER. — Ouverture des premières cantines scolaires de Valence, dans les écoles rue Mésangère, Saint-Apollinaire, rue Pêcherie et rue Bouffier.

1904. — 4 FÉVRIER. — Le Conseil municipal approuve la construction d'un lavoir public dans une partie de la cour de l'école maternelle de la rue Pêcherie et charge l'entrepreneur de l'entretien, de l'exécution de ces travaux.

1904. — 4 FÉVRIER. — L'école de filles de la rue des Vieillards a reçu des agrandissements successifs en 1880, classes en planches et en briques ; en 1882, deux classes nouvelles, plus une troisième pour l'école supérieure ; enfin en 1904, le Conseil municipal approuve le projet suivant : 1° Construction du logement de la directrice ; 2° Surélévation des classes sur la cour ; 3° Construction de nouvelles classes sur la rue et donne ces travaux aux entrepreneurs de l'entretien.

1904. — 4 FÉVRIER. — Pour relier le Champ-de-Mars au Parc Jouvet, le Conseil municipal décide la construction d'un perron-passerelle et de deux chemins d'accès. Pour dégager la vue sur le Rhône, il achète la maison Bouvier, sur le quai, démolie seulement en 1909.

1904. — 19 FÉVRIER. — Une crue du Rhône, de 4 mètres 50, emporte les pilotis qui devaient soutenir la passerelle et le cintre métallique de la seconde arche du pont.

1904. — 23 FÉVRIER. — Mort de Ferdinand Marie, fondateur et directeur de la Fanfare de Valence.

1904. — 13 MARS. — Le Conseil municipal met à l'étude la question du goudronnage des rues de Valence.

1904. — 13 MARS. — Inauguration solennelle de la nouvelle Bourse du travail, place de la Pierre. Le Conseil municipal y assiste en corps.

1904. — 19 MARS. - Après beaucoup de retard, par suite des accidents causés par les crues successives du Rhône, les fondations de la dernière pile du pont sont terminées. Des drapeaux y ont été aussitôt arborés pour signaler l'achèvement de cette première phase des travaux.

1904. — 11 AVRIL. — La Section valentinoise de la Ligue de la Paix organise une soirée au théâtre, « la fête de la paix », avec concert choral et instrumental, et conférence sous la présidence de M Maurice Faure. Y ont pris la parole, Mᵐᵉ Séverine ; MM. Lucien Le Foyer, Frédéric Passy, Richet, Séailles, revenant tous du congrès de la Paix tenu à Nîmes.

1904. — 18 AVRIL. — L'assemblée générale des membres du Syndicat d'initiative approuve les statuts de la société, qui se trouve ainsi constituée sous le nom de Syndicat d'initiative de Valence-sur-Rhône et de la Drôme (Dauphiné).

1904. — 22 AVRIL. — Un gendarme en retraite, habitant rue Jonchères, réveillé par des noctambules, tire sur eux et tue un nommé Astier, de Valence. L'inconscience de son acte provoque, qnelques jours après, des manifestations hostiles qui ne cessent que lorsque le meurtrier a été incarcéré.

1904. — 28 AVRIL. — Il est procédé aux essais de la passerelle de Jappe-Renard, qui est livrée à la circulation, avant que les travaux de peinture soient terminés.

1904. — 1ᵉʳ MAI. — Elections municipales : Liste du Conseil sortant, 26 élus. Liste Malizard, de 1.746 voix à 936. Liste dite des républicains indépendants, de 1.021 voix à 377. Ballottage pour 1 siège.

1904. — 3 MAI. — Le doublement de la ligne Valence-Romans est autorisé par le Ministre des Travaux publics.

1904. — 15 MAI. — Election de la Municipalité : MM. Chalamet, maire, By Roux, 1ᵉʳ adjoint, Ch. Huguenel, 2ᵉ adjoint.

1904. — 28 MAI. — M. Adrien Didier est nommé conservateur de la Bibliothèque et du Musée, en remplacement de

M. Chirol, démissionnaire. Celui-ci est nommé conservateur honoraire.

1904. — 12 JUIN. — L'Union Instrumentale Genevoise visite Valence. Pendant la fête donnée à cette occasion, elle se fait entendre dans deux concerts fortement applaudis.

1904. — 19 JUIN. — La première fête des écoles à Valence a lieu au Champ-de-Mars, en commémoration de la pétition sur l'enseignement obligatoire, portée sur plusieurs charrettes au Parlement, le 19 juin 1872. Depuis, la fête s'est célébrée chaque année, avec un programme plus ou moins varié.

1904. — 19 JUIN. — Mort, à Paris, de Joseph Belat, président de Chambre à la Cour d'appel de Paris, et ancien maire de Valence.

1904. — 20 JUIN. — Aux termes de son testament olographe, déposé chez un notaire à Paris, M. Belat lègue, à la ville de Valence, sa bibliothèque comprenant plus de 2.000 volumes, des meubles de divers styles, des tableaux, dessins, bronzes, bibelots d'art et de curiosité, glaces, etc. L'Hospice de Valence est institué son légataire universel. L'actif brut de la succession est évalué à 470.000 francs.

1904. — JUIN. — A la suite d'une grève, la Compagnie Générale de Navigation H. P. L. M. supprime le service des voyageurs sur le Rhône.

1904. — 9 JUILLET. — Arrêté ministériel fermant l'école de la Visitation de Sainte-Marie, pour le 1ᵉʳ octobre suivant

1904. — 11 JUILLET. — Mort de M. Eugène Allingry, directeur de la Société du Canal de la Bourne et ancien adjoint au Maire de Valence.

1904. — 17 JUILLET. — Le thermomètre marque 36 degrés à l'ombre.

1904. — 20 JUILLET. — Premier essai

de goudronnage des rues à Valence, sur les boulevards, de la place Madier de Montjau à la Porte Saunière.

1904. — 27 JUILLET. — Le Maire donne connaissance d'une lettre des Directeurs d'écoles primaires demandant que la distribution solennelle des prix soit supprimée et que le crédit soit affecté à la création de bibliothèques scolaires.

1904. — 30 JUILLET. — La chaleur excessive ayant obligé de fermer les classes, la distribution solennelle des prix est supprimée et les prix sont distribués dans les écoles.

1904. — 31 JUILLET. — M. Louis Dumont, rédacteur au *Journal de Valence*. est élu conseiller général du canton de Valence, en remplacement de M. Belat, décédé.

1904. — 1er AOUT. — Réception provisoire des travaux d'égout comprenant une longueur de 2.109 mètres.

1904. — 1er AOUT. — Réception provisoire du pavage de la rue Papin (de la rue Second à la rue Chevandier).

1904. — 13, 14 et 15 AOUT. — Grand concours musical. Le Champ-de-Mars est éclairé par 8.000 lampes électriques. A la gare débarquent plus de 17.000 voyageurs. 104 sociétés participent au concours : 33 chorales, 32 fanfares, 16 harmonies, 14 trompettes de cavalerie ; 1 de trompes de chasse ; 4 estudiantinas ; 2 symphonies, 2 quatuors.
Quelques sociétés se rendent sur la tombe de Ferdinand Marie au Bourg

1904. — 15 SEPTEMBRE. — Le Conseil municipal donne son adhésion au congrès de la libre-pensée de Rome, et vote à cet effet une allocation de 30 fr.

1904. — 21 OCTOBRE. — Le Conseil municipal vote le principe de la laïcisation de tous les services hospitaliers.

1904. — 8 DÉCEMBRE. — Le *Journal de Valence*, signale que les premiers travaux d'installation de l'éclairage électrique sont activement poursuivis.

1905

1905. — 8 JANVIER. — A la suite d'une conférence donnée au Foyer du théâtre, par M. Comte, secrétaire général de la Ligue de la moralité publique, il est décidé qu'une section de la Ligue sera créée à Valence. Elle fut constituée le dimanche, 29 janvier suivant.

1905. — 15 JANVIER. — Fondation de la société sportive : Le Stade Valentinois.

1905. — 24 FÉVRIER. — Un arrêté municipal ouvre une souscription publique pour le parachèvement du Parc Jouvet.

1905. — 24 MARS. — Est approuvée la promesse de vente de l'établissement de bains de Mme Vve Verrier, au prix de 90.000 fr., dont une partie est incorporée au parc Jouvet et l'autre à l'avenue Gambetta. Le payement est fait moitié par l'Etat, moitié par la Ville.

1905. — 24 MARS. — Il est proposé par un Conseiller municipal de construire un musée et une bibliothèque avec les ressources que donnerait une loterie. (Celle-ci n'ayant pas été autorisée, la question fut toujours renvoyée). Le rapport de M. Giraud concluait à élever la construction au boulevard d'Alsace avec une dépense évaluée à 650.000 fr. à couvrir par la loterie.

1905. — 1er AVRIL. — Réception provisoire des travaux exécutés à l'école de filles de la rue des Vieillards. Les élèves prennent possession de leurs classes à la rentrée de Pâques.

1905. — 3 AVRIL. — A coups de pierres, des vandales, mutilent le monument

Louis Gallet, brisant le nez et la barbe du buste et l'un des pipeaux de la faunesse.

1905. — 3 AVRIL. — Arrêté municipal relatif aux marchés d'approvisionnement :

1° Place des Clercs : marchands de primeurs et de fleurs ; jardiniers sur le pourtour, à l'intérieur, les femmes aux paniers.

2° Place de l'Université : marchands de pommes de terre, de blé, de raves, de châtaignes, de fruits, de semences en sac.

3° Place de l'ancien tribunal : coquetiers, marchands de fromages et de tomes.

1905. — 3 AVRIL. — On découvre dans la rue Madier-Montjau, le corps d'un nommé Chovet, tué d'une balle de révolver. C'est le 4ᵉ assassinat commis à Valence depuis le début de l'année.

1905. — 27 AVRIL. — Réception provisoire des bâtiments du nouveau collège au Champ de Mars.

1905. — 1ᵉʳ MAI. — La rentrée des élèves après les vacances de Pâques a lieu dans le nouveau collège. La veille, le public avait été admis à visiter les locaux. L'administration n'y transféra ses services qu'aux vacances suivantes.

1905. — 26 MAI. — Le Conseil municipal vote les crédits nécessaires pour la laïcisation des services intérieurs de l'hôpital.

1905. — 31 MAI. — Vente des objets mobiliers des religieuses de la Visitation.

1905. — 6 JUIN. — Causerie de M. le colonel de Rochas sur ce sujet : Les Sciences psychiques.

1905. — 11 JUIN. — La Fanfare de Barcelonne (Espagne), donne trois concerts au Champ de Mars, pendant les fêtes qui ont eu lieu en son honneur.

1905. — 13 JUIN. — Décintrement de la 2ᵉ arche du pont. Le cintre en fer du poids de 180.000 kgs est descendu sur trois cha-

lands accouplés qui l'ont ensuite condui en face de la ferme où il a été démont pièce par pièce.

Pour soutenir le cintre en bois, le pilo tage, n'ayant pu résister à la violence de courants, les ingénieurs résolurent le pro blème en construisant un cintre métalliqu qui ne reposait que sur des pieds-droit appuyés sur les deux piles. Ce procéd n'avait pas encore été employé dans le constructions de ce genre.

1905. — 18 JUIN — Deuxième fête d l'enseignement pour commémorer le 25 anniversaire de la Mutualité scolaire.

1905. — 23 JUIN. — Le Conseil muni cipal accepte la souscription des proprié taires du nord de l'avenue Gambett (26.000 fr.), avec promesse par la vill qu'aucune construction ne pourra êtr élevée sur le terrain de l'avenue.

1905. — 26 JUIN. — La compagnie fer mière de l'usine à gaz met la lumièr électrique à la disposition du public ainsi qu'au théâtre ; d'abord par les géné ratrices installées à l'usine à gaz et l'anné suivante par la Société des forces d Vercors.

1905. — 30 JUIN. — La société Besse e Chabalier pour l'exploitation de l'usine gaz, est transformée en société anonyme

1905. — 1ᵉʳ JUILLET. — On découvre rue Fulton, un cadavre baignant dans so sang.

1905. — 3 JUILLET. — Acte de vent passé avec la Vᵛᵉ Guyon pour l'acquisitio d'un terrain de 1.000 mètres carrés des tiné à l'agrandissement du cimetière.

1905. — 4 JUILLET. — Le Conseil muni cipal décide la démolition du presbytèr de la paroisse Saint-Jean, rue Farnerie pour le prolongement de la rue Belle Image. Il vote ensuite une indemnit annuelle de 700 fr. au curé.

1905. — 24 JUILLET. — Vente de la cha pelle du couvent de la Visitation (8.000 fr.

1905. — 26 JUILLET — Arrêté réglementant l'usage de l'abreuvoir du Champ de Mars qui vient d'être achevé.

1905. — 3 AOUT. — Les religieuses de la Nativité quittent leur couvent de l'avenue Victor-Hugo : en exécution d'un arrêté ministériel de janvier 1905 qui fermait leur école à partir du 1er septembre. Leurs élèves étaient parties le 1er août.

1905. — 12 AOUT. — Réception provisoire du pont en pierre sur le Rhône.

1905. — 13 AOUT. — M. Emile Loubet, Président de la République, est à Valence.

Il visite l'orphelinat du Calvaire accompagné de MM. Gauthier, ministre des travaux publics; Fayard, sénateur; Malizard, député; Verne, préfet, etc.

Il inaugure successivement : 1° Le nouveau Collège. 2° Le parc Jouvet, d'une superficie totale de 7 hectares 11 ares, et non encore achevé. 3° Le pont en pierre sur le Rhône.

1905. — 30 AOUT. — C'est par un ciel très pur que l'éclipse totale de soleil (85 %), a pu être observée par les connaisseurs et les nombreux curieux qui se sont portés aux boulevards ou au Champ de Mars, entre 1 heure et 2 heures.

1905. — 5 SEPTEMBRE. — Le pont en pierre sur le Rhône est livré à la circulation.

1905. — 24 SEPTEMBRE. — Mort de Mgr Cotton, évêque de Valence, à St-Siméon-de-Bressieu (Isère), son pays natal; il était âgé de 79 ans.

1905. — 25 SEPTEMBRE. — Un arrêté ministériel classe comme monuments historiques trois cloches du clocher de Saint-Jean, dont deux de 1404 et une de 1493.

1905. — 10 NOVEMBRE. — Mort, à Gotheron (Saint-Marcel-les-Valence), de M. Théodore Jouvet donateur du parc qui porte son nom.

1905. — 16 NOVEMBRE. — Le Conseil municipal demande que les Cours secondaires soient transformés en Collège de jeunes filles.

1905. — 16 NOVEMBRE. — A la séance du Conseil municipal, le Maire donne connaissance d'une lettre de Mme Jouvet dans laquelle elle dit qu'en souvenir de son mari, elle donne à la Ville une somme de 65.000 fr. pour terminer l'embellissement du parc.

1905. — 16 NOVEMBRE. — A la même séance, le Conseil municipal décide d'ériger, aux frais de la Ville, un monument à Théodore Jouvet dans l'intérieur du parc dont il est le généreux donateur.

1905. — 21 NOVEMBRE. — A l'occasion de l'ouverture du parc Jouvet au public, le maire prend un arrêté sur la police des promenades et jardins publics.

1905. — 26 NOVEMBRE. — Le parc Jouvet est ouvert au public, les dimanches et jeudis seulement, pour permettre d'en continuer les travaux.

1905. — 27 NOVEMBRE. — Les religieuses du Saint-Sacrement quittent les services de l'hôpital pour les laisser à un personnel laïque.

1906

1906. — 11 JANVIER. — Arrêté préfectoral interdisant définitivement la circulation sur le pont suspendu à partir du 15 janvier suivant.

1906. — 11 JANVIER. — Le Conseil municipal accepte la vente à la ville du terrain Chave, au quartier Chorier-Vachette, pour la construction d'une école de filles.

1906. — 15 JANVIER — Le pont suspendu est fermé à la circulation en attendant sa démolition.

1906. — 17 JANVIER. — M. Armand Fallières est élu Président de la République, en remplacement de M. Loubet dont le septennat a pris fin.

1906. — 26 JANVIER. — Inventaire des effets mobiliers de l'église Saint-Jean, après protestation du curé et des membres de la fabrique.

1906. — 29 JANVIER — Inventaire des effets mobiliers de l'église Notre-Dame, en exécution de la loi de séparation des Eglises et de l'Etat, après protestation du curé et de la fabrique.

1906. — 5 FÉVRIER. - L'inventaire des effets mobiliers de la cathédrale a lieu, après la protestation écrite du curé et du Chapitre. Manifestation et contre-manifestation après l'opération.

1906. — 11 FÉVRIER. — La section valentinoise de la Ligue des Droits de l'Homme procède à l'élection de son bureau définitif.

1906. — 17 FÉVRIER. — Le Conseil municipal envoie une adresse à M. Loubet et une autre à M. Fallières, à l'occasion de la transmission des pouvoirs.

1906. — 19 FÉVRIER. — M. Chesnelong, curé de la Madeleine à Paris, est nommé évêque de Valence, en remplacement de Mgr Cotton, décédé.

1906. — 4 MARS. — Constitution de l'Association cultuelle de l'Eglise réformée évangélique de Valence, en application de la loi de Séparation.

1906. — 27 MARS — Le Conseil municipal approuve le décompte des travaux du Parc Jouvet exécutés par M. Nivet, adjudicataire, s'élevant à la somme de 136.000 francs.

1906. — 5 AVRIL. — Le Conseil municipal réitère ses anciens vœux pour la transformation du collège en lycée.

1906. - 6 MAI. — Elections législatives générales — 1° Valence : Ballottage entre

MM. Louis Dumont, Bruyère, Roux-Costadau, Malizard, etc.
2° Valence : Charles Chabert, élu.
3° Die : Ferrier, élu.
4° Montélimar : Gras, élu.
5° Nyons : Lucien Bertrand, élu.

1906. — 18 MAI. — Le Conseil municipal émet un vœu en faveur du maintien du pont suspendu comme passerelle, à condition que l'entretien n'incombe pas à la Ville.

1906. — 20 MAI. — Au scrutin de ballottage, M. Louis Dumont, est élu député par 11.350 voix contre 5.862 à M. Bruyère et 2.244 à M. Maurice Long, candidat socialiste.

1906. — 11 JUIN. — On commence à faire circuler en ville une pétition adressée au Maire de Valence, demandant le déplacement du monument Emile Augier, sans solliciter de la Ville aucune subvention pour ce déplacement.

1906. — 23 JUIN. — Le Ministre approuve la transformation des cours secondaires de jeunes filles en collège à partir de la rentrée d'octobre.

1906. — 26 JUIN. — Un arrêté municipal réglemente la police des bals donnés sur la voie publique ou dans des locaux accessibles au public.

1906. — 23 JUILLET. — Mort de M. Albert Roche, ancien président du tribunal, ancien conseiller municipal.

1906. — 25 JUILLET. — L'éclairage et la force électriques sont fournis par les usines du Vercors.

1906. — 30 JUILLET. — M. Verne, préfet de la Drôme, est nommé préfet d'Alger ; il est remplacé par M. François, sous-préfet de Lunéville.

1906. — 7 AOUT. — Essai de goudronnage des rues dans la rue des Alpes.

1906. — 11 AOUT. — La réception définitive du nouveau collège fait ressortir une dépense de construction de 690.757 francs.

1906. — AOUT-SEPTEMBRE. — Négociants et industriels s'entendent pour faire bénéficier leur personnel du repos hebdomadaire obligatoire voté par le Parlement.

1906. — SEPTEMBRE. — La grande sécheresse qui règne depuis plusieurs mois dans la région ruine les récoltes et provoque de nombreux incendies en forêts.

1906. — 2 SEPTEMBRE. — Une corrida organisée au vélodrome, ne donnant pas satisfaction aux spectateurs, provoque des altercations avec les organisateurs qui sont plus ou moins malmenés.

1906. — 15 SEPTEMBRE. — Le Conseil municipal vote la restauration et l'aménagement de l'école, place de l'Université, pour y installer l'école d'art à titre définitif. Les travaux ne furent exécutés que l'année suivante.

1906. — 15 SEPTEMBRE. — Il vote également le principe de la création d'une école maternelle et mixte au quartier du Calvaire.

1906. — 30 SEPTEMBRE. — Les pharmacies, étant fermées toute la journée du dimanche, le service pharmaceutique est assuré par celle de l'Hôpital où se rendent à tour de rôle les pharmaciens et leurs aides. Toute la recette est attribuée à l'Hôpital.

1906. — 1er OCTOBRE. — Par suite de la sécheresse excessive, le Rhône atteint dans son débit une cote dont les annales météorologiques de la région n'offrent aucun exemple : on a enregistré 0m52 au-dessous de l'étiage et à une époque où les eaux sont toujours abondantes.

1906. — 4 OCTOBRE. — Acquisition de l'immeuble Vignon (angle des rues Notre-Dame et Pont-du-Gât) pour l'école supérieure de filles.

1906. — 5 OCTOBRE. — Une pluie orageuse d'une heure vient interrompre la période de sécheresse qui dure depuis 5 mois.

1906. — 26 OCTOBRE. — L'entente cordiale. — Réception à la gare et au Champ-de-Mars des membres de l'Association du commerce international de Londres, se rendant à Nice. Discours de MM. Huguenel, au nom de la municipalité ; Mossan, président de la Chambre de commerce ; Genin, Morellet, Mombounoux et enfin de Max Muret, en anglais

1906. — 29 OCTOBRE. — Vente du château et des terres du Valentin. Le déparment est acquéreur au prix de 300.000 francs.

1906. — 5 NOVEMBRE. — Tous les immeubles du couvent de la Nativité sont acquis en un seul lot par M. Hygonet, de Montélimar, qui les lotit et ouvre la rue Pasteur en 1909.

1906. — 5 NOVEMBRE. — La ligne de tramway de Valence à Crest est ouverte au public.

1906. — 4 DÉCEMBRE. — Le Ministre des Travaux publics informe le Maire qu'il ne peut conserver le pont suspendu comme passerelle à cause des dépenses qu'il occasionnerait pour son entretien.

1906. — 12 DÉCEMBRE. — Le Préfet signifie à l'évêque Chesnelong, qu'il n'a plus la jouissance de l'évêché à partir du 13 courant.

1906. — 13 DÉCEMBRE. — A la suite de la loi sur la séparation des Eglises et de l'Etat, aucune association cultuelle ne s'étant formée pour administrer le séminaire celui-ci est placé sous séquestre et les élèves licenciés.

1906. — 17 DÉCEMBRE. — L'évêque quitte définitivement l'évêché au milieu d'une foule qui se livre à de bruyantes manifestations. Mgr Chesnelong reçoit l'hospitalité à l'hôtel Pampelonne, en attendant que le nouvel évêché, place de l'Ancien-Tribunal, soit prêt pour le recevoir (1908). Les manifestants parcourent ensuite diverses rues de la ville, brisent au passage la sonnette de l'Hôtel de la Préfecture et les vitres de la loge maçonnique, côte des Chapeliers.

1906. — 22 DÉCEMBRE. — Le Conseil municipal accepte le projet de construction d'un pavillon pour le gardien du Parc Jouvet.

1906. — 22 DÉCEMBRE. — Il approuve le projet du monument Jouvet dressé par M. Allingry, architecte, et M. Chabre-Biny, statuaire, sur un devis de 9.950 francs.

1906. — 23 DÉCEMBRE. — Le public est admis à visiter avant leur inauguration les nouvelles installations de l'Hôpital.

1906. — 24 DÉCEMBRE. — Inauguration à l'Hôpital des nouveaux services de grande chirurgie et d'oculistique.

1907

1907. — 19 JANVIER. — Le receveur d'enregistrement prend possession, comme séquestre du Petit Séminaire ; les professeurs et les domestiques quittent l'établissement sans faire entendre aucune protestation.

1907. — 21 JANVIER. — Mgr Chesnelong, évêque de Valence, est condamné à 1 franc d'amende par le juge de paix pour n'avoir pas fait de déclaration de cérémonie de culte. Une manifestation se produit sur la place de la Mairie à l'issue de l'audience.

1907. — 20 MARS. — Le Conseil municipal décide que la place Saint-Jean sera dénommée place Joseph-Belat ; l'arrêté est du 18 mai 1907.

1907. — 23 MARS. — Les manifestants des journées du 17 décembre 1906 et du 21 janvier dernier, au nombre de cinq, sont condamnés à des amendes allant de 6 à 125 francs.

1907. — AVRIL. — Le Conseil général décide de transférer au Valentin l'orphelinat agricole de Saint-Joseph, avant le 1er novembre prochain.

1907. — 27 AVRIL. — Création de la Chorale du Calvaire.

1907. — 4 MAI. — Arrêté municipal dénommant le « Parc Jouvet ».

1907. — 15 MAI. — Sous les auspices de la Ligue pour la paix, sir Thomas Barclay fait une conférence, présidée par M. Herriot ; elle est suivie d'un brillant concert.

1907. — 29 MAI. — Mort de M. Louis Genin, industriel, président du Comité républicain du commerce et de l'industrie.

1907. — 6 JUIN. — A partir de ce jour, l'œuvre de la Consultation des nourrissons, dirigée par les docteurs Dussaud et Ponsoye, fonctionne tous les jours, de 1 à 2 heures, rue de la Dragonne.

1907. — 9 JUIN. — Un arrêté ministériel supprime le pensionnat du clos Saint-Victor à partir du 1er septembre suivant.

1907. — JUIN. — La pétition pour le déplacement du monument Emile Augier, recouverte de plus de 2.000 signatures, est remise à la Mairie qui fait aussitôt construire une silhouette du monument en planches pour être successivement placée dans divers endroits, afin de juger de l'effet que le monument y produirait. Cette expérience n'ayant pas donné de résultat satifaisant la question fut abandonnée.

1907. — 2 JUILLET. — Une pétition des habitants du quartier Saint-Jean demande que les anciens locaux du collège servent d'emplacement pour une annexe des services de l'Hôtel de Ville.

1907. — 20 JUILLET. — La Fanfare de Valence fait une visite à la ville de Genève où elle se fait applaudir dans les deux concerts qu'elle donne.

1907. — 22 JUILLET. — On commence la démolition du pont suspendu dont l'adjudication avait été donnée le 6 juillet précédent.

1907. — 29 JUILLET. — Incendie de l'hôtel de la Croix-d'Or. A 10 heures 3/4 du soir, le feu se déclare dans les mansardes qui deviennent tout entières la proie des flammes. Le Préfet demande des secours à Romans qui envoie une pompe à bras, et à Lyon qui expédie par train spécial une pompe à vapeur avec les pompiers pour la manœuvrer; c'est 4 heures 3/4. Le feu est circonscrit ; on se borne à noyer le brasier. Les deux étages supérieurs sont complètement detruits et les autres bien endommagés par l'eau.

1907. — 9 ET 10 AOUT. — De nouveaux essais de goudronnage sont faits, rues des Alpes, Faventines, boulevard d'Alsace et place de la Mairie.

1907. — 19 AOUT. — Le Conseil municipal décide que la Consultation des nourrissons aura lieu à l'ancien collège, les 1er et 3e lundis du mois, à partir du 2 septembre.

1907. — 27 AOUT. — Dans une lettre au Maire, M. Hygonet, de Montélimar, l'informe qu'il est devenu propriétaire de l'îlot compris entre les avenues Félix-Faure et Victor-Hugo, la rue Papin et le boulevard Bancel, d'immeubles ayant appartenu aux congrégations de la Nativité et des Trinitaires ; il offre à la Ville le sol des rues qu'il se propose d'y ouvrir.

1907. — 30 AOUT. — Le 13e chasseurs à cheval arrive à Valence pour y remplacer le 1er hussards.

1907. — AOUT ET SEPTEMBRE — Avec les ressources d'une souscription publique ouverte par le Syndicat d'initiative, on

goudronne 12.000 mètres carrés de rues avec deux couches répandues à trois semaines d'intervalle.

1907. — 15 SEPTEMBRE. — Fête champêtre du Valentin avec un programme des plus variés.

1907. — 29 SEPTEMBRE. — L'Harmonie chorale du Calvaire donne une grande fête chorale et instrumentale dans les entrepôts Bernard, avec le concours de la Musique des anciens militaires d'Avignon.

1907. — 1er OCTOBRE. — L'école supérieure de garçons, dont les locaux de la rue Bayard menacent ruines, est tranférée au Petit séminaire.

1907. — 1er OCTOBRE. — L'orphelinat agricole départemental de Saint-Joseph, au Calvaire, est transféré au château du Valentin.

1907. — 2 OCTOBRE. — Constitution définitive du Cercle de la jeunesse laïque à Valence.

1907. — 3 OCTOBRE. — Un comité est formé pour l'érection d'un monument à Joseph Belat, ancien maire de Valence. Il confie la partie sculpturale à Chabre-Biny et la partie architecturale à M. Poitoux, artistes valentinois.

1907. — 8 OCTOBRE. — Vers une heure de l'après-midi, une véritable trombe d'eau s'est abattue sur Valence et les environs. Le vieux pont de Saint-Péray a été emporté et les deux autres en aval auraient eu le même sort si la crue du Mialan s'était maintenue. Les eaux de celui-ci venaient jusqu'aux Granges par la route.

1907. — 16 OCTOBRE. — Mort de M. By Roux, premier adjoint au Maire de Valence.

1907. — 4 NOVEMBRE. — On commence le repavage de la rue Papin.

1907. — 23 NOVEMBRE. — Séance d'inauguration du Cercle du commerce au 1er étage du café Jacquet, boulevard Bancel.

1907. — 26 DÉCEMBRE. — M. Roux-Costadau, instituteur à Beauregard, fait une conférence publique à Valence qui lui vaut sa révocation d'instituteur.

1908

1908. — 8 JANVIER. — Adjudication du prolongement de la rue Belle-Image sur la rue Farnerie.

1908. — 29 JANVIER. — Mort de M. Fayard, sénateur de la Drôme, à l'âge de 92 ans.

1908. — 8 MARS. — Grande cavalcade burlesque, composée de 21 groupes ou chars, au bénéfice des œuvres de bienfaisance. Grand succès.

1908. — 22 MARS. — Le Conseil municipal se propose d'acheter les bâtiments de l'évêché pour y transférer le Collège de jeunes filles.

1908. — 8 AVRIL. — Décret transformant le collège de garçons en lycés national, à partir du 1er octobre suivant,

1908. — 10 AVRIL. — Le Conseil municipal adopte le projet de construction d'une école maternelle et mixte au quartier de la Crozette, en bordure de la route de Montélier.

1908. — 22 ET 23 AVRIL. — La température est tombée à 1 degré 5 au-dessous de zéro avec chute de neige.

1908. — 26 AVRIL. — M. Charles Chabert, député, est nommé sénateur de la Drôme au 1er tour, par 429 voix, en remplacement de M. Fayard, décédé.

1908. — 3 MAI. — Elections municipales. La liste du Conseil sortant est élue par 3.166 voix à 2.528. La liste Mombounoux obtient de 1.399 voix à 690, et la liste socialiste de 501 voix à 343.

1908. — MAI. — M. Chabre-Biny, statuaire à Valence, vient de faire recevoi au Salon des Champs-Elysées les monuments Belat et Jouvet qui doivent êtr prochainement inaugurés.

1908. — 17 MAI. — Election de la municipalité : MM. Chalamet, maire, Huguenel, 1er adjoint et Calvet, 2e adjoint.

1908. — JUIN. — Le Syndicat d'initiative ouvre une souscription publique pou le goudronnage des rues de Valence.

1908. — 17 JUIN. — La façade de l'Hôtel de la Croix-d'Or est complètemen restaurée après son incendie ; elle est débarrassée de l'échafaudage qui avait jusque-là caché aux regards le fronton remarquable dû au ciseau du maître Injalbert.

Il est intéressant d'en donner une courte description aujourd'hui que ce fronton a disparu après la deuxième restauration de l'hôtel : « Le faune puissant à la face moqueuse regarde ironiquement de son siège aérien où il est accroupi, la foule qui passe. Deux satyres en des poses pittoresques et formant cariatides porten allègrement l'hôte des forêts. Un masque placé, au centre de l'architrave, semble écouter gouailleur, les sons qui s'échappent de la flûte du voisin de gauche. Et c'est toute l'âme antique que nous rappelle ce décor païen qui, par une rencontre imprévue, s'associe à la croix du christianisme... ». (Journal de Valence).

1908. — 17 JUILLET. — Mort de M. Chirol, professeur honoraire du Collège de Valence, ancien conservateur de la Bibliothèque et du Musée, âgé de 92 ans.

1908. — 23 JUILLET. — La Consultation des nourrissons, crée l'œuvre de la Goutte de lait. A partir du 1er août, elle tiendra à la disposition du public du lait stérilisé à raison de 0 fr. 05 et 0 fr. 10 le flacon.

1908. — 14, 15, 16 ET 17 AOUT. — Grand

festival de musique avec le concours de la Musique des équipages de la flotte de Toulon. Plus de 30 sociétés y prennent part.

1908. — 19 AOUT. — Par une lettre à M. Maurice Faure, le Sous-Secrétaire d'Etat aux Beaux-Arts l'informe qu'il vient d'attribuer au Musée de Valence, le buste en plâtre du conventionnel Julien, par M. Chabre-Biny.

1908. — 12 SEPTEMBRE. — Inauguration du service d'autobus de Valence-Saint-Péray.

1908. — 24 SEPTEMBRE. — Pendant la session du Conseil général, a lieu au cimetière l'inauguration du monument Belat, œuvre du statuaire Chabre-Biny. Un imposant cortège, précédé de la Fanfare de Valence, part de la place de l'Hôtel-de-Ville pour se rendre au cimetière.

1908. — 25 SEPTEMBRE. — Fondation de la société chorale « La Fauvette valentinoise ».

1908. — 27 SEPTEMBRE. — L'inauguration du lycée a lieu dans la matinée par M. Doumergue, ministre de l'Instruction publique, qui, ensuite, part pour Romans où un grand banquet lui est offert. A son retour, réception au Cercle démocratique, et le soir, banquet intime à la Croix-d'Or, offert par le Conseil municipal : 40 couverts. Dans la soirée, première réception sur invitation dans les salons de l'Hôtel de Ville où se fait entendre la musique d'artillerie.

1908. — NOVEMBRE. — Les travaux de démolition du pont suspendu sont terminés. De ce qui fut peut-être le chef-d'œuvre de Seguin il ne reste plus d'apparent que la culée de la rive droite.

1908. — 3 NOVEMBRE. — La police finit par découvrir les auteurs des crimes qui terrorisaient Valence et la région depuis trois ans ; ce sont pour le moment les nommés David, Liottard et Berruyer, dits « Les chauffeurs de la Drôme » à cause

du supplice du feu qu'ils infligeaient à leurs victimes.

1908. — 25 NOVEMBRE. — Les travaux de restauration et d'agrandissement de la gare des voyageurs battent leur plein ; ils comprennent : 1° La création de quatre voies nouvelles ; 2° La suppression des bâtiments du levant de la gare ; 3° Le report de la rue Sévigné plus à l'est ; 4° La réfection de la marquise ; 5° Le prolongement des trottoirs et quais, recouverts de parapluies d'une longueur de 200 mètres ; 6° La réfection de la passerelle du Pont-du-Gât. (Une passerelle en bois est construite pendant les travaux.) ; 7° Construction du passage souterrain En même temps, le pont sur l'Isère était refait en aval du premier.

1908. — 27 NOVEMBRE. — Fondation d'une société anonyme des habitations à bon marché.

1908. — 4 DÉCEMBRE. — Le cadran solaire du Parc Jouvet est débarrassé de son échafaudage Son inscription porte . « Hora sole lucenta tantum numero luceant tibi omnes », ce qui se traduit par : « Je ne marque que les heures ensoleillées, que toutes le soient pour toi ».

1908. — 31 DÉCEMBRE. — Le thermomètre marque 10 degrés au-dessous de zéro, Le Rhône charrie de gros glaçons.

1909

1909. — Construction de la Loge maçonnique, au cours Voltaire.

1909. — Les immeubles de l'orphelinat agricole de Saint-Joseph sont vendus par le département à la Société anonyme des habitations à bon marché de Valence.

1909. — 6 JANVIER. — Le Conseil municipal demande au Ministre de la Guerre d'installer un groupe d'artillerie lourde au séminaire, si l'Etat veut se dessaisir de l'immeuble en faveur de la Ville.

1909. — 5 MARS. — Arrêté municipal réglementant le stationnement sur la voie publique des voitures servant au transport des messageries et des voyageurs.

1909. — 31 MARS. — Sur la demande des habitants de l'avenue Félix-Faure, le Conseil municipal décide que celle-ci reprendra son ancien nom de rue de la Gare, et que la rue du Tunnel sera dénommée avenue Félix-Faure.

1909. — 31 MARS. — Le Conseil municipal vote l'acquisition de l'immeuble Dumas, sur la place des Clercs, immeuble à démolir pour agrandir la place de l'Université. Une pétition de plus de 100 signataires avait été adressée au maire et une souscription parmi les propriétaires intéressés avait produit la somme de 11.790 francs. La Ville en prendra possession au 1er janvier suivant, au prix de 120 000 francs.

1909. — 31 MARS. — Il vote aussi l'acquisition des immeubles à démolir pour l'alignement de la rue Madier-de-Montjau à l'angle de la rue Emile-Augier. La dépense est de 200.000 francs, sur laquelle une souscription publique a donné 20.000 francs.

1909. — 1er AVRIL. — Le cinématographe Pathé ouvre ses portes au public dans la salle qu'il a fait construire sur la place Madier-de-Montjau.

1909. — 16 AVRIL. — Décret attribuant à l'Etat les œuvres d'art de l'évêché.

1909. — 1, 2 ET 3 MAI. — Un Concours-Exposition agricole se tient à Valence dans les allées du Champ-de-Mars et place Championnet. Il se clôture par la visite de M. Ruau, ministre de l'agriculture, qui préside, au théâtre, la distribution des récompenses.

1909. — 3 MAI. — Inauguration du monument Théodore Jouvet, au Parc, en présence de M. Ruau, ministre de l'agriculture. Discours du maire, M. Chalamet.
Ce monument, érigé en 1907, a la stelle

et les banquettes en granit rose de Pouillenay (Côte-d'Or) ; on accède à la plateforme en mosaïque par un escalier en granit noir de Roanne. Le buste en bronze a été coulé cire perdue, œuvre de Chabre-Biny.

1909. — 11 JUIN. — Un tremblement de terre a été ressenti à 9 heures 1/4 du soir. Il y a eu quelques lampes éteintes et des oscillations assez fortes d'objets suspendus. Dans le Midi, c'est une véritable catastrophe.

1909. — 5 JUILLET. — Le Conseil municipal vote un secours de 500 francs pour les sinistrés du tremblement de terre du Midi.

1909. — 5 JUILLET. — Le Conseil municipal décide qu'à partir de la rentrée d'octobre, les fournitures classiques des écoles primaires seront données gratuitement aux élèves.

1909. — 5 JUILLET. — Il décide également de se mettre en rapport avec le Conseil général pour l'achat de l'évêché.

1909. — 5 JUILLET. — Il autorise le Maire à faire l'achat du matériel pour la réorganisation du service d'incendie, ainsi que l'installation téléphonique s'y rapportant. La sonnerie du tocsin sera désormais supprimée.

1909. — 9 JUILLET. — Condamnation à mort des « chauffeurs de la Drôme » : Liottard, David, Berruyer, ainsi que Lamarque par contumace. Les débats avaient commencé le 2 juillet.

1909. — 11 JUILLET. — Fête du cinquantenaire de la fondation de la Fanfare de Valence. Programme ; 1° Visite à la tombe de Ferdinand Marie, au Bourg ; 2° Réception à la gare de la Musique municipale de Lyon ; 3° Banquet à l'Hôtel de la Poste. Nombreux discours ; 4° Concert au Champ-de-Mars par l'Harmonie lyonnaise et toutes les sociétés musicales de la ville et du Bourg ; 5° Grand concours de boules ; 6° Le soir, concert par l'orchestre symphonique.

1909. — 15 JUILLET. — La nouvelle passerelle du Pont-du-Gât est livrée à la circulation.

1909. — 22 SEPTEMBRE. — Exécution devant la porte de la prison des trois « chauffeurs de la Drôme » : 1° Berruyer, 2° David, 3° Liottard. Ils avaient à leur actif 10 assassinats et 7 vols.

1909. — SEPTEMBRE. — Le nombre croissant des élèves du lycée oblige à exhausser d'un 2ᵉ étage la partie qui donne sur le Champ-de-Mars. La dépense est supportée moitié par l'Etat, moitié par la Ville.

1909. — 24 SEPTEMBRE. — Inauguration des magasins des Nouvelles Galeries dans la partie sud qui venait d'être construite.

1909. — 5 OCTOBRE. — Le Conseil municipal approuve l'accord intervenu entre la Ville et le Préfet qui fixe à 45.000 francs la valeur de la partie de l'évêché qui appartient au département. L'immeuble tout entier servira à y installer la Bibliothèque et le Musée.

1909. — 23 NOVEMBRE. — Adjudication des travaux d'aménagement et de construction de l'école supérieure de filles (angle des rues Notre-Dame et Pont-du-Gât).

1909. — 23 NOVEMBRE. — Adjudication des travaux de construction de l'école de filles, rue Amblard, sur un devis de 108.000 francs.

1909. — 28 NOVEMBRE. — A partir de ce jour, le service pharmaceutique du dimanche est assuré par un roulement entre les pharmaciens de Valence. Le service dominical de la pharmacie de l'Hôpital est supprimé.

1909. — 29 NOVEMBRE. — M. Albert Sarraut, sous-secrétaire d'Etat à la Guerre,

est à Valence pour la question de l'augmentation de l'effectif de la garnison.

1909. — 8 DÉCEMBRE. — Arrêté municipal réglementant le service des voitures automobiles de place munies d'un taximètre.

1910

1910. — Le Conseil général achète le local de l'ancienne loge maçonnique, côte des Chapeliers, pour en faire une annexe du dépôt des archives.

1910. — 6 JANVIER. — Dans une séance extraordinaire, le Conseil municipal délibère que les locaux et immeubles du Petit séminaire lui soient dévolus pour les affecter à une caserne destinée à recevoir le nouveau régiment d'artillerie créé dans le 14ᵉ corps d'armée. Le concours pécuniaire de la Ville est fixé à 1 million.

1910. — 7 JANVIER. — Un décret attribue à la Ville le séminaire et ses dépendances pour en faire une caserne d'artillerie.

1910. — 14 JANVIER. — La Municipalité, le Conseil municipal et plusieurs magistrats visitent les locaux de l'ancien collège où sont installés les services de l'Hospitalité de nuit et de l'Assistance par le travail.

1910. — 20 JANVIER. — Le Conseil municipal vote l'installation de 16 lampes électriques à arc à répartir sur les boulevards, la rue de la Gare et la partie nord de l'avenue Victor-Hugo.

1910. — 23 JANVIER. — Le Rhône a une de ses plus fortes crues ; les eaux s'élèvent à 5 mètres au-dessus de l'étiage.

1910. — 2 FÉVRIER. — Création des patronages laïques avec fonctionnement à partir du 1ᵉʳ mars suivant.

1910. — 22 FÉVRIER. — On commence

l'installation des avertisseurs d'incendie chez les officiers et sous-officiers des pompiers.

1910. — 7 MARS. — Ouverture au public de la ligne de tramway de Saint-Péray à Vernoux.

1910. — 8 MARS. — Le Conseil municipal vote un secours de 500 francs pour les inondés des Iles.

1910. — 12 MARS. — Le Congrès régional des colonies scolaires s'ouvre à Valence, à 8 heures du soir, par une réception à la mairie et un concert-conférence.

1910. — 19 MARS. — Pour l'inauguration des patronages laïques, M. Hériot fait une conférence au Gymnase civil sur le sujet : « Les manuels scolaires ». Une salle comble applaudit l'orateur.

1910. — 4 AVRIL. — A la suite d'une conférence faite à la Bourse du travail, les ouvriers grévistes de l'usine Albert et autres, au nombre d'un millier environ, ont parcouru les boulevards en chantant l' « Internationale ». Devant l'usine Albert, il a fallu l'intervention d'une vingtaine de gendarmes pour éviter des troubles graves.

1910. — 24 AVRIL. — Elections législatives générales. 1° Valence : Ballottage entre MM. Louis Dumont, Roux-Costadau, Bruyère.
2° Valence : Ballottage entre MM. Ch. Chabert, Docteur Gazet, Nadi.
3° Die : Ballottage entre MM. Archimbaud, Maurice Long, Vachez.
4° Montélimar : Ballottage entre MM. Ravisa, Mazade, Puissant.
5° Nyons : Ballottage entre MM. Lucien Bertrand, Lisbonne, Gebellin.

1910. — 8 MAI. — Scrutin de ballottage. 1° Valence : M. Roux-Costadau, élu contre MM. Chalamet, maire de Valence, et Bruyère.
2° Valence : M. Charles Chabert, élu contre M. Nadi.

3° Die : M. Maurice Long, élu contre M. Archimbaud père.
4° Montélimar : M. Ravisa, élu.
5° Nyons : M. Lucien Bertrand, élu contre M. Gebellin.

1910. — 14 MAI. — Lamarque, le chauffeur de la Drôme, arrêté à Nîmes arrive à Valence, solidement enchaîné et encadré de six gendarmes.

1910. — 4 JUIN. — Convention avec le Ministre de la Guerre par laquelle Valence reçoit un groupe de trois batteries d'artillerie lourde (canons de 155), moyennant une subvention de 250.000 francs.

1910. — 4 JUILLET. — Fin de la grève de l'usine Albert, au Bourg.

1910. — 6 JUILLET. — Mort de M. André Lacroix, archiviste départemental honoraire, après 48 ans d'activité au service des archives de la Drôme.

1910. — 8 JUILLET. — Le Rhône subit une crue de 4m40 au-dessus de l'étiage.

1910. — 9 JUILLET. — La Fanfare de Valence fait une visite à la ville de Lausanne où elle donne plusieurs concerts fort applaudis.

1910. — 24 JUILLET. — Le bandit Lamarque est condamné à mort. Il fut gracié et sa peine commuée en travaux forcés à perpétuité le 3 novembre suivant.

1910. — JUILLET. — Pose du grand portail du Parc sur l'avenue Gambetta.

1910. — 31 JUILLET. — M. Jules Roux, des Riviers, est élu conseiller général au scrutin de ballottage. M. Louis Dumont n'avait pas demandé le renouvellement de son mandat.

1910. — 2 AOUT. — Le gros œuvre du Parc Jouvet s'achève par la pose de la balustrade du terre-plein en haut des escaliers.

1910. — 3 AOUT. — Le Conseil municipal décide que l'école supérieure de garçons occupera le local de l'école supérieure de filles laissé vacant par celle-ci. L'essai fait au séminaire n'a pas donné les résultats attendus.

1910. — 12 AOUT. — La section des sapeurs-pompiers de Valence prend part au concours d'Avignon où elle obtient en division supérieure les trois premiers prix de manœuvre, de tenue et de matériel.

1910. — OCTOBRE. — Les travaux d'exhaussement d'un étage à l'aile nord du lycée étant terminés, les élèves prennent possession des nouveaux dortoirs qui y ont été installés.

1910. — 2 OCTOBRE. — L'école supérieure de garçons occupe le local de la rue du Pont-du-Gât laissé libre par le départ de l'école supérieure de filles

1910. — 10 OCTOBRE. — L'école supérieure de filles prend possession de son nouvel immeuble, rue Notre-Dame.

1910. — 11 OCTOBRE. — — Le Conseil municipal vote les fonds nécessaires à la construction d'un réservoir pour alimenter les bornes-fontaines du Cimetière.

1910. — 12 OCTOBRE. — Les cheminots du P. L. M. ont voté la grève générale. Une section d'artillerie occupe la gare et les soldats en tenue de campagne sont prêts à partir. La grève est terminée le 23 du mois.

1910. — 30, 31 OCTOBRE ET 1er NOVEMBRE. — La jeune société artistique et littéraire « Le Vers luisant » organise sa première exposition de peintures, aquarelles et dessins, au Cercle du commerce, boulevard Bancel.

1910. — 3 NOVEMBRE. — M. Maurice Faure, sénateur de la Drôme, est nommé Ministre de l'Instruction publique dans le cabinet Briand.

1910. — 8 NOVEMBRE. — Au début de sa séance, le Conseil municipal vote une adresse de félicitations à M. Maurice Faure, ministre de l'Instruction publique.

1910. — 15 NOVEMBRE. — Mounet-Sully, de la Comédie-Française, joue au théâtre dans « Ruy-Blas ».

1910. — 1er DÉCEMBRE. — Le Rhône s'élève à 4m83 au-dessus de l'étiage.

1910. — 14 DÉCEMBRE. — Le Conseil municipal adopte le projet de réfection du crépissage extérieur des murs du théâtre, pour une somme de 26.000 francs.

1910. — 20 DÉCEMBRE. — Les eaux du Rhône qui se sont maintenues à une grande hauteur pendant le mois, atteignent leur maximum 5m06 au-dessus de l'étiage.

1911

1911. — D'abord installée à l'hôtel de Brissac, côte des Chapeliers, la loge maçonnique prend possession de l'immeuble qu'elle a fait construire, cours Voltaire.

1911. — 5 JANVIER. — La Ville fait remise de l'ancien Petit séminaire à l'autorité militaire pour le transformer en caserne d'artillerie.

1911. — 7 JANVIER. — Arrêté municipal interdisant, à partir du 1er mars suivant, de déverser sur les trottoirs les ordures ménagères et ordonnant de les mettre dans des récipients parfaitement clos « poubelles ».

1911. — 3 MARS. — Le Sous-Secrétaire d'Etat aux Beaux-Arts informe le Maire qu'il attribue à la Ville le groupe en pierre du sculpteur Marcel Jacques : « Amour et Servitude », qui est ensuite érigé au Parc Jouvet dans le courant de l'année.

1911. — MARS. — On commence la démolition de la partie immergée de la pile centrale du pont suspendu. Toutes les pierres de l'enrochement, qui étaient un danger pour la navigation, sont enlevées par un bateau-cloche et transportées sur les bords du fleuve.

1911. — 3 mars. — Le Procureur de la République est assailli à la porte de son domicile par deux individus qui tentent de l'étrangler ; il ne doit son salut qu'à l'arrivée de la police.

1911. — 10 au 11 mars. — Dans la nuit, l'heure est retardée de 9 minutes 11 secondes pour la mettre d'accord avec le fuseau horaire de Greenwich. De ce fait, à Valence, l'heure officielle est en retard de 22 minutes environ sur l'heure solaire.

1911. — 7 avril. — Le Conseil municipal vote l'achat de deux moto-pompes à incendie.

1911. — 9 mai. — Grand banquet populaire au manège d'artillerie, offert à M. Maurice-Faure pour fêter ses 25 ans de représentant de la Drôme au Parlement. Nombreux discours, pièces de vers, etc. La Fanfare de Valence se fait entendre pendant la durée du banquet.

1911. — 10 mai. — La Bibliothèque est fermée pour procéder à son déménagement dans ses nouveaux locaux de l'évêché.

1911. — 10 mai. — Adjudication des travaux de démolition : 1° Pour l'élargissement de la rue Madier-de-Montjau, près de l'Hôtel de Ville ; 2° De la maison Dumas, place de l'Université.

1911. — 15 mai. — Le Gymnase civil rentre du concours de gymnastique de Turin où il a obtenu de beaux succès.

1911 — 28 mai. — Dimanche, à 5 heures 40 du soir, passe le premier avion du raid Paris-Rome, monté par le capitaine de vaisseau Conneau, premier aviateur qui ait survolé Valence. Garros passe après à 6 h. 10. Le lendemain, à 7 heures du matin, l'aviateur Frey atterrit par erreur au polygone et repart pour Avignon une heure après ; c'est le premier avion qui se soit posé sur le sol de Valence.

1911. — 29 mai. — Adjudication des travaux d'installation de 16 lampes à arc sur les boulevards et dans l'avenue de la Gare.

1911. — 16 juin. — Décret autorisant la continuation des travaux du port, arrêtés depuis 1901, par la construction du pont.

1911. — 19 juin. — Un arrêté municipal interdit la circulation de tout véhicule du 20 juin au 20 août, dans la partie de la rue Madier-de-Montjau, longeant les immeubles à démolir entre la rue Chauffour et la rue Emile-Augier.

1911. — 29 juin. — Adjudication des travaux d'aménagement et de construction pour la transformation en caserne d'artillerie du bâtiment de l'ancien Petit séminaire du Charran. Tous ces travaux furent terminés au commencement de 1914.

1911. — 23 juillet. — Grandes fêtes au bénéfice du monument des enfants de la Drôme morts pour la patrie, à élever au Champ-de-Mars.

1911. — 13, 14 et 15 août. — Fêtes de l'aviation, au Polygone, avec le concours des aviateurs : Vidart, Biélovucci, Roger Morin et Carabelli qui, malgré un vent de tempête, firent de belles envolées au-dessus d'une foule en délire. Carabelli, ayant brisé son hélice, ne put continuer à voler.

1911. — 8 septembre. — Adjudication des travaux de construction : 1° De l'école du Calvaire, sur un devis de 39.000 francs ; 2° De celle de la Crozette, sur un devis de 35.000 francs.

1911. — 11 septembre. — Adjudication de la suite des travaux du port, commencés en 1901, sur un devis de 190.000 francs

1911. — 25 septembre — Pour la neuvième fois, la question du tramway électrique de Valence-Saint-Péray vient à l'ordre du jour du Conseil municipal. M. le Maire dit que ce sera sans doute la dernière fois qu'il aura à s'en occuper. Il n'en fut rien, car le tram ne fonctionna que le 25 août 1927.

1911. — 25 SEPTEMBRE. — Un arrêté préfectoral interdit la circulation sur le pont pendant le tirage des mines effectué pour les travaux d'enlèvement des fondations de la pile de l'ancien pont suspendu

1911. — 25 SEPTEMBRE. — Le Conseil municipal envoie une adresse de condoléances à M. Delcassé, ministre de la Marine, au sujet de la catastrophe du cuirassé « Liberté » en rade de Toulon.

1911. — 30 SEPTEMBRE. — Les travaux de captation d'eau sont terminés. A cette date le réseau de distribution atteint le chiffre respectable de 45 kilomètres, les concessions d'eau rapportent 72.000 francs et les dépenses s'élèvent à 27.000 francs. L'établissement des fontaines publiques a coûté 1.100.000 francs de 1854 à 1898, somme à laquelle il faut ajouter les dépenses des derniers travaux, 600.000 francs, en tout 1.700.000 francs. (Rapport Schwob).

1911. — 1er OCTOBRE. — L'école de filles, ci-devant dans la rue de l'Equerre, prend possession de son nouveau local, rue Amblard.

1911. — 2 OCTOBRE. — On commence le puits qui est sur le trottoir du quai du Rhône pour l'installation d'un hydromètre. Les travaux n'ont pas été achevés.

1911. — 20 OCTOBRE. — M. Georges François, préfet de la Drôme, est nommé préfet des Vosges. M. Maulmond, sous-préfet de Cognac, le remplace.

1911. — 28 OCTOBRE. — Adjudication à la préfecture du pavage du faubourg Saint-Jacques, de l'avenue Victor-Hugo jusqu'à la rue de la Gare, du pont sur le Rhône, de l'avenue Gambetta et du chemin du port, pour 160.000 francs. Tous ces travaux ont été finis en 1914.

1911. — 20 NOVEMBRE. — La Bibliothèque est ouverte au public dans ses nouvelles salles de l'évêché.

1911. — 26 NOVEMBRE. — En raison de la cherté croissante des vivres, un arrêté municipal interdit aux leveurs, revendeurs, etc., d'acheter les produits agricoles en dehors des places et marchés avant 10 heures.

1911. — 6 DÉCEMBRE. — On commence les travaux du port par l'installation d'une drague sur l'emplacement de la jetée. On n'emploie plus les caissons en ciment armé, mais du béton immergé, entre des banches de la largeur des murs, jusqu'au niveau des basses eaux ; on continue ensuite par la maçonnerie.

1911. — 15 DÉCEMBRE. — Mgr Chesnelong, évêque de Valence, retire l'aumônier du lycée, M. l'abbé Guilhermet.

1911. — 16 DÉCEMBRE. — Les boulevards, l'avenue de la Gare sont éclairés par des lampes électriques.

1911. — 20 DÉCEMBRE. — L'Hôtel du Comptoir d'escompte, rue Pasteur, commencé en 1910, est ouvert au public quoiqu'inachevé.

1912

1912. — 7 JANVIER. — Elections sénatoriales. Elus : MM. Maurice Faure, Louis Blanc et Charles Chabert.

1912. — 13 JANVIER. — Le « Messager » annonce que Mgr Chesnelong, évêque de Valence, Die et Saint-Paul-trois-Châteaux, est nommé archevêque de Sens.

1912. — 6 FÉVRIER. — Mgr de Gibergue est nommé évêque de Valence.

1912. — 20 FÉVRIER. — Pour le mardi-gras, la « Fauvette valentinoise » fait une cavalcade formée de nombreux chars au bénéfice des œuvres de charité.

1912. — 28 FÉVRIER. — Le Conseil municipal approuve les dépenses de construction de l'école de filles, rue Amblard, s'élevant à 180.782 francs ; Vote des félicitations à l'architecte-voyer qui a su réaliser un boni de 12.000 francs sur la dépense prévue.

1912. — 28 FÉVRIER. — La Ville accepte la cession de l'avenue de l'école normale d'instituteurs à la condition qu'elle n'aura à faire aucune acquisition de terrain.

1912. — 29 FÉVRIER. — Les travaux de pavage du faubourg Saint-Jacques sont commencés.

1912. — MARS. — Les travaux d'aménagement et de raccordement des places des Clercs et de l'Université sont terminés.

1912. — 9 MARS. — Les travaux d'élargissement, de repavage et de raccordement de la rue Emile-Augier et de la rue Madier-de-Montjau sont terminés.

1912. — 12 MARS. — L'explorateur docteur Charcot fait une conférence sur son expédition au Pôle Sud.

1912. — 31 MARS. — La société pour l'exploitation de l'usine à gaz prend le nom de « Société gaz et électricité de Valence », réduit son capital de 1.000.000 de francs à 500.000 francs, et obtient une prolongation de 10 ans.

1912. — 3 AVRIL. — Le Conseil municipal accepte le projet d'un tramway électrique de Valence-Saint-Péray, passant par la place de la République, l'avenue Victor-Hugo, la rue de la Gare, et le déplacement de la voie du tramway de Chabeuil qui devra suivre le boulevard Maurice-Clerc et la rue Papin.

1912. — 17 AVRIL. — Par un ciel absolument pur, l'éclipse totale de soleil a eu son maximum à midi 10. Nombreux ont été les astronomes valentinois qui, armés de verres fumés ou d'appareils analogues, ont pu suivre avec aisance les phases du phénomène.

1912. — 20 AVRIL. — Visite-inauguration

du Musée-Bibliothèque par MM. Maurice Faure, Maulmond, préfet, Radiguet, général, et tous les chefs de service de l'administration, sous la conduite de MM. Chalamet, maire, et Didier, conservateur. Visite des salles de la Bibliothèque et de celles du Musée. Vin d'honneur, Saint-Péray, servi sur la terrasse de l'orangerie. Allocutions, félicitations à MM. Ollier et Ageron, pour l'organisation du Musée. On se sépare à 4 h. 1/2.

1912. — 21 AVRIL. — Le Musée est ouvert au public.

1912. — 5 MAI. — Elections municipales :
1ᵉ Liste du Conseil sortant : 19 élus ;
2° Liste Perdu obtient entre 1.203 et 661 voix ;
3° Liste Chovet-Tézier, entre 1.377 et 1.006. voix.
Ballottage pour 8 sièges.
Le reste de la liste du Conseil sortant est élu au scrutin de ballottage du 12 mai.

1912. — 8 MAI AU 10 JUIN. — Grève générale des ouvriers en bâtiment au nombre de 600.

1912. — 19 MAI. — Election de la municipalité. MM. Chalamet, maire, Huguenel, 1ᵉʳ adjoint, Perdrix, 2ᵉ adjoint.

1912. — 28 MAI. — Le prince de Galles, venant d'Avignon en auto, s'arrête à Valence, descend à l'hôtel de la Poste. fait quelques promenades aux environs et repart le lendemain, à 9 heures, pour Grenoble.

1912. — 31 MAI. — A la rentrée de Pentecôte, les élèves du lycée prennent possession des dortoirs installés au second étage, exhaussé et complètement terminé.

1912. — 6 JUIN. — Le Conseil municipal cède l'emplacement du monument « Aux enfants de la Drôme morts pour la Patrie », situé au midi de la grande allée du Champ-de-Mars. A cette occasion un escalier sera construit rue de la Comète en face du monument.

.1912. — 27 JUIN. — Essais définitifs des deux moto-pompes pour le service d'incendie.

1912. — 3 AOUT. — Le jury du concours pour le monument « Aux enfants de la Drôme » classe Nº 1 le projet de M. L'Hoest, statuaire à Paris : Vaincre ou mourir.

1912. — 29 SEPTEMBRE. — Mort de M. Yung, conseiller municipal, président de la Société du Gymnase civil, ingénieur des Ponts et Chaussées.

1912. — 1ᵉʳ OCTOBRE. — Ouverture de l'école de la Crozette dans ses bâtiments de la Crozette nouvellement construits.

1912. — 6 OCTOBRE. — Mort de M. Alexandre Ollagnier, avocat, dit « Le Savant », ancien adjoint au maire de Valence.

1912. — 12 OCTOBRE. — Le Kursaal-Cinéma ouvre ses portes au public dans l'ancien local du Cercle militaire, avenue Félix-Faure.

1912. — 14 OCTOBRE. — Arrêté municipal interdisant les représentations cinématographiques comportant des agissements criminels ou contraires aux bonnes mœurs.

1912. — 21 OCTOBRE. — L'école du Calvaire reçoit les élèves avant que les travaux soient terminés.

1912. — NOVEMBRE. — On commence le pavage du pont et de l'avenue Gambetta.

1913

1913. — 1ᵉʳ JANVIER. — La première coopérative d'alimentation « L'Ouvrier syndiqué » fonctionne à Valence, place de la Pierre.

1913. — 17 JANVIER. — Au deuxième tour de scrutin, M. Poincaré, président

du Conseil, est nommé Président de la République par 381 voix contre 338 à M. Pams, ministre.

1913. — 19 FÉVRIER. — Le Conseil municipal, réuni hors séance, vote une adresse de félicitations à M. Poincaré, président de la République, à l'occasion de la transmission des pouvoirs qui a eu lieu le 17 février.

1913. — 19 FÉVRIER. — Il vote un crédit pour l'impression de l'inventaire des archives de Valence, dressé par M. André Lacroix.

1913. — 20 FÉVRIER. — On installe le chauffage central à l'Hôpital.

1913. — 7 MARS. — Le Conseil municipal adopte l'avant-projet de la construction de l'annexe de l'Hôtel de Ville sur l'emplacement de l'ancien collége.

1913. — 1ᵉʳ MAI. — Arrêté municipal interdisant tous cortèges ou manifestations sur la voie publique pendant la journée du 4 mai. La Lyre de Saint-Apollinaire et l'Alliance valentinoise avaient décidé de faire une retraite aux flambeaux pour la fête de Jeanne d'Arc.

1913. — 6 JUILLET. — Procès-verbal de la réception du monument « Aux enfants de la Drôme morts pour la Patrie », œuvre du sculpteur L'Hoest, de Paris.

1913. — 13 OCTOBRE. — Mort du peintre Layraud, auteur de la grande toile « Inès de Castro » qui est au Musée de Valence. Il professait la peinture aux écoles académiques de Valenciennes

1913. — 16 NOVEMBRE. — Le monument « Aux enfants de la Drôme morts pour la Patrie » devait être inauguré sous la présidence du Sous-Secrétaire d'Etat. Celui-ci ne pouvant pas se rendre à Valence, l'inauguration fut renvoyée et n'a jamais eu lieu.

1913. — 3 DÉCEMBRE. — M. Pascal, architecte des monuments historiques, ayant proposé de dégager complètement la cathédrale par la démolition de la maison Jean Laurent, place des Clercs, le Conseil municipal vote le dixième de la dépense, 5.000 francs.

1913. — 3 DÉCEMBRE. — Le Conseil municipal vote une somme de 300 francs pour l'amélioration des sentiers d'accès au château de Crussol et l'aménagement d'une salle de repos dans une caverne du château.

1913. — 9 DÉCEMBRE. — Une crue du Rhône monte à 4ᵐ60 au-dessus de l'étiage.

1913. — 31 DÉCEMBRE. — Remarquable article publié par le « Journal de Va-

lence » sur l'intérêt archéologique et touristique qu'il y aurait à faire étudier par la Société d'archéologie de la Drôme, la région qui s'étend du château de Crussol à la grotte de Néron, à Soyons. (J. R.)

1913. — 31 DÉCEMBRE. — Les travaux du port se continuent activement jusqu'au mois d'août suivant. Suspendus pendant la guerre ils ont été repris en 1920 et se sont terminés dans l'ordre suivant : travaux de maçonnerie, 21 février 1921 ; terrassement, 3 mars 1921 : pavage du quai, 2 août 1921. Enfin les ouvriers mettent la dernière main à ces importants travaux par la pose du garde-fou en aval du pont, le 16 septembre 1921.

FIN

TABLE ANALYTIQUE DES MATIÈRES

Bibliothèque (Voir Musée-Bibliothèque).

Bœuf-gras. — 1871-1er avril.

Bonaparte-Napoléon Ier. — 1801-10 juillet, 18 oct., 9 nov. ; 1804-17 nov. ; 1814-24 avr. ; 1815-7 mars ; 1818-30 mars ; 1841-24 févr. ; 1846-28 novembre.

Bonaparte-Napoléon III. — 1846-27 avril ; 1848-4 nov., 7 déc. ; 1851-20, 21 déc. ; 1852-30 août, 23 sept. ; 1856-3 juin : 1859-11 mai : 1860-7 septembre,

Boulangerie. — 1813-6 novembre.

Boulanger (Général). — 1880-10 sept. ; 1882-17 janvier, 17 avril.

Boules. — 1894-8 mars, 28 avril, 17 mai, 28 oct. ; 1897-27 juin ; 1898-3, 4 sept.

Boulevards (Cagnard). — 1806-16 mai ; 1831-3 août ; 1834-16 avril ; 1865-27 janvier, 16 mars ; 1866-6 juin, 29 nov. ; 1867-13 févr. ; 1868-2 avril, 12, 31 mai, nov., déc. ; 1869-11 juin ; 1874-24 avril ; 1875-12 juillet ; 1878 ; 1885-23 déc. ; 1887-mai ; 1888-janv.-fév. ; 1889-3 janv. ; 1892-20 fév.

Bourg-lès-Valence. — 1801-26 sept. ; 1812-5 mai ; 1816-23 juillet ; 1819-3 avril ; 1830-14 mai ; 1859-18 août.

Bourse du travail. — 1896-23 juin, 1er juillet ; 1899-mai ; 1903-1er mai ; 1904-13 mars.

Bureau de bienfaisance. — 1802-12 mai, 11 août, 11 déc. ; 1803-1er janv. ; 1808-1er décembre.

Bureau de recrutement. — 1875-mai.

C

Cadastre. — 1809-1er septembre.

Café. — 1826 ; 1839-26 avril ; 1879-mars ; 1880-13 juillet ; 1896-décembre.

Cagnard. — Voir Boulevards.

Caisse d'épargne. — 1836-1er, 23 avril ; 1837-23 juillet, 26 nov. ; 1882-1er août ; 1891-25 mars, 2 oct. ; 1892-9 février ; 1893-2, 28 janvier.

Caisse de retraite. — 1861-1er juillet.

Canal de navigation. — 1808.

Canal de la Bourne. — 1810-10 nov. ; 1844-3 fév. ; 1860-16 mars ; 1873-26 mai ; 1875-juillet ; 1879-18, 19 octobre.

Cantines scolaires. — 1904-15 janv., 1er fév.

Carnaval. — 1816-2 février.

Cartes postales. — 1873-15 janvier.

Cartoucheries. — 1835.

Cascade des Balives. — 1801-13 mars ; 1802-3 avril.

Casernes. — 1818 ; 1828-1er août ; 1829 ; 1850-30 nov. ; 1860-6 oct. ; 1862-4 juil., 13 sept., 30 oct. ; 1865-janv., 5 nov. ; 1868-15 déc. ; 1874-30 avr. ; 1876-17 mai ; 1877-14 mars, 15 nov. ; 1879-21, 22, 23 juin : 1886.

Cathédrale. — 1843-30 mai ; 1846-3 fév. ; 1847-5 mai ; 1854-8 fév. ; 1858-20 nov. ; 1859 ; 1866-février ; 1869-18 sept. ; 1881-24 fév. ; 1893-15 mai, 1898-1er mars ; 1902-12 mars ; 1913-3 décembre.

— (Clocher) 1822-17 nov. ; 1824-27 avril, 10 sept. ; 1830-avril ; 1836-11 oct. ; 1837-juillet, 30 déc. ; 1838-28 fév., 5 oct. ; 1839-25 fév. ; 1841-15 mai ; 1846-24 oct. ; 1847-10 fév. ; 1849-15 sept. ; 1852-8 mai ; 1853-5 juillet ; 1859-11 mars, 20 avril, 26 nov. ; 1860-7 sept. ; 1863-1er nov. ; 1866-novembre, décembre.

— (Intérieur). — 1801 ; 1824 ; 1835-28 janv. ; 1841-15 fév., 8 juil. ; 1846-29 oct. ; 1853-21 août ; 1858-août ; 1879-oct. ; 1892-mai ; 1899-19 décembre.

Cent jours. — 1815-7 mars et suivants.

Cérémonies publiques. — 1814-25 mai ; 1818-15 août, 8 nov., 23 déc. ; 1821-15 août ; 1825-22 juin ; 1830-11 juillet ; 1835-7 août ; 1836-3 juillet ; 1858-17 janv. ; 1859-12 juin, 3 juillet.

Cercles. — 1849-14 juin ; 1850-25 mai.

— Démocratique. — 1901-31 août.

— Des Jeunesses laïques. · 1907-2 octobre.

— Du Commerce et de l'Industrie, — 1903-2 mai ; 1907-23 novembre.

— Militaire. — 1893-15 janvier.

— Républicain. — 1902-1er décembre.

Chalets de nécessité. — 1833-25 mars ; 1891-30 septembre.

Chambre de Commerce. — 1879-1er décembre.

Champ-de-Mars. — 1801-18 fév. ; 1806-16 mai ; 1824-6 mai, 9 octobre ; 1827-8 mai ; 1831-3 août ; 1833-25 mars ; 1835-14 juin, 14 nov. ; 1836-22 juillet ; 1841-27 sept. ; 1842-3 déc. ; 1843-2 juin ; 1849-26 févr. ; 1853-31 mai, 15 juin ; 1856-20 août ; 1860-21 déc. ; 1862-12 février, 30 mai.

Championnet. — 1838-24 août, 31 décembre ; 1839-3 avril, 29 sept. ; 1840-28 février, 25 mars, 1er août ; 1842-22 mars, 22 avril, 21 sept. ; 1843-4 mars ; 1844-22 mai,

24 déc. ; 1845-13 févr., 26 mai, 14 août,
27 déc. ; 1847-20 sept. ; 1848-24 sept. ; 1885-
25 mai ; 1893-12 juin ; 1894-1er, 10 août.

Chancel Napoléon.—(Voir Révolution de 1848).

Chapelle Saint-Félix. — 1803-17 juin.

Chauffeurs de la Drôme. — 1908-3 nov. ; 1909-
9 juillet, 22 sept. ; 1910-14 mai, 24 juillet.

Chemin de fer. — 1832-27 déc. ; 1844 ; 1845-
30 janv., 13 févr. ; 1846-10 juin, 15 oct. ;
1848-9 janv. ; 1851-déc. ; 1852-26 juin,
20 déc. ; 1853-1er août, 20 oct. ; 1854-1er mai,
13, 29 juin ; 1855-15 févr., 17 mars, 14,
21 avril ; 1856-1er juillet, 29 nov. ; 1857-
24 déc., 1859-20 janv. ; 1862-janv., 24 févr.,
11 déc. ; 1863-20, 24 oct. ; 1864-9 mai ; 1866-
10 mars ; 1868-20 juillet ; 1871-25 sept. ;
1885-1er sept. ; 1904-3 mai.

Choléra. — 1835-25 août ; 1884-31 juillet,
10 août.

Chorale. — 1897-6 juin ; 1907-27 avril.

Cimetière (Sainte-Catherine). — 1806-3 mai,
13 juillet ; 1819-22 oct. ; 1825-11 mai ; 1829-
19 sept. ; 1830-12 juin ; 1835 ; 1836-1er avril,
22 juillet, 25 nov. ; 1861-30 nov. ; 1863-
20 janvier, 15 déc., ; 1865-7 février
— (Nouveau Saint-Lazare). — 1836-25 nov. ;
1844-9 mai, 14 nov. ; 1846-26 juin ; 1848-
28 oct. ; 1849, 1863-10 janv., 1er févr.,
2 nov. ; 1865-7 févr., 15 mars, 1er nov. ;
1868-8 nov. ; 1875-27 mars, 12 août ; 1884-
16 oct. ; 1890-5 déc. ; 1891-29 oct. ; 1892-
22 févr., 6 déc. ; 1905-3 juil ; 1910-11 oct.

Cinématographe. — 1896-15 août ; 1909-
1er avril ; 1912-12, 14 octobre.

Citadelle. — 1806-15 juin, 24 juillet ; 1811-
16 juin.

Clos Sylvestre. 1872-11 nov. ; 1874-21 mars ;
1892-27 septembre.

Club Alpin. - 1888-février.

Collège de filles. — Voir Cours secondaires
de jeunes filles.
— de garçons — 1803-9 sept., 6 juin ; 1806 ;
1810-12 août ; 1811-29 octobre ; 1812-
2, 4 févr., 7 nov. ; 1814-10 nov ; 1824-
23 avril ; 1825-7 août ; 1826-13 avril ; 1830-
9 sept. ; 1832-9 mai ; 1843-7 févr. ; 1848-
14 juillet ; 1900-13 déc. ; 1901-1er juin,
20 juillet ; 1902-2 juillet, 15 octobre ; 1905-
27 avril, 1er mai, 13 août ; 1906-11 août ;
1910-14 janvier.

Colonies de vacances. — 1902-13 août ; 1910-
12 mars.

Comptoir d'Escompte. — 1848-22, 28 mars ;
1911-20 décembre.

Concert. — 1817, 4 décembre.

Concours agricoles. — 1853-27, 28 sept. ;
1863-6, 18 juin ; 1870-15 février, 23 avril,
1er mai ; 1877-26 mai ; 1885-16, 17, 25 mai ;
1897-8 mai ; 1909-1, 2, 3 mai.
— Gymnastique. - 1886- 27, 28, 29 juin.

Condition des Soies, — 1841-18 sept. ; 1842-
24 déc. ; 1862-27 mars, 8 déc. ; 1863-15 mai ;
1864-14 mars ; 1870-29 juin ; 1873-26 mars ;
1886-1er octobre.

Conférences publiques. — 1884-12 févr. ; 1897-
24 déc. ; 1899-30 oct. ; 1902-4 avril, 19 oct. ;
1903-28 novembre ; 1910-19 mars ; 1912-
22 mars.

Congrès socialiste. — 1850-29, 30 juin.

Conseil général. — 1853-août ; 1891-19 déc. ;
1904-31 juillet ; 1910-31 juillet.
— Municipal. - 1814-10 sept. ; 1832-7 déc. ;
1846-28 novemb. ; 1847-20 février ; 1848-
18, 19, 20, 25 avril, 1er mai, 8 août ; 1849-
9 janv. ; 1854-3 oct. ; 1865-15 sept. ; 1870-
15 févr., 22 juin ; 1874-27 févr., 5 mars,
7 mai ; 1875-17 mai ; 1877-6 juin ; 1893-
26 déc. ; 1894-3 février ; 1896-30 mars ;
1902-14 janv., 8 avril ; 1904-15 septembre.

Consistoire protestant. - 1802-6 juin ; 1847-
20 février.

Conspiration. — 1806.

Consultation des nourrissons. — 1907-6 juin,
19 août.

Coopérative. — 1913-1er janvier.

Coup d'Etat. — 1851-3 déc. ; 1852-9 janvier,
28 février. 29 mars, 8 avril.

Courses de chevaux. — 1887-29 mai ; 1900-
17 avril, 15 juillet.

Cours d'assises. — 1830-21 juillet ; 1849-
20 avril, 25 juin, 12 août.
— Prévôtale. — 1816-15 mai.

Cours d'adultes. — 1838-10, 17 déc. ; 1846-
28 novembre ; 1850.
— Secondaire de Jeunes filles.—1884-29 mars ;
1885-23 mars ; 1886-4 oct. ; 1887-1er oct. ;
1896-18 nov. ; 1898-10 mai ; 1899-10 mars ;
1900-21 oct. ; 1905-16 nov. ; 1906-23 juin ;
1908-22 mars.

Cours du Rhône. — 1847-19 janvier.

Couvents des Capucins. - 1802-7 mars.
— Cordeliers. — 1801-25 mai, 1807-28 fév. ;
1810-30 août, 10 déc. ; 1813-2 juin ; 1822-
27 févr. ; 1823-10 juin.

Couvents des Dames de Soyons. — 1803-14 août.
— Nativité. — 1814-12 oct. ; 1819 ; 1820-31 oct. ; 1826-28 mai ; 1835 ; 1906- 5 nov.
— Refuge. — 1821-21 décembre. ; 1822-3 mai, 30 nov. ; 1825-29 nov. ; 1850.
— Sainte-Claire. — 1802-7 mars ; 1814-14 sept. ; 1816-25 juillet ; 1821-12 avril ; 1845-5 avril.
— Sainte Marie. — 1805-15 avril ; 1808 ; 1834-3 février.
— Vernaison. - 1804-13 avril.
— Visitation. — 1816-24 juillet ; 1827-21 fév. ; 1905-24 juillet ; 1818-10 juin.
Crocheteurs. — 1839-30 janv. ; 1844-16 janv. ; 1848-24 avril.
Crues du Rhône. — 1801-9 nov. ; 7 déc. ; 1802-2 avril, 1811-18 févr. ; 1840-3 nov. ; 1841-19 févr. ; 1843-2, 3 nov. ; 1856-30, 31 mai ; 1883-3 janvier ; 1886-11 nov. ; 1896-31 oct,. 1902-1ᵉʳ avr. ; 1903-5 janv., 5 mars ; 1904-19 févr. ; 1910-23 janv., 8 mars, 8 juillet ; 1ᵉʳ déc., 20 déc. ; 1913-9 déc.
Crussol. — 1855-3 sept., 16 sept. ; 1864 ; 1913-3, 31 décembre.
Cyclone. — 1893-23 juin ; 1894-10 juillet.

D

Décès de notabilités. — 1833-1ᵉʳ sept. ; 1841-20 avril ; 1877-5 sept. ; 1892-12 juil. ; 1893-23 mars ; 1912-29 sept., 6 oct. ; 1913-13 oct.
Découvertes archéologiques. — 1835-18 juin ; 1863-28 déc. ; 1869-9 juillet, août, déc. ; 1870 ; 1872-20 oct. ; 1899-1ᵉʳ mai ; 1903-15 décembre.
Delacroix (Monument). — 1844-8 fév. ; 1846-19 avril.
Délimitation de Valence. — 1801-8 mai ; 1807-17, 22 septembre.
Divorce. — 1885-9 janvier.
Dreyfus. — 1899-14 juillet, 10 septembre.

E

Eaux (Service des). — Voir Fontaines publiques.
Eboulement. — 1872-1ᵉʳ février.
Eclairage. — 1812-4 juin.
— au Gaz. — 1838-19 janv. ; 1839-17 avril,

11 mai ; 1840-20 juin ; 1851-21 oct. ; 1869-3 janv. ; 1898-15, 20 juin.
— Electrique. 1877-2 juin ; 1896-déc., 22 déc. ; 1904-8 déc. ; 1905-26 juin ; 1906-25 juillet ; 1910-20 janvier ; 1911-29 mai, 16 décembre.
Eclipses. — 1905-30 août ; 1912-17 avril.
Ecoles. — 1808-24 août ; 1836-14 oct. ; 1879-5 février, 23 septembre.
— d'Artillerie. — 1802 ; 1814-12 juillet ; 1816-1828-13 déc. ; 1831-2 févr., 7 nov. ; 1833 ; 19 juillet ; 1850-9 mars ; 1852-15 janv. ; 1860-6 oct., 17 nov., 4 déc. ; 1872-7 mars ; 1873-19 févr., 4 déc. ; 1875-5 avril. 12 juin ; 1877-13 septembre.
— de Mars. 1882-7 juillet.
— d'Arts et Métiers. — 1838-2 mars.
— des Arts décoratifs. — 1846 ; 1899-8 août, 9 oct. ; 1900-14 déc. ; 1906-15 sept.
— de Droit. — 1804-21 sept. ; 1816-25 juillet.
— des Frères. — 1803-1ᵉʳ juin ; 1830-17 sept. ; 1836 ; 1838-31 août ; 1840-25 juillet ; 1860-1ᵉʳ oct. ; 1861-9 août ; 1863-1ᵉʳ janv. ; 1874-21 mars ; 1875-1ᵉʳ oct. ; 1879-juin ; 1887-3 décembre.
— de Médecine. — 1825-2 mai.
— de Tissage. — 1863-2 avril.
— Laïques de Garçons. — 1879-2 juin ; 1881-30 sept. ; 1887-17 août, 1ᵉʳ oct. ; 1890-10 avril, 7 mai ; 1893-25 juin ; 1895-15 mars ; 1897-29 mars ; 1899-13 janv., 10 mars, 18 sept. ; 1901-23, 29 mai, 8 oct. ; 1902-1ᵉʳ oct. ; 1903-12 août, 28 sept.
— laïques de Filles. — 1877-8 août ; 1879-26 juin, 1ᵉʳ oct. ; 1880-28 févr., 27 sept. ; 1881-16 août ; 1882-13, 23 mai ; 1883-31 août ; 1885-2 oct., 23 déc. ; 1886-1ᵉʳ févr. ; 1888-28 mars ; 1904-4 févr. ; 1905-1ᵉʳ avril ; 1906-11 janv. ; 1909-23 nov. ; 1911-1ᵉʳ oct.
— Libre de Garçons. — 1879-juin.
— libre de Filles. — 1880-13 févr. ; 1904-9 juil.
— Maternelles. — 1881-16 août ; 1884-29 mars ; 1886-23 juin ; 1887-22 juin, 1ᵉʳ sept., 26 déc. ; 1895-15 mars ; 1899-10 mars ; 1901-1ᵉʳ oct. ; 1903-2 oct., 5 févr. ; 1906-15 septembre.
— Mixtes. — 1869-14 nov. ; 1906-15 sept. ; 1908-10 avril ; 1911-8 septembre.
— Normales d'Instituteurs. — 1829-24 mars ; 1845-20 août ; 1862-18 oct. ; 1863-28 janv., 11 août ; 1872-27 sept. ; 1875-12 août ; 1877-sept., 20 oct. ; 1885-11 mai.
— Normales d'Institutrices. — 1843-27 août ; 1845-15 oct. ; 1880-14 avril ; 1881-févr. ; 1882-6 mai ; 1883-31 déc. ; 1884-2 janv. ; 1886-20 déc. ; 1899-30 juin.

— Saint-Apollinaire. — 1803-9 déc. ; 1820-24 avril ; 1821-24 février.

— Supérieures de garçons. — 1882-17 août, 1er oct. ; 1885-11 sept. ; 1889-3 janv. ; 1907-1er oct. ; 1910-3 août, 2 octobre.

— Supérieures de Filles. - 1843-7 févr. ; 1882-23 mai, 1er oct. ; 1883-1er oct. ; 1899-18 sept. ; 1906-4 oct. ; 1909-23 nov. ; 1910-10 oct.

— Supérieures des Frères. — 1887-30 août, 22 sept. ; 1891-12 juin.

Ecuries militaires. — 1802-17 mars ; 1819-2 mai ; 1841-31 déc. ; 1872-31 mai ; 1877-13 octobre.

Eglises des Minimes. — 1818-11 juillet.
— Pénitents. — 1858-20 novembre.
— Notre-Dame. — 1858-2 avril, 8 nov., 4 déc. ; 1859-30 oct. ; 1869-16 avril ; 1875-4 sept. ; 1887-11 août ; 1897-14 mars, 14 nov.
— Saint-Jean. — 1801-11, 24 mars ; 1822-5 nov. ; 1824-26 avril, 12 mai ; 1825-2 sept. ; 1838-6 oct. ; 1839-28 déc. ; 1840-18 oct. ; 1844-18 juin ; 1845-25 mars, 13 août, 11 sept. ; 1849-20 avril, 11 nov. ; 1856-4 août ; 1860-26 mars ; 1861-9 sept. ; 1862-20 janvier ; 1863-23 déc. ; 1864-4 mai, 28 juillet, 15 oct. ; 1865-20 juin ; 1867-24 avril ; 1869-3 mars ; 1876-26 déc. ; 1877-nov. ; 1893 ; 1905-4 juillet, 25 sept.
— Saint-Ruff. — 1801-5 juin ; 1804-24 mars, 12, 20 août ; 1805-3 juillet, 6 nov. ; 1806-17 juillet.

Egouts. — 1837-31 juillet ; 1856-23 juillet, 1883-6 janv., 11, 29 juillet ; 1884-22 août ; 1890-24 avril ; 1893-2 oct. ; 1904-1er août.

Elections à l'Assemblée nationale. — 1848-27 avril ; 1871-8 févr., 2 juillet ; 1874-8 nov.
— Législatives. — 1847-7, 8, 9 mars ; 1848-15, 16 22 mars ; 1849-13 mai, 8 juillet ; 1869-18 avril, 23 mai ; 1876-20 févr. ; 1877-14 oct. ; 1881-21 août ; 1885-4 oct. ; 1889-22 sept. ; 1893-20 août ; 1898-8 mai ; 1902-27 avril ; 1903-8, 22 févr. ; 1906-6, 20 mai ; 1910-24 avril, 8 mai.
— Municipales. — 1831-septembre ; 1848-1er, 8 août ; 1870-24 mai, 14, 21 août, 21, 24 sept. ; 1874-22 nov., 2 déc. ; 1888-6, 19 mai ; 1891-1er nov., 1892-1, 8, 15 mai ; 1894-18, 23 nov. ; 1896-11 avril, 3, 10, 15 mai ; 1900-21 avril, 6, 13, 20 mai ; 1901-30 juin ; 1904-1er mai ; 1908-3, 17 mai ; 1912-5, 19 mai.
— Sénatoriales. — 1876-23, 30 janv. ; 1879-7 janv. ; 1885-25 janv. ; 1892-21 août ;

1899-9 avril ; 1902-16 févr., 14 sept. ; 1903-4 janv. ; 1908-26 avril ; 1912-7 janvier.

Emeutes. — 1834-9, 13 avril ; 1840-20 oct. ; 1848-3 avril et suiv. ; 1870-4 novembre.

Empire (Rétablissement). — 1852-8 janvier, 15 août, 4 oct. et suiv.

Enseignement. — 1810 ; 1821-24 févr. ; 1832-8 févr. ; 1836-14 oct. ; 1839 ; 1878 ; 1879-23 sept. ; 1881-1er janv., 1er févr. ; 1883-23 juin ; 1887-8 sept. ; 1893-28 mars.
— (Fête). - 1904-19 juin ; 1905-18 juin.
— (Laïcisation). — 1879-10 mai, 1er sept. ; 1883-23 avril ; 1887-10 août, 8 sept. ; 1888-12 avril ; 1893-28 mars.
— (Mutuel). — 1818-2 janv., 1er mai, 1er juin ; 1822-févr. ; 1832-9 mai ; 1833-25 mars, 12 août ; 1834-15 avril ; 1835-20 juillet ; 1837-19 févr., 14 mai.

Esplanade Saint-Félix. — 1869-8 février.

Etat-civil. — 1848-21 mars.
— de siège. — 1849-19 juin ; 1850-15 avril.

Evêché. — 1812-20 sept. ; 1813-17 juillet ; 1821 ; 1830 ; 1833-2 sept. ; 1853-août ; 1857-août ; 1860-28 janv. ; 1879 ; 1909-5 juillet, 5 octobre.

Evénements politiques. — 1834-9 févr. ; 1907-26 décembre.

Evêques. — 1802-15 avril, 5 juillet, 12 sept., 31 déc. ; 1819-17 déc. ; 1825-27 févr. ; 1840-26 mai, 3 avril, 5 oct. ; 1857-16 mai, 6 nov. ; 1864-déc. ; 1865-15 mai ; 1874-31 déc. ; 1875-16 janv., 11 mai ; 1880-3 déc. ; 1900-31 janv. ; 1905-24 sept. ; 1906-19 févr. ; 1912-13 janv., 6 févr.

Exécutions capitales. — 1808-22 fév. 23 août ; 1812-16 avril, 23 juillet, 26 oct. ; 1813-7 mai, 1er juin ; 1814-8 avril, 27 octobre ; 1815-5 septembre ; 1819-15 juillet ; 1820-14, 21 févr., 12 sept. ; 1822-9 déc. ; 1836-17 sept. ; 1844-12 avril, 24 mai ; 1847-10 août ; 1850-6 mai ; 1852-15 juin ; 1853-19 décembre ; 1857 ; 1858-27 mars ; 1862-24 sept. ; 1863-16 déc. ; 1870-2 juin ; 1876-15 juin ; 1892-5 juillet ; 1909-22 sept.

Exposition de condamnés. — 1812-1er août ; 1836-12 févr. ; 1841-7 mars.
— Publiques. — 1839-15 août ; 1895-11 août ; 1900-14 avril, 15 septembre ; 1903-31 mai, 30 août.

F

Fabrique de chapeaux. — 1819-25 févr. ; 1828-18 janv. ; 1853-19 décembre.

Fanfare. — 1870-2 juillet ; 1873-1er juin ; 1882-13, 14, 15 août ; 1897-6 juin ; 1903-20 juillet ; 1904-23 févr. ; 1907-20 juillet ; 1909-11 juillet ; 1910-9 juillet.

Faubourg Saunière. — 1852-11 déc. ; 1854-novembre ; 1883-6 janvier.

Fauvette valentinoise. — 1908-25 sept. ; 1912-20 février.

Ferme-Ecole. — 1847-24 avril.

Fêtes Nationales. — 1848-19 nov. ; 1849-4 mai ; 1850-15, 24 févr. ; 1880-14 juillet ; 1889-5 mai ; 1890-14 juillet ; 1892-10 juillet ; 1894-14 julllet.
— Publiques. — 1801-14 juil. ; 1802-23 sept. ; 1804-10 juin ; 1806-22 juin ; 1811-9 juin ; 1819-25 août ; 1820-8 oct. ; 1821-1er mai ; 1826-4 nov. ; 1831-29, 30, 31 juillet ; 1833-22, 28 juillet ; 1837-23 juin ; 1838-30 août ; 1848-4, 12 mars, 24 sept. ; 1849-24 févr., 4 mai ; 1853-8 févr., 15 août ; 1854-26 fév. ; 1855-18 sept. ; 1860-19 févr., 16 juin ; 1863-15 août ; 1880-7, 8, 9 août ; 1887-4 sept. ; 1893-25, 26 juin, 3, 4 août ; 1894-10 août ; 1897-31 juillet, 1er août ; 1902-8 juin ; 1904-12 juin, 13 août ; 1905-11 juin ; 1907-15 sept. ; 1908-8 mars, 15 août ; 1909-11 juillet ; 1911-23 juillet, 13 août.

Filles et femmes publiques. — 1838-26 sept. ; 1839-8 juillet ; 1840-12 juillet ; 1846-5 déc·

Foires. — 1810-1er mai ; 1818-22 avril, 14 oct. 1919-3 avril ; 1839-19 mai ; 1902-17 mars

Fonderies. — 1836-19 mars.
— de suif. — 1833-12 octobre.

Fontaines publiques. — 1806 ; 1819-15 déc. ; 1825-7 déc ; 1829-23 mars ; 1830-10 avril ; 1836-17 sept. ; 1840-14 sept. ; 1841-29 oct. ; 1842-6, 18 nov. ; 1853-21 nov. ; 1854-1er févr., 29 avril, 30 mai, 21 juin, 31 août ; 1855-22 juillet, 31 déc. ; 1856-19 avril ; 1861-27 mars ; 1863-23 déc. ; 1874-20 juin ; 1884-15 mars ; 1887-25 janvier ; 1895-22 mars ; 1897-9 juillet, 11 sept. ; 1898-8 janv., 20 juillet ; 1899-10 janv., 26 mai, 26 sept. ; 1901-24 nov. ; 1902-30 juillet ; 1911-30 septembre.
— Monumentales. — 1869-19 févr. ; 1885-11 sept. ; 1887-5 févr., 6 déc.

Fortifications. — Voir Remparts.

Francs-Tireurs. — 1870-10 sept. ; 6 déc.

Frère Evariste. - 1819-4 décembre.
— Rédemptoristes. — 1873 ; 1880-24 août, 31 oct., 5 nov. ; 1902-8 févr. ; 1903-15 mai.

Funérailles. — 1806-20 janv. ; 1844-10 févr. ; 1849-24 juillet ; 1873-26 mars.

G

Gaieté Valentinoise. — 1888-19 août ; 1900-5 avril.

Gallet Louis. — 1835-14 févr. ; 1898-15 oct. ; 1899-20, 24 mars ; 1901-1er au 15 juillet, 29 sept. ; 1905-3 avril.

Gambetta. — 1870-27 déc. ; 1878-17 sept. ; 1883-2, 4 janvier.

Gendarmerie. — 1862-7 juillet.

Gardes malades. — 1858-1er févr., 8 nov.
— Nationales. — 1809-25 mai ; 1816-2 oct. ; 1831 ; 1848-23 février, 2 avril, 26 juin, 27 juillet ; 1850-14 sept., 25 nov. ; 1870-9 août, 1er oct. ; 1871-24 novembre.

Gardiens de la paix. — 1870-19 septembre.

Gare. — 1862-5 mai ; 1864-avril ; 1865, 1866-1er avril ; 1908-25 novembre.

Garibaldi. — 1870-21 novembre.

Garnison. — 1810-31 août ; 1834-5 nov. ; 1869-12 mars ; 1875-19 juin ; 1876-14 août ; 1877-14 août ; 1878-12 févr. ; 1880-25 juil. ; 1899-22 sept. ; 1907-30 août ; 1909-6 janv. ; 1910-6, 7 janv., 4 juin.

Goudronnage. — 1904-13 mars, 20 juillet ; 1906-7 août ; 1907-9, 10 août ; 1908-juin.

Goutte de lait. — 1908-23 juillet.

Grèves. — 1883-29 juillet ; 1891-13 oct. ; 1910-4 avril, 4 juillet, 12 oct. ; 1912-8 mai.

Guerres du 1er Empire. — 1803-19 juin ; 1813-22 janvier ; 1814-17 janvier, 4 février, 21, 28 mars, 8 avril.
— Crimée. 1854-février et suiv., 8, 12 oct. ; 1855-10, 16 sept., 6 nov. ; 1856-30 mars ;
— Tunisie. — 1881-26 juillet.
— Indo-Chine. — 1885-12 décembre.
— Madagascar. — 1895-25 mars, 15, 18 avril, 1er mai.
— 70-71. — 1870-17 juillet et suiv. ; 1897-21 mars.

Gymnase civil. — 1872-1er juin, 24 août ; 1911-15 mai.

H

Halles. — 1822-27 août ; 1824-31 mars, 4 oct. ; 1825-4 août ; 1826-12 avril ; 1828 ; 1836-1er avril ; 1839-12 juin ; 1861-30 nov. ;

1874-7 sept.; 1875-14 mars; 1876-14 juin;
1893-4 juillet; 1894-30 août; 1895-1ᵉʳ avril;
1898-8 janv., 4, 18 mai, 14 juin; 1899-
30 juin, 2 juillet; 1903-12 août.

Habitations à bon marché. — 1908-27 nov.;
1909.

Heure officielle. — 1911-10, 11 mars.

Hôpital. — 1802-7, 17 mars; 1803-23 juillet,
12 oct.; 1804-25 févr., 16 juillet; 1818-
11 juillet; 1848; 1858-8 févr.; 1863-12 sept.;
1876-1ᵉʳ mars; 1891-24 déc.; 1898-1ᵉʳ mars;
1899-27 févr.; 1900-déc.; 1902-24 oct.;
1904-21 oct.; 1905-26 mai, 27 nov.; 1906-
23, 24 déc.; 1913-20 février.
— militaire. — 1817-7 mai; 1818-20 juin;
1877-1ᵉʳ févr.; 1880-24 juin; 1882.

Hôtel de la Croix-d'Or. — 1886-27 juin;
1907-29 juillet; 1908-17 juin.
— de Mars. — 1807-28 févr., 27 août; 1857-
26 mars.
— de Ville. — 1804-3 oct., 6 déc.; 1805-
15 avril; 1806-15 août; 1808; 1813-16 avril,
1ᵉʳ mai; 1818-7. 8 juillet; 1820-24 avril,
23 oct.; 1830-7 nov.; 1834-3 févr.; 1836;
1861-18 janv.; 1880; 1889-31 mai; 1890-
30 avril; 1891-18 mars, 4, 6 avril, 8 juin,
25 août, 26 oct.; 1892-2, 4, 25 juin; 1893-
23 mars; 1894-3 févr., 31 mai, 2, 4 juin,
22 août, 16, 19 déc.; 1895-4 mars, 14 juillet,
21 nov.; 1897-3, 4 mars; 1907-2 juillet;
1913-7 mars.
— Dieu. — 1813-27 oct.; 1816-18 juillet
1820-3 mars.
— du Gouvernement. — 1828-21 juin; 1829-
2 août; 1830-27 févr.; 1831-2 févr.; 1871.

Horloges publiques. — 1889-mai; 1890-
18 janvier.

Hugo Victor. — 1885-1ᵉʳ juin.

Hydromètre. — 1911-2 octobre.

I

Ilôt de Saint-Jean. — 1877-26 déc.; 1878-
26 janvier, 22 février.

Imprimeurs. - 1853-26 janvier.

Incendies. — 1839-25 août, 7 nov.; 1852-
6 déc.; 1855-18 nov.; 1881-31 juillet; 1907-
29 juillet.
— (Service), — 1909-5 juillet; 1910-22 févr.;
1911-7 avril; 1912-27 juin.

Incidents. — 1801-14 juillet; 1898-22 mai,
29 juillet; 1906-2 septembre.

Indigents. — 1813; 1861-7 janvier.

Influenza. — 1890-janvier.

Invasions. — 1805-8, 9, 14 août, 13, 19, 29 oct.,
8 novembre.

J

Jardin des Plantes. — 1842-1ᵉʳ mars.

Journaux. — 1806-24 oct.; 1807-3 juin; 1832-
1ᵉʳ mai; 1837; 1850-2 janv.; 1856-1ᵉʳ janv.;
1858; 1869-15 janv.; 1871-28 mars; 1872-
16 janv.; 1873-26 janv.; 1874-30 août;
1877-17 juin, 12 juillet, 2 oct.; 1880-2 déc.,
1881-15 janv.; 1892-31 juillet; 1897-juin;
1899-21 octobre.
— Protestants. — 1837; 1844-1ᵉʳ mars.

K

Kiosque à musique. — 1862-1ᵉʳ mars; 1881;
1890-14 mars, 11 juin, 19 octobre.

Kneipp (Abbé). — 1893-5 févr.; 1894-17 déc.;
1895-5 février.

L

Lâcher de Pigeons. — 1851-11 juillet.

Lavoir Public. — 1904-4 février.

Légion Départementale. — 1816-28 avril.

Libération du Territoire. — 1815-29 octobre;
1872-1ᵉʳ avril.

Ligue des Droits de l'Homme. — 1899-
24 juin; 1906-11 février.
— Moralité publique. - 1905-8 janvier.
— Pour la Paix. — 1903-7 avril; 1904-
11 avril; 1907-15 mai.

Loge maçonnique. — 1846-20 avril; 1849-
14 juin; 1870-16 août; 1877-27 déc.; 1889-
12 janvier; 1909; 1911.

Loi de Séparation. — 1906-26, 29 janv., 5 fév.,
4 mars, 12, 13, 17 déc.; 1907-19, 21 janv.,
23 mars, 9 juin.

Loubet Emile. — 1899-19 février, 6 avril, 6 juin ; 1902-12 oct. ; 1905-13 août.

Lycée. — 1855-26 juillet ; 1856-2 juillet ; 1882-14 nov. ; 1883-6 janv., 19 févr., 1885-sept., 29 déc. ; 1887-15 mars, 1889-12 nov. ; 1890-10 janv. ; 1891-21 avril ; 1906-5 avril ; 1908-8 avril, 27 sept. ; 1909-sept. ; 1910-oct. ; 1911-15 déc. ; 1912-31 mai.

M

Madier de Montjau. — 1892-27 mai ; 1893-12 avril.

Maires. — 1874-17, 20 mai ; 1876-25 juin, 27 août ; 1879-10, 16 janv.. 3, 10 mars ; 1892-5 févr. ; 1894-19 octobre.

Mairie, — (Voir Hôtel de Ville).

Maison Saint-Antoine. — 1804-3 oct. ; 1824-19 janvier.

Manège d'Artillerie. — 1882-1er juillet ; 1883.

Manifestations publiques. — 1817, 8 juillet ; 1840-20 oct, ; 1850-16 mai ; 1893-16, 17 oct ; 1894-28 août ; 1899-14 juillet ; 1901-13 avril ; 1913-1er mai.

Marchés. — 1804-14 août ; 1818-9 janvier, 15 févr. ; 1888-19 mars ; 1889-4 févr. ; 1890-27 août ; 1892-29 déc. ; 1895-27 mars. 1er, 4 mai ; 1896-7 déc. ; 1897-29 mars, 3, 5, 19 mai ; 1898-10 janv. ; 1905-3 avril ; 1911-26 novembre.
— aux Bestiaux. - 1847-4 févr. ; 1863-7 mai.
— aux Grains. — 1836-1er avril.

Marie de Valence. — 1896-26 mai.

Médaille de Sainte-Hélène. — 1857-15 nov.

Mission. - 1818-8, 18 nov., 23 déc, ; 1830-9 octobre.

Mobiles. — 1870-18 août, 8 sept., 20 déc, , 1871-1er janvier.

Montalivet. — 1836-27 févr. ; .1867-26 mai ; 1868-25, 28 juillet ; 1878-12 nov. ; 1879-15 févr. ; 1885-11 sept.
— (Statue). — 1892-22 oct. ; 1894-30 mai, 10 août ; 1895-25 sept., 12 octobre.

Monuments aux Morts. — 1870-19 sept. ; 1911-23 juillet ; 1912-6 juin ; 1913-6 juillet, 16 novembre.

Moulins. — 1824-12 août ; 1835-23 mars ; 1840-5 févr. ; 1854-6 févr. ; 1892-5 avril.

Mounet-Sully. — 1910-15 novembre.

Musée-Bibliothèque. -- 1801-1er janv. ; 1812-5 juillet ; 1827 ; 1830 ; 1832-1er juin ; 1833-9 juin ; 1834-29 juin ; 1835-3 févr. ; 1836-4 nov. ; 1847-19 mars ; 1849-21, 25 mars ; 1850-31 août ; 1860-28 janv. ; 1872-3 sept. ; 1877-23 mai ; 1879-26 avril ; 1889-15 janv., 19, 23 oct. ; 1903-16 nov. ; 1904-28 mai ; 1905-24 mars ; 1909-5 oct. ; 1911-10 mai, 20 nov. ; 1912-20, 21 avril.
— (Dons et achats). — 1834-22 juin, 7 août ; 1835-1er avril, 1er août ; 1836-22 avril, 11, 31 déc. : 1840-1er août ; 1850-5 nov. : 1851-2 août ; 1857-12 sept. ; 1867-8 janv. ; 1878-19 juillet ; 1879-25 janv. ; 1888-22 déc. ; 1889-12 nov. ; 1897-21 mars ; 1904-20 juin ; 1908-19 août ; 1909-16 avril.

Musique d'Artillerie. — 1889-12, 25 juillet.

Mutuelle de Valence. — 1825-24 mars ; 1826-4, 30 mai.

N

Naissance du Prince impérial. — 1856-16 mars et suivants.

Napoléon. — (Voir Bonaparte).

Navigation. — 1829-11 juil. ; 1842-22, 27 dcc ; 1895-6 déc. ; 1904-juin.

Neige. — 1810-10 oct. ; 1842-14 avril ; 1901-1er février.

Nouvelles Galeries. — 1867 ; 1886 ; 1909-24 septembre.

Numérotage des Maisons. — 1820 ; 1823-23 avril ; 1852-3-12 avril.

O

Octroi. — 1810-25 novembre.

Orages, 1821-24 déc. ; 1822-17 nov. ; 1836-11, 12 oct. ; 1837-juillet ; 1842-27 sept. ; 1846-17 octobre.

Orphelinat. — 1852-nov.; 1854-19 juillet ; 1856-9 août ; 1869-31 août ; 1892-27 sept. ; 1907-1er octobre.

P

Pain. — 1812-1er mai ; 1848-9 août.

Parc. — 1900-10 mars, 20 déc. ; 1901-28 oct. ;

1902-15 mai, 23 oct. ; 1903-25 juin ; 1904-4 févr. ; 1905-24 févr., 24 mars. 13 août, 16 nov. ; 1906-27 mars, 22 déc. ; 1907-4 mai ; 1908-4 déc. ; 1909-3 mai ; 1910-juillet, 2 août ; 1911-3 mars.

Passages de Notabilités. — 1802-17 mai ; 1805-juillet ; 1807-10 sept., 6 nov. ; 1808-3 juin ; 1814-31 août, 25 sept. ; 1815-24 oct. ; 1817-12 janv. ; 1819-19 sept. ; 1824-6 août ; 1829-20, 24 oct. ; 1832-1er, 3, 5 juin ; 1834-21, 22 nov. ; 1836-25 oct., 1er déc. : 1840-15 nov. ; 1841-16 août ; 1844-22 févr. ; 1845-22 déc. ; 1846-16 nov. ; 1847-23 avril, 6 nov, ; 1849-24, 25 mars ; 1850-11 juin, 21 oct. ; 1852-13 déc. ; 1853-17 avril, 1er sept. ; 1854-11, 20 avril ; 1855-juin, 22 nov. ; 1857-29 avril ; 1859-3 oct. ; 1862-7 sept. ; 1864-30 oct. ; 1885-8 juin ; 1898-28 avril : 1899-2, 31 mai ; 1900-22 nov, ; 1901-30 mai ; 1903-23 nov. ; 1906-26 oct. ; 1912-28 mai.
— de Troupes. — 1840 ; 1854-mars, avril ; 1855-11 janv., 15 févr. : 1870-1er nov.

Passerelle Jappe-Renard. — 1886-1er févr. 22 mars ; 1900-21 juin ; 1901-2 août, 15 nov. ; 1903-27 mai, 6 nov. ; 1904-28 avril.
— Pont-du-Gât. — 1864-juin ; 1909-15 juillet.

Pasteurs Protestants. — 1802 ; 1806, 6 juin ; 1842-19 septemb. ; 1843-20 juillet ; 1855-30 déc. 1860-6 déc. ; 1872-6 juin ; 1889-12 août.

Patronage laïque. — 1910-2 févr., 19 mars.

Pavage. — 1826 ; 1833 ; 1843 ; 1912-29 févr.

Pendentif. — 1831-10 sept. ; 1832-3 juillet ; 1834 ; 1838-30 mars ; 1839-18 mars, 1er août.

Pensionnats. — 1808 ; 1822 ; 1835-1er oct. ; 1842-1er oct. ; 1844-1er oct. ; 1874-2 oct.

Personnalités Valentinoises. — 1802-9 nov. ; 1819-14 déc. ; 1861-20 janv. ; 1871-19 janv, 17 févr. ; 1891-16 oct. ; 1892-12 juillet ; 1894-4 mai, 6 août, 16 sept. ; 1895-27 avril, 30 août ; 1896-17 janv., 17 juillet, 8 sept. ; 1898-9 févr. ; 1900-20 janv., 20 sept. ; 1902-19 avril, 4 mai ; 1904-23 février, 11 juillet ; 1905-10 nov. ; 1906-23 juillet ; 1907-29 mai, 16 oct. ; 1908-29 janv., mai, 17 juillet ; 1910-6 juillet, 3 nov. ; 1911-9 mai ; 1912-29 sep., 6 oct.

Pharmacies. — 1901-12 mai ; 1906-30 sept. ; 1909-28 novembre.

Philharmonique. — 1884-28 décembre,

Phonographe. — 1878-20 sept. ; 1895-janv., 17 février.

Photographie. 1842-19 mars ; 1860-août.

Pie VI. — 1801-2, 24 déc. ; 1802-10, 30 janv. ; 1803-14 févr., 29 mars, 10 mai ; 1807-28 août ; 1811-19, 25 oct. ; 1864-4, 18 oct. ; 1874-14 nov. ; 1899-27, 28 août.

Pie VII. — 1809-2 août.

Place de guerre. — 1804-26 nov ; 1819-17 juillet ; 1821-1er août ; 1825-7 février. 7. 9 sept. ; 1826-22 juillet ; 1829-30 avril, 6 mai ; 1830-8 janv., 21 sept., 28 oct. ; 1836-13 févr. ; 1842-6 sept. ; 1843-28 janv. ; 1874-19 septembre.

Places Championnet. — 1841 ; 1842-3 déc. ; 1844-24 avril ; 1845-14 déc. ; 1846-3 févr. ; 1849 ; 1857-13 juin ; 1884-20 déc. ; 1885-12 février.
— de la Mairie — 1826-15 mai.
— de la République. — 1845-14 déc. ; 1848-2 mars ; 1852-3 décembre.
— de l'Université. — 1909-31 mars ; 1911-10 mai ; 1912-mars.
— du Palais-de-Justice. — 1838-22 mai.
— Madier-de-Montjau. — 1849-26 févr. ; 1892-22 octobre.
— Saint-Jean. — 1869-11 juin ; 1907-20 mars.

Plan. — 1815-14 sept. ; 1836-26 oct. ; 1865-2 mai ; 1874-21 oct. ; 1885-10 août.

Plébiscite. — 1851-20, 21 déc. ; 1870-8 mai.

Poids public. — 1802-10 nov. ; 1804-24 avril ; 1805-12 janv. ; 1819-15 mai ; 1830 ; 1837-2 mai, 9 nov. ; 1838-13 juillet ; 1885-4 nov. ; 1886-15 mars.

Police. — 1801-18 mars ; 1810-1er janvier ; 1813-31 déc. ; 1869-27 mai ; 1849-5 oct.

Pompes funèbres. — 1846 ; 1866-4 août, 22 oct.

Pont. 1812-5 juillet ; 1813-1er mars ; 1824-8 déc. ; 1826-23 déc. ; 1827-30 mai ; 1829-23 juin, 8 sept. ; 1830-19 févr., 17, 24 sept. ; 1833-17 août ; 1835-3 sept. ; 1837-26 juin ; 1842-25 févr. ; 1845-13 oct., 25 nov. ; 1846-13 août ; 1856-30 mai : 1864 ; 1865-16 mars, 27 mai ; 1869 ; 1880-24 mars ; 1884-11 fév., 14 déc. ; 1885-19, 28, 31 janv., 1er fév. ; 1889-30 sept. ; 1890-5 sept. ; 1891-28 janv. ; 1898-16 déc. ; 1899-26 avril, 19 déc. ; 1900-6 avril ; 1901-7 août, 7 oct. ; 1902-1er mai ; 1903-5 mars ; 1904-19 févr., 19 mars ; 1905-13 juin, 12, 13 août, 5 septembre ; 1906-11, 15 janv., 18 mai, 4 déc. ; 1907-22 juil. ; 1908-nov. ; 1911-mars, 25 septembre.
— de Tain. — 1824-12 mai.
— sur l'Isère. — 1825-19 août.

Port. — 1809-20 sept. ; 1810-20 janv. ; 1811-17 sept. ; 1824-12 nov. ; 1836-25 mai ; 1855-22 sept. ; 1859-14 nov. ; 1911-16 juin, 6 déc. ; 1913-31 décembre.

Portes de la Citadelle. — 1872-31 mai.
— des Moulins. — 1830-14 nov. ; 1839-11 mai.
— Neuve. — 1827-22 mars, 8 octobre.
— Pompéry. — 1844-13 mai.
— Saint-Félix. — 1832-13 févr., 26 août.
— Saunière, 1818-1ᵉʳ oct. ; 1819-15 mai ; 1820-23 mars ; 1822.

Poste. — 1831 ; 1835 ; 1866 ; 1873 : 1893-8 août, 21 sept. ; 1896-23 janv., 13 déc. ; 1897-11 mars ; 1901-28 mars, 23 avril ; 1902-16 mai.

Préfecture. — 1808 ; 1864 ; 1892-janvier.

Préfets. — 1815-6 avril, 14 juillet ; 1823-2 janv. ; 1828-10 déc. ; 1830-2 avril, 6 sept. ; 1835-1ᵉʳ juillet ; 1840-5 juin ; 1848-10 mars, 2 juin ; 1849-10 janv. ; 1862-14 mai ; 1864-5, 10 nov. ; 1869-23 oct. ; 1870-6, 8 sept. ; 1871-30 janv., 7 avril ; 1873-15 fév., 16 oct. ; 1876-13 avril ; 1877-24 mai, 18 déc. ; 1879-3 sept. ; 1884-5 oct. ; 1886-12 fév. ; 1888-24 mars, 8 avril, 1ᵉʳ déc. ; 1895-21 oct. ; 1897-13 sept. ; 1903-28 juil. ; 1906-30 juil. ; 1911-20 octobre.

Presbytère Saint-Ruff. — 1870-29 sept.

Président de la République. - 1848-4, 12 nov., 10 déc. ; 1849-5 févr. ; 1852-1ᵉʳ janv ; 1873-25 mai ; 1879-31 janv. ; 1888-22 juillet ; 1894-24, 25, 30 juin, 1ᵉʳ, 14 juillet ; 1897-1ᵉʳ, 2, 31 août ; 1899-17, 19 févr. ; 1906-17 janv., 17 févr. ; 1913-17 janvier.

Prestations de serment. — 1814-23 avril ; 1852-28 avril, 1ᵉʳ, 22 mai.

Prieuré Saint-Félix. — 1802-11 déc.

Prisons. - 1803-1ᵉʳ déc. ; 1808-24 sept. ; 1813-23 sept. ; 1856-13 déc. ; 1857 ; 1861-26 oct. ; 1866-12 mai, août ; 1867-5 juillet ; 1868-16 avril, 14 juin ; 1870-22 juin, 10 sept.

Processions. — 1879-6 juin.

Proclamations. — 1814-28 mai ; 1846-17 avril ; 1849-15 janv. ; 1870-4, 5, 9, 21 sept., 30 oct., 2 novembre.

Protestants. - 1801-22, 25 mai, 5 juin. 10 nov. ; 1802-6 juin, 23 sept. ; 1812-15 mai.

Puits publics. -- 1829-23 mai ; 1830-10 avril ; 1831-25 janv. ; 1832-12 juin ; 1833-9 juin ; 1838-1ᵉʳ mars ; 1846-30 mars.

Q

Quais. — 1804-7 nov. ; 1807-6 janv. ; 1829-23 mai : 1830-13 août ; 1900-26 déc.

R

Recensements. — 1801-20 nov. ; 1803-19 juin ; 1806 ; 1814-2 avril ; 1826-23 déc. ; 1829-1ᵉʳ janv. ; 1831 ; 1841-10 juillet ; 1844-1ᵉʳ févr. ; 1846 ; 1851 ; 1856 ; 1861 ; 1866-juin ; 1881 ; 1886-5 avril ; 1891 ; 1896-29 mars.

Réfractaires (militaires). — 1807 ; 1810 ; 1813.

Remparts. — 1801-4 sept ; 1804-29 oct. ; 1832-25 janvier ; 1838-31 juillet ; 1841-31 déc. ; 1843-28 janvier, 2 juin ; 1846-20 sept., nov. ; 1848-2 mars, 4 avril, 7 mai ; 1851 ; 1854-22 déc. ; 1856-26 juin ; 1857-4 janv. ; 1862-20 déc. ; 1867-4 mars ; 1874-31 juillet.

Repos Hebdomadaire. -- 1904-10, 29 janv. ; 1906-août, septembre.

République (Proclamation). — 1870-4, 9 sept.

Retraites aux flambeaux. — 1900-27 mars.

Revendications Municipales. 1830-29 nov.

Révolutions. — 1830-31 juillet ; 1847-14 nov. ; 1848-23 févr. et suiv.

Rosière. - 1806-6 déc. ; 1811.

Routes. — 1826-23 déc. ; 1848-16 déc. ; 1849-13 janvier ; 1850-21 nov. ; 1884-26 déc. ; 1888-14 janvier.

Royauté (Rétablissement). — 1814-15 avril ; 1815-13, 14 juillet ; 1816-18 avril.

Rues. 1813-24 nov. ; 1832-7 déc. ; 1874-10 févr., 10 mars.
— (Boulevard du Cire). — 1874-11 mai.
— (Boulevard Vauban). — 1874-24 janvier, 24 avril ; 1876-14 mars.
— Alpes. — 1866-27 févr. ; 1874-14 nov.
— Belle-Image. — 1874-24 janvier ; 1879-5 févr., 9 mai ; 1905-4 juilllet ; 1908-8 janv.
— Bibliothèque. -- 1882-14 novembre.
— (Chemin de la Comète) — 1845-16 sept. ; 1858-30 août.
— Chevandier. — 1846-15 oct. ; 1895-13 mars.
— (Côte Saint-Estève). 1820-28 sept.
— Dragonne. - 1851-10 mai ; 1854-14 déc.

— Emile-Augier (Neuve, Royale, Napoléon.)' — 1829-14 avril; 1833-8 nov.; 1835-27 oct.; 1836-25 août; 1876-9 déc.; 1890-14 janv.; 1912-9 mars.
— Farnerie. — 1858-28 février.
— Gare. — 1846-15 oct.; 1856-27 juin; 1859-4 nov.; 1899-5 avril; 1909-31 mars.
— Général-Farre. — 1884.
— (Grande). — 1876-9 déc.; 1892-10 février.
— Jeu-de-Paume. — 1874-14 novembre.
— Madier-de-Montjau. — 1892-22 oct.; 1909-31 mars; 1911-10 mai, 19 juin; 1912-9 mars.
— Manutention. — 1847-27 mai; 1848-15 juil.
— Marguerite. — 1879-25 juillet.
— Notre-Dame. — 1866-10 mars; 1867-9 mai.
— Papin. — 1904-1ᵉʳ août; 1907-4 nov.
— (Passage de la Citadelle). — 1837-20 sept.
— Pasteur. — 1906-5 nov.; 1907-27 août.
— Port. — 1827; 1831-15 août; 1847-31 août.
— Préfecture. — 1839-8 juillet; 1844-13 mai, 15 juin; 1846-23 juillet; 1857-24 octobre.
— Roderie. — 1857-13 juin.
— Saunière. — 1845-14 déc.; 1869-août. sept.
— (Sentier des Mulets. — 1846-3 février.
— Tunnel. — 1909-31 mars.

S

Saint-Marcel-lès-Valence. — 1847-27 juillet; 1848-26 sept.; 1850-1ᵉʳ juillet.

Saint-Venance. — 1803-14 août.

Salles d'asile. 1833-12 août; 1837-22 avril, 18 juillet, 1ᵉʳ nov.; 1838-10 nov.; 1857; 1858-12 juin; 1887-30 août.
— Protestantes. — 1862-21 janvier; 1867-12 octobre.

Salles décadaire. — 1801-10 novembre.
— de spectacle. — 1812-30 août; 1818-11 juil., 7 nov.; 1886-4 décembre.

Sapeurs-Pompiers. — 1807-7 juillet; 1829-12 oct.; 1859-1ᵉʳ janv.; 1872-28 oct.; 1897-14 juillet; 1898-3 janv.; 1910-12 août.

Sarah Bernhardt. — 1883-2 juillet; 1885-22 septembre.

Sécheresse. — 1852-30 mars.

Séminaires. — 1801-1ᵉʳ janv.; 1803-9 sept.; 1807-28 févr.; 1810-25 nov., 10 déc.; 1811; 1813-2 juin; 1814-10 nov.; 1822-27 févr., 3 juillet; 1823-24 févr., 10 juin; 1830-26 oct., 2, 5 nov.; 1831-26 mars, 23 août; 1834-1ᵉʳ sept.; 1835-24 août; 1836-26 avril; 1838-18 juillet; 1841-janv.; 1842-31 oct.;

1845-11 sept.; 1870-14 août; 1871-17 janv.; 1877-8 nov.; 1907-1ᵉʳ oct.; 1910-6, 7 janv.; 1911-5 janv., 29 juin.

Sénatorerie. — 1806-24 juillet; 1808-1ᵉʳ mars.

Services funèbres. — 1848-17 mars, 6 juillet; 1855-6 novembre.

Sociétés d'Agriculture. — 1835-20 déc.; 1837; 1841-30 nov.; 1865-20 janvier.
— Archéologie et Statistique. — 1836-4 déc.; 1839-15 août; 1857-29 août, 1ᵉʳ sept.; 1866-2 janvier.
— Secours mutuels. — 1844-22 avril.
— Géologique. — 1854-3 septembre.

Sœurs de l'Espérance. — 1891-31 oct.; 1902-8 février.
— Gardes-Malades. — 1858-janvier; 1879-31 janvier.
— Miséricorde. — 1803-2 février.
— Nativité. — 1820; 1840-17 sept.; 1858-19 janv., 14 avril; 1862-1ᵉʳ avril; 1877-10 sept.; 1905-3 août.
— (Petites) des Pauvres. — 1864-21 sept., 7, 21 oct.; 1873-3 nov.; 1874-22 avril.
— Providence. — 1839-13 mai; 1846.
— Sainte-Claire. — 1822-8 mai; 1845-5 avril; 1880-1ᵉʳ sept.; 1902-8 février.
— Sainte-Marthe. — 1859; 1865; 1866-27 févr.; 1868-25 sept.; 1902-21 juillet.
— Saint-Sacrement. — 1866-18 juillet, 4 août, 13 déc.; 1896-6 oct.
— Saint-Vincent-de-Paul. — 1803-1ᵉʳ janv.; 1808-2 mars; 1859-21 févr.; 1860-11 janv.
— Trinitaires. — 1810-16 juin; 1816-18 juil.; 1838-22 mai; 1859-2 juin; 1864-3 juin; 1866-5 janvier, 28 déc.; 1867-12 août; 1904-janvier.
— Visitation. — 1905-31 mai.

Souscriptions publiques. — 1822; 1855-18 nov.; 1857-juillet; 1870-21 nov.; 1871-1ᵉʳ janv.; 1890-14 nov.; 1902-8 mai; 1905-24 févr.; 1907-août; 1908-juin.

Stade Valentinois. — 1905-15 janvier.

Statue de la Liberté. — 1848-21 mars, 3 juin; 1851-2 août.

Subsistance. — 1812-25 avril.

Syndicat d'initiative. — 1894-15 décembre.
— Ouvriers. — 1895-16 févr., mai, juin.

T

Tanneries. — 1843-27 novembre.

Téléphone. — 1878-16 mars; 1885-12 juin; 1891-10 nov.; 1893-16 février.

Températures extrêmes. — 1802-16, 17 mai ; 1835-15 déc. ; 1870-30 déc. ; 1871-3 janv. ; 1900-27 juillet ; 1904-17, 30 juillet ; 1906-sept., 1er, 5 oct, ; 1908-22, 23 avril, 31 déc.

Temple Pretestant. — 1801-25 mai, 5 juin ; 1804-24 mars ; 1844-14 nov. ; 1862-15 nov. ; 1867-15 mars ; 1878-1er juillet ; 1890-7 mai ; 1896-21 mars.

Terrains militaires. — 1857-28 mai ; 1858-18 février.

Terre de Valence (Faïence). — 1817-20 avril.

Terreur Blanche. — 1815-nov. et déc.

Théâtre. — 1817-19 juillet ; 1824-31 mars ; 1825-19 août ; 1826-15 mai, 1er juillet ; 1827-8 sept. ; 1834-15 juillet ; 1835-23 juin, 31 août ; 1837-3 juin ; 1845-11 janv. ; 1846-2 févr. ; 1848-2 févr. ; 1867-23 avril ; 1886-24 avril ; 1887-1er nov. ; 1903-4 février ; 1910-14 décembre.

Tir aux Pigeons. — 1885-28 juin.

Tour de l'Hospice (Enfants trouvés). — 1826-13 mai ; 1829-31 mai.
— de Constance. — 1833-2 juillet.
— des Moulins. — 1839-21 févr., 1er mars.
— du Cagnard. — 1854-7 mars.
— Saint-Félix. - 1847-12 août.

Tramways de la Drôme. — 1888-12 avril, 24 août ; 1889-3 juillet ; 1890-19 avril, 21 août ; 1891-18 août ; 1893-28 février, 21 sept. ; 1894-20 janv., 28 févr., 1er mars, 31 oct. ; 1898-26 févr. ; 1902-avril ; 1906-5 novembre.
— de l'Ardèche. — 1910-7 mars.
— de Saint-Péray. — 1911-25 sept. ; 1912-3 avril.

Transports Publics. — 1846-3 sept. ; 1898-26 févr., 15 déc. ; 1899-27 févr., 25 mars ; 1892-3 juillet ; 1908-12 sept. ; 1909-5 mars.

Tremblements de Terre. — 1809-16 nov. ; 1822-18 février ; 1847-30 nov. ; 1854-28, 29 déc. ; 1901-13 mai ; 1909-11 juin, 5 juillet.

Tribunal. — 1804-13 avril ; 1820-26 mars ; 1823-28 mai, 1er août ; 1824-15 juin ; 1827-

22 juin ; 1828-juin ; 1836-1er juin ; 1847-14 déc. ; 1853-23 juin ; 1862 ; 1900-déc.

Trombes. — 1890-23 sept. ; 1907-8 oct.

Trottoirs. — 1845-7 juin ; 1846-3 févr. ; 1852-11 déc. ; 1857-13 juin.

Tunnel. — 1852-20 déc. ; 1867-15 mars, 8 nov. ; 1868-16 janvier, 12 août ; 1895-26 juin ; 1904.

U

Université. — 1809-9 août ; 1811-22 nov,; 1812-5 juillet ; 1819-14 juin ; 1824-10 sept.; 1827-18 janv. ; 1832-1er juin ; 1833-11 mai, 29 juin.

Usine à Gaz. — 1837-18 nov. ; 1839-8 juillet ; 1869-3 janv., 18 avril, 5, 28 déc. ; 1870-27 mars ; 1871-20 juin, 10 oct. ; 1872-26 juin ; 15 nov. ; 1873-3 nov. ; 1874-20 juin ; 1875-2 avril, 13 juin, nov., déc. ; 1876-14 mars, 17 mai ; 1877-13 févr. ; 1884-24 déc. ; 1887-31 mars, 20 mai ; 1892 ; 1903-31 août ; 1905-30 juin ; 1912-31 mars.

V

Valentin. — 1897 ; 1902-23 oct. ; 1906-29 oct. ; 1907-avril, 1er octobre.

Vélocipèdes. — 1869-7 févr. ; 1887-30 mai, 18 sept. ; 1893-10 sept. ; 1898-26 juin.

Ver luisant. — 1910-30, 31 oct., 1er nov.

Victoires. — 1813-6 juin, 26 sept. ; 1859-25 juin.

Visites Sanitaires. — 1840-12 juillet.
— de Sociétés. — 1891-8 août ; 1900-14 juil., 10, 14, 23 oct. ; 1909-1er, 2, 3 mai, 29 nov.

Voirie. — 1817-18 sept. ; 1820-1er déc. ; 1827-6 mai ; 1832-28 juin, 22 juillet ; 1911-7 janvier.

Voitures de Place. — 1866-14 févr. ; 1888-30 août ; 1909-8 décembre.

www.ingramcontent.com/pod-product-compliance
Ingram Content Group UK Ltd.
Pitfield, Milton Keynes, MK11 3LW, UK
UKHW022020170726
13837UKWH00001B/298